权威·前沿·原创

皮书系列为
"十二五"国家重点图书出版规划项目

企业蓝皮书

BLUE BOOK OF
ENTERPRISES

中国企业绿色发展报告
No.1 (2015)

ANNUAL REPORT ON GREEN DEVELOPMENT OF
CHINA'S ENTERPRISES No.1 (2015)

主　编／李红玉　朱光辉
副主编／吕丽虹　李国庆　孙　旭　苏红键

社会科学文献出版社
SOCIAL SCIENCES ACADEMIC PRESS (CHINA)

图书在版编目（CIP）数据

中国企业绿色发展报告.1,2015/李红玉，朱光辉主编.—北京：社会科学文献出版社，2015.8
（企业蓝皮书）
ISBN 978 - 7 - 5097 - 7830 - 2

Ⅰ.①中…　Ⅱ.①李…②朱…　Ⅲ.①企业经济－绿色经济－研究报告－中国－2015　Ⅳ.①F279.23

中国版本图书馆 CIP 数据核字（2015）第 167121 号

企业蓝皮书

中国企业绿色发展报告 No.1（2015）

主　　编/李红玉　朱光辉
副 主 编/吕丽虹　李国庆　孙　旭　苏红键

出 版 人/谢寿光
项目统筹/吴　敏
责任编辑/吴　敏

出　　版/社会科学文献出版社·皮书出版分社（010）59367127
　　　　　地址：北京市北三环中路甲 29 号院华龙大厦　邮编：100029
　　　　　网址：www.ssap.com.cn
发　　行/市场营销中心（010）59367081　59367090
　　　　　读者服务中心（010）59367028
印　　装/北京季蜂印刷有限公司

规　　格/开　本：787mm×1092mm　1/16
　　　　　印　张：18.25　字　数：276 千字
版　　次/2015 年 8 月第 1 版　2015 年 8 月第 1 次印刷
书　　号/ISBN 978 - 7 - 5097 - 7830 - 2
定　　价/79.00 元

皮书序列号/B - 2015 - 452

《中国企业绿色发展报告 No. 1 (2015)》
编委会成员

编制机构

中国社会科学院城市发展与环境研究所城市政策与城市文化研究中心
是从事城市政策与城市文化学术研究、专业咨询、学术交流与人才培养工作的专业科研和咨询机构，研究领域包括：城市公共政策、绿色发展战略与政策，城市公共服务与管理制度创新，城市文化形象与城市品牌，城市问题及应对政策，社区建设与物业小区管理制度，城市及企业发展评价指标体系，城市安全与突发性事件管理政策等。

新华社经济参考报 创刊于 1981 年，是新华社主管主办的重点报刊，以"参考性＋高端财经"为基本定位，突出前瞻性、探索性和批评性，致力于市场的透明与公正，坚守市场经济的原则与精神，融入中国经济成长的潮流，与中国经济共同成长，是全国最具影响力的经济类报纸之一。

中社科（北京）城乡规划设计研究院 成立于 2003 年底，是由中国社会科学院城市发展与环境研究中心（现中国社会科学院城市发展与环境研究所）参与组建的专业城市规划设计机构，于 2006 年获得住建部颁发的城市规划甲级编制资质（暂定），2008 年正式转为城市规划甲级设计资质，是具有国家级研究机构背景的社科领域城市规划甲级设计单位。

绿色资本网 于 2014 年 7 月正式上线，是由国内多家知名投资机构与环境保护团体共同投资创立的资讯平台，秉承"绿色资本 引领未来"的创办宗旨，坚持"合作共赢 融合创新"的发展理念，通过主办和组织各种专题研讨会、培训、沙龙、巡回讲堂等活动，宣传、践行绿色发展，构建政府、金融机构与企业的交流平台，全面推动绿色产业与投融资领域的融合创新发展。

摘　要

《中国企业绿色发展报告 No. 1（2015）》秉承客观公正、科学中立的宗旨和原则，深入分析中国企业能源消费、资源利用、绿色金融、绿色产品、绿色管理、信息化、绿色发展政策及绿色文化方面的现状，并对目前存在的问题进行研究，剖析因果，谋划对策。全书分为总报告、专题篇、案例篇三部分，总报告是对中国企业绿色发展现状的评价与展望，专题篇重点研究企业绿色发展的热点问题，案例篇介绍了青岛海尔与五粮液集团两家企业的绿色发展情况。

总报告在对以往绿色发展研究进行总结的基础上，提出了企业绿色发展的内涵，并从绿色经营管理、绿色产品和技术、节能环保绩效三个维度构建了中国企业绿色发展评价指标体系。利用中国企业社会责任报告中的环境报告数据，对中国企业绿色发展水平进行了评价，评出了绿色发展前 200 位企业。

专题篇中，《中国企业能源消费绿色发展》分析了我国企业能源消费的绿色发展状况，指出能源是一国经济发展的基础，粗放型的经济增长方式致使中国企业的能源消费量巨大；作为世界第一大能源消耗国，中国企业的能源消费量呈现逐年上升的趋势，消费结构以煤炭消费为主；绿色能源的开发利用取得了快速发展，但依旧存在诸多问题，未来中国应通过加强对高耗能企业的能源消费监督管理、适时向企业征收能源税、推进煤化工产业化进程、完善企业内部能耗监测管理体系等措施来指引企业合理的消费能源。《中国企业资源利用状况及效率》分析了中国企业资源消费方面的绿色发展状况；认为提高企业资源利用效率是适应经济新常态的必然要求，近年来中国企业对水资源、土地资源和矿产资源的利用效率显著提升，但不同行业、不同经济类型企业的效率存在较大差别，且与发达国家相比仍有较大提升空间；为进一步提高企业资源利用效率，必须深化资源价格和税收改革，完善资源利用管理制度，推动资源型企业有序竞争，鼓励企业开发应用资源节约技术，增强企业的资源环境意识。《中国企业绿色金融发展》分析研究了中国企业的绿色金融发展状况，指出绿色金融已经成为金融业发展的新趋势，中国企业应抓住政策支持、低碳产业发展的投资机遇，借鉴国外经验，通过理念的创新、金融市场体系的创新、人才和治理的创新、管理与监督体制的创新等措施来实现绿色金融的可持续发展。《中国企业绿色产品认证体系建设》分析研究了中国企业绿色产品认证的进展情况，认为经过 20 多年的发展，绿色产品认证事业覆盖范围不断扩大，涉及类别显著增多，但也面临认证政策不完善、认证监督脱节、企业未对绿色产品引起足够重视及消费者对绿色产品认知程度有限等问题；指出要强化绿色产品认证体系政策保障、加强绿色产品认证体系管理、建立绿色产品标准信息平台、加大"绿色消费"理念引导力度等。《中国企业绿色管理状况》分析研究了中国企业绿色管理的进展情况；指出中国企业在绿色战略、绿色设计与制造、绿色营销、绿色财务和绿色企业文化等方面积极践行绿色管理，覆盖了环保业、清洁能源业、房地产业、制造业、金融业等领域，形成了一些较为成熟的模式，但由于体制性障碍、企业重视程度不够、资源投入不足等问题，中国企业绿色管理仍需进一步加强。《信息化与中国企业绿色发展》分析研究了中国企业信息化、智能化发展状况；认为目前中国的基础环境基本能够满足信息化的发展需要，企业的信息化水平呈现逐年上升的趋势，信息化技术也得以快速发展，中国企业信息化呈现由"点"到"线"、向业务和战略驱动转化等特征。《中国企业绿色发展政策分析》研究了我国近年来有关企业绿色发展的相关政策，认为近年中国政府出台的一系列产业政策、金融政策、财政政策、绿色法规，为企业绿色发展和转型升级创造了良好的外部环境，并引导和推动了企业的绿色发展；未来要完善环保法律法规、加大惩处力度与财税激励、推进绿色金融、加强部门间协同、完善企业环境社会责任信息披露制度。《中国企业绿色文化建设》分析研究了中国企业绿色文化发展状况，认为目前中国的企业绿色文化尚处于形成阶段，要大力开展两型企业建设、建立强制性企业环境信息披露制度、鼓励企业建立环境管理专门组织体系等。

案例篇分别介绍了青岛海尔与五粮液集团推动企业绿色发展的做法和经验及其未来面临的内外部问题和对策。

总之，未来中国企业绿色发展将呈现大众化、严格化、标准化的趋势，绿色发展举措将趋于多样化，绿色化与智慧化两化融合将是中国经济转型升级的主旋律。中国企业将从完善绿色管理体系、开发绿色产品、促进绿色生产、完善绿色发展支撑体系、积极投入绿色公益事业五个方面来促进绿色发展。

序

改革开放以来，中国经济得到长足发展，中国的资源消耗也快速攀升。2009 年，中国超过美国成为世界能源消耗第一大国，2014 年中国一次能源消费占世界总量的 23%，超过美国 5.2 个百分点。[1] 中国作为世界工厂，企业尤其是制造业企业消耗着 3/4 的能源。2014 年，第二产业用电量占全社会用电量的 73.60%；而城乡居民生活用电量占比只有 12.54%。[2] 因而，中国经济转型升级，企业尤其是制造业企业，是载体，是主体；只有中国企业实现了绿色发展，才有中国经济的可持续发展。

在中国快速工业化进程中，资源约束趋紧、环境污染严重、生态系统退化等问题日益突出。党的十八大报告提出，要"着力推进绿色发展、循环发展、低碳发展"。绿色发展，就是要发展环境友好型经济，发展绿色产业，最大限度减少单位产品的资源及能源消耗强度，减少污染物排放，减少废弃物产生，保护和修复生态环境，发展循环经济、低碳技术和节能环保产业，使经济社会发展与自然相协调。目前国际社会全力推进的《后 2015 发展议程》[3] 和《巴黎气候协议》[4]，也为中国经济绿色转型提供了新的机遇。企业转变增长方式、走绿色发展之路对于推动中国经济绿色发展而言具有重要意义和关键作用。

企业是中国经济"转型升级，提质增效"的载体。企业可通过调整优

---

① BP Energy Statistics, 2015.

② 中国电力企业联合会：《中国电力工业现状与展望》，2015 年 3 月 10 日。

③ *Post 2015 Development Agenda*，作为取代《21 世纪议程》的全球发展文件，于 2015 年 7 月完成终稿，2015 年 9 月提交联合国首脑会议批准。其中，涵盖 17 个领域 169 个可持续发展目标（SDGs）。

④ *Paris Climate Agreement*，在 2014 年利马联合国气候会议上形成初稿，各缔约方已经提交"自主确定的贡献（INDCs）"，形成最终案文，2015 年 12 月在巴黎联合国气候会议上通过。

化产业结构，发展和培育现代基础产业和新兴产业，改造和提升传统优势产业，形成一批拥有自主知识产权和自主品牌的创新型企业；通过现代服务业和制造业的融合发展，形成新的供应链和价值链，全面提高工业化效率和质量；通过优化能源消费结构、提高能源和资源利用效率，发展循环经济，大力推进节能减排。企业在以上三个方面的创新和转型，是中国经济转型升级和提质增效的核心内容。

企业是绿色技术创新的主体。企业可通过创新和扩散绿色生产技术，建立可持续绿色技术标准体系，加快推广节水、节能、无废、少废和"三废"综合治理等实用绿色技术，并大力发展企业绿色技术创新、扩散的中介和服务机构，提高绿色技术创新和应用效率；可以通过创新和扩散绿色管理技术和规范，进行绿色企业内部的制度创新和组织创新，并从国家政策层面和企业机制层面，建立以市场机制为主导的绿色技术创新激励机制、动力机制、自身能力机制和信息传递机制等体制机制创新体系，建立企业绿色技术创新风险基金，实现绿色企业的发展目标，提高企业绿色发展核心竞争力，最终推动中国经济实现绿色转型。

企业是绿色消费的推动者。企业通过绿色生产提供绿色产品，为社会绿色消费提供产品保障。企业以节能、降耗、减污为目标，以技术和管理为手段，通过对生产过程的排污控制，减少和消除工业生产对人类健康和生态环境的负面影响，从而达到最大限度地实现防治工业生产环节污染、产品消费环节污染与提高经济效益多赢的目标，为社会提供清洁绿色的产品。通过绿色产品引导社会绿色消费，还需要建立相应的绿色产品标准体系和标识系统，这项工作也应是在行业标杆企业参与下完成的。企业推动社会绿色消费，还体现在企业实施绿色营销战略方面，企业围绕"绿色理念"开展市场调查、产品研制、产品促销等活动，将绿色管理思想贯穿于原料采购和产品设计、生产销售到售后服务的各个环节，包括收集绿色发展信息、实行绿色包装、进行绿色促销、制定绿色价格、选择绿色渠道、树立绿色形象和提供绿色服务等，以此满足社会消费崇尚健康、保护生态、追求生活品质的需要，使企业的发展与消费者和社会的利益相一致。

企业是绿色文化的倡导者。绿色文化的基本理念是人与自然、人与人和谐，企业绿色文化是以绿色文化为企业经营管理的指导思想，并将其贯穿于企业生产经营的各个环节。企业绿色生产技术和标准、绿色营销模式以及员工绿色需求共同构成了企业绿色文化的核心内容，这三个方面的绿色文化相应地引导着社会绿色消费行为和社会群体的绿色认知，因此，企业绿色文化是社会绿色文化的灵魂、倡导者和引领者。

总之，中国企业的绿色发展，对于中国走绿色低碳发展的生态文明之路而言具有重要的引领和带动作用。国家出台了多项政策，大力支持企业绿色发展，企业也在绿色发展领域做了很多有益的探索，取得了重要的成果，对此，有必要加以分析总结，并对未来的发展方向进行研究。《企业蓝皮书：中国企业绿色发展报告 No. 1（2015）》，就是这方面的一项有益工作，通过对企业绿色发展的外部环境和自身状况进行分析，究其短长，提出问题，瞄准方向，找出对策，将有助于企业更好更快地走向绿色发展。

潘家华

2015 年 7 月

目　录

B I　总报告

B.1　中国企业绿色发展现状评价与展望　………　总报告编写组／001

　　一　绿色经济：从全球共识到中国实践　………………／002

　　二　中国企业绿色发展内涵与评价方法　………………／005

　　三　中国企业绿色发展评价　……………………………／013

　　四　中国企业绿色发展未来走势及对策建议　…………／038

B II　专题篇

B.2　中国企业能源消费绿色发展　………………　李红玉　左娟娟／049

B.3　中国企业资源利用状况及效率　……………………　郭叶波／067

B.4　中国企业绿色金融发展　……………………　苏红键　范京勇／092

B.5　中国企业绿色产品认证体系建设

　　　……………………　姚　芩　李永亮　白卫国　王健夫／111

B.6　中国企业绿色管理状况　……………………　储诚山　于晓萍／126

B.7 信息化与中国企业绿色发展 ················ 吴　涛　李晓东 / 143

B.8 中国企业绿色发展政策分析

　　　················· 朱光辉　张志忠　苏　芮　曹玫玉 / 166

B.9 中国企业绿色文化建设 ······················· 李国庆 / 208

B Ⅲ　案例篇

B.10 海尔，与您共创绿色新生活

　　　——青岛海尔绿色发展 ················ 柴纪强 / 227

B.11 五粮液，打造"中国绿色工业园区"

　　　················· 周永奎　李　红　苏　畅 / 248

Abstract ································· / 264

Contents ································· / 268

皮书数据库阅读使用指南

总 报 告

General Report

B.1

中国企业绿色发展现状评价与展望

总报告编写组*

摘　要：　在国家生态文明建设和新《环境保护法》实施的宏观背景下，
中国企业绿色发展面临的要求越来越高。本报告在对以往绿
色发展研究进行总结的基础上，提出了企业绿色发展的内涵，
并从绿色经营管理、绿色产品和技术、节能环保绩效三个维
度构建了中国企业绿色发展评价指标体系。利用中国企业社
会责任报告中的环境数据，对中国企业绿色发展进行了评价。

* 执笔人：李红玉、朱光辉、苏红键、吴燕川、孙旭。李红玉，中国社会科学院城市发展与环
境研究所城市政策研究中心主任，副研究员，城市安全创新工程首席专家，主要研究方向为
城市与区域规划、低碳发展规划、城市政策；朱光辉，高级规划师、国家注册规划师，中社
科（北京）城乡规划设计研究院院长，主要研究方向为城市规划；苏红键，经济学博士，中
国社会科学院城市发展与环境研究所助理研究员，主要研究方向为城市经济与区域规划；吴
燕川，新华社经济参考报环保周刊主任，主要研究方向为绿色生态与媒体传播；孙旭，绿色
资本网创始人、董事长，主要研究方向为绿色经济与金融资本的融合创新发展。

评价结果表明，分行业来看，传统"三高"企业和绿色产品企业在绿色发展方面走在前面，如化工业、金属冶炼、绿色建筑、绿色家电、绿色金融等。针对行业绿色发展情况，本报告对化工业、房地产开发业等12个产业的绿色发展特征进行了分析。本报告指出在当前形势下，中国企业绿色发展将呈现大众化、严格化、标准化的趋势，绿色发展举措将趋于多样化，绿色化与智慧化两化融合将成为中国经济转型升级的主旋律。最后，本报告提出企业要从完善绿色管理体系、开发绿色产品、促进绿色生产、完善绿色发展支撑体系、积极投入绿色公益事业五个方面来促进自身的绿色发展。

关键词： 中国企业　绿色发展　绿色管理体系

随着生态文明建设上升为"五位一体"总体布局内容及新《环境保护法》的实施，中国企业绿色发展面临的要求越来越高。近年来，随着国内生态园区、循环经济示范区在大范围内开展建设，以及节能环保工程的推进，中国企业积累了大量的绿色发展经验，取得了较好的成绩。本报告通过构建企业绿色发展评价指标体系，对中国企业绿色发展进行评价，同时总结近年来中国企业绿色发展的特征，以期为中国企业未来的绿色发展提供参考。

一　绿色经济：从全球共识到中国实践

（一）绿色经济是全球经济发展共识

绿色经济是围绕生态、资源、环境等核心要素，以经济、社会、生态协调发展，维护人类共同的生存环境为目的，以生产、消费等经济活动为基础，以科技创新为驱动力，以促进资源科学开发利用、实现人与自然协调发展为主要特征的一种新的经济形态。随着人类大规模推进工业化、城市化进程，资源消耗呈指数级增加，资源储备日益减少，尤其是石油、天然气等不可再生资源越来越少，由此，世界各国对资源能源供需矛盾的认识日益深入，绿色发展逐步成为（并且已经成为）全球共识，世界主要经济体都在强调绿色发展。比如，美国推出了"绿色经济复兴计划"；欧盟提出了"绿色创新行动计划"；日本制定了绿色经济方案，提出要扩大绿色经济市场；韩国提出了"低碳绿色增长战略"，实施"绿色工程"计划；等等。

（二）绿色经济是中国经济发展大势所趋

当前中国正处于转变发展方式的关键时期，绿色经济成为引领中国未来经济社会发展的重要驱动力，是中国经济转型升级的主导方向之一，比过去任何时候都更加重要。绿色经济不仅能大大缓解资源能源供需矛盾、有效改善供给结构，而且能创造出新的市场需求，培育壮大新的增长点，形成新的经济支撑力量。由此，在全球绿色发展共识下，绿色经济成为中国发展的大势所趋。

近年来，中国在实施可持续发展战略的过程中，积极探索和推动经济社会绿色发展，并形成了不少优势，主要体现在以下三个方面：第一，从发展理念来看，绿色发展已经成为共识。随着党的十八大报告将生态文明建设上升到"五位一体"总体布局思想，便已经初步构建起以科学发展观为指导、以生态文明为统领的绿色发展理论框架。第二，从发展潜力来看，中国作为绿色产业和技术方面的新的参与者，具有较强的后发优势和市场优势，可以较快的速度赶上发达国家的水平。目前，在太阳能、风能和清洁能源等新能源的发展方面，中国在市场规模、技术领先性方面都处于世界前沿；同时，中国庞大的国内市场有利于快速实现规模经济。第三，从绿色资源优势来看，中国具备丰富的太阳能、风能、生物质能和页岩气资源，有利于降低对化石燃料的依赖，提高能源安全。

《中国制造2025》明确提出，中国制造要实现"由资源消耗大、污染物排放多的粗放制造向绿色制造"的转变,这进一步明确了未来中国经济绿色发展的原则和趋势。

(三)中国绿色发展进入新阶段

尽管中国绿色经济发展拥有不少优势,但受经济发展水平较低、粗放发展习惯、技术水平相对落后和创新能力不足、区域发展不平衡等因素影响,中国在推进绿色发展的过程中仍然存在一些较为突出的问题。

党的十八大报告将生态文明建设上升到"五位一体"总体布局思想,要求"坚定不移地推动经济建设、政治建设、文化建设、社会建设、生态文明建设五位一体协调发展"。在生态文明建设方面,加大自然生态系统和环境保护力度,加强生态文明制度建设,努力实现绿色发展,努力建设美丽中国。2015年5月,中共中央、国务院发布《关于加快推进生态文明建设的意见》,进一步指出"我国生态文明建设水平仍滞后于经济社会发展,资源约束趋紧,环境污染严重,生态系统退化,发展与人口、资源、环境之间的矛盾日益突出,已成为经济社会可持续发展的重大瓶颈制约","生态文明建设是中国特色社会主义事业的重要内容,关系人民福祉,关乎民族未来,事关'两个一百年'奋斗目标和中华民族伟大复兴中国梦的实现"。

2015年1月1日开始实施的新《环境保护法》按照依法建设"美丽中国"的理念,加强了对企业环境污染方面的惩罚力度。受限于原有《环境保护法》的不足,长期以来,中国环保部门的处罚力度、执法手段等都相当有限,对于环境违法行为并没有起到有效的防治作用。相对而言,新《环境保护法》的出台则提供了一系列严格的、有针对性的惩罚措施。比较典型的方面在于:第一,新《环境保护法》实施"按日计罚"制度,即对持续性的环境违法行为进行按日、连续的罚款,并且罚款数额上不封顶。这意味着,企业的非法偷排、超标排放、逃避检测等违法行为持续的时间越长,罚款就越多,可见,新法施行"按日计罚"之后,将有利于促进污染企业加快实施绿色发展战略、提高绿色发展执行力。第二,新《环境保护法》增加了行政拘留的处罚措施，对污染违法者将动用最严厉的行政处罚手段。第三，新《环境保护法》增加了连带处罚规定。有学者指出，有的地方企业的污染行为之所以肆无忌惮，背后是当地官员基于畸形政绩观的默许纵容①，鉴于此，新《环境保护法》规定，面对重大的环境违法事件，地方政府分管领导、环保部门等监管部门主要负责人应当"引咎辞职"。第四，新《环境保护法》设立了环保公益诉讼制度，将民间力量有序地纳入环境治理的机制中。

由此，在顶层设计中融入生态文明建设要求、通过加强法律法规为绿色发展保驾护航，中国对企业绿色发展的要求越来越高。

二 中国企业绿色发展内涵与评价方法

本评价将基于以往关于绿色发展的相关研究，在明确企业绿色发展内涵的基础上，从绿色经营管理、绿色产品和技术、节能环保绩效三个维度构建指标体系，并对评价对象和方法进行说明。

（一）关于绿色发展及其评价的研究基础

从以往的研究来看，与企业绿色发展相关的研究主要有三个方面：一是宏观层面——绿色发展评价研究；二是城市层面——绿色发展评价研究；三是企业层面——绿色发展研究和绿色竞争力研究（见表1）。

1. 宏观层面绿色发展研究

宏观层面的绿色发展评价较多，国际上比较知名的评价体系主要有绿色增长监测体系（Monitoring Progress towards Green Growth）、绿色经济衡量框架（Measuring Progress towards an Inclusive Green Economy）、生态效率指标（Eco-efficiency Indicators）、加利福尼亚绿色创新体系（California Green

---

① 单一良：《厉行法治，厉行环保，则污染可治——对新〈环境保护法〉的期待》，《21世纪》2014年第6期。

表 1　关于绿色发展评价研究总结

	名称	发布时间	发布机构或作者	主要内容	特色
宏观层面	绿色增长监测体系	2011	经济合作与发展组织（OECD）	包含资源环境的利用效率，自然资源与环境储备，居民生活环境，经济机会与政策对应的4个维度，14个方面，数十个指标	全球视角，综合性强，具体指标设置具有灵活性
	绿色经济衡量框架	2012	联合国环境规划署（UNEP）	以环境问题作为切入点，设计了包含3个阶段，14个方面，41个具体指标的包容性绿色经济框架，其中3个阶段的指标分别为环境衡量指标、政策干预指标和政策对居民生活与社会公正的影响指标	将居民生活与社会公正纳入指标体系；对经济发展设计的关注较少；一级指标设计有阶段性特征
	生态效率指标	2009	联合国亚洲及太平洋经济社会委员会（UNESCAP）	主要关注生产的环境效率，即每单位经济产出所带来的环境耗能，主要计算公式为：生态效率＝环境耗费/经济产出	指标设计简便，灵活，适用范围广，实用性强，综合性略差
	加利福尼亚绿色创新体系	2008	Next 10（加利福尼亚民间组织）	更加关注创新对绿色发展的影响，2014年的报告中一级指标包括低碳经济，能源效率，可再生能源，交通运输，新能源发展状况七个方面	关注创新对绿色发展的影响；对各一级指标进行分项分析，没有综合处理
	环境绩效指数	2006	美国耶鲁大学环境法律与政策中心，哥伦比亚大学国际地球科学信息网络	是在"环境可持续指数"基础上发展而来的，具体指标仍在不断完善的过程中，2012年的报告中环境绩效指数包含环境健康状况与生态系统活力两个基本方面，10个考察要素，22个具体指标	指数的构建历史更长；相对而言更加关注环境保护问题；经济增长方面涉及较少；具有全球视野
	资源环境综合绩效指数	2006	中国科学院可持续发展战略研究组	又称节约指数，是一种相对指标，具体指标到某一种资源或污染物的减排指数，可以用一个国家、地区或部门该资源消耗或污染排放量占世界或全国的份额与对应的该国、地区或部门GDP（或产值）占世界或地区的节约指数的份额之比来表达，而整个国家或地区的节约指数则是各类别资源节约指数或污染物减排指数的加权平均	关注环境效率；计算简单，计算范围广，不仅可计算每一种资源，排放物的绩效指数，而且能将各种资源耗费，环境污染情况综合起来计算

续表

	名称	发布时间	发布机构或作者	主要内容	特色
宏观层面	中国绿色发展指数	2011	李晓西、潘建成等，北京师范大学科学发展观与经济可持续发展研究基地，西南财经大学绿色经济与经济可持续发展研究基地和国家统计局中国景气监测中心	针对中国的地区及城市设计，包含3个一级指标，9个二级指标和55个三级指标，其中3个一级指标为经济增长绿化度、资源环境承载潜力和政府政策支持度	考虑了数据的可得性、实用性强；综合性强，考虑了经济、环境、政策等多方面的因素；政策导向性强，指标选取时考虑了政府政策支持的影响
	中国绿色转型发展评价指标体系	2013	肖宏伟、李佐军、王海芹	综合考虑了绿色转型与发展3个维度，包含环境保护、资源利用与竞争力提升3个一级指标，9个二级评价指标和66个三级评价指标	更加注重绿色、发展与转型的结合，特别强调了转型的问题；综合性强，考虑了指标的可获取性，指标可操作性强
城市层面	城市绿色发展评价指标体系	2012	黄羿、杨蕾、王小兴、夏斌	从宏观城市建设、中观产业发展和微观技术创新三个层次出发，构建了包含3个一级指标，18个二级指标，其中一级指标选取了生态城市建设力度、产业环境友好程度、循环经济发展水平三个方面	提出了三个层次的构建方法，采用赋权法赋权
	城市绿色发展评价体系	2009	欧阳志云、赵娟娟、桂振华、倪永明、韩冰、庄长伟	利用《中国城市统计年鉴》中7项指标构建了指标体系，具体包括环境治理投资情况、废弃物综合利用情况、城市绿化情况、废水处理情况、生活垃圾处理情况、高效用水空气质量情况	没有对指标体系进行综合与合计，指标体系比较简单

资料来源：笔者根据相关文献整理。

Innovation Index)、环境绩效指数（Environmental Performance Index）[①]。国内的相关研究主要有资源环境综合绩效指标、中国绿色发展指数、中国绿色转型发展评价指标体系[②]等。

从指标体系的设计来看，宏观层面的绿色发展评价方法可以分为两类：一类以资源环境效率为核心的评价指标，如耶鲁大学的环境绩效指数和中科院的资源环境综合绩效指数，指标体系的核心是"经济体为获得每单位经济产出所耗费的资源或造成的环境问题"。这种指标体系的计算方法比较简单，适用范围广，不仅能用于宏观层面，城市、企业层面也可加以利用，其不足之处是这一类指标体系只反映效率问题，对其他方面的关注不够，综合性较差。另一类是综合指标体系，一般拥有多个一级指标、二级指标与三级指标，通过给指标加权得到综合指数并用于比较。这种类型指标体系综合性更强，参考意义更大，但是指标体系往往处在不断完善的过程中，纵向可比性相对不足。

2. 城市绿色发展评价

关于城市绿色发展的评价研究相对较少。欧阳志云、赵娟娟等利用了《中国城市统计年鉴》中的七项指标构建指标体系对中国城市绿色发展进行了评价，主要涉及城市基础设施建设与城市环境情况，并且只针对具体指标进行了分析，没有将各个指标综合起来。[③] 黄羿等的城市绿色发展评价指标体系相对综合，该指标体系从城市建设、产业发展和技术创新三个层次出

[①] OECD, Towards Green Growth：Monitoring Progress OECD Indicator, 2011；UNEP, Green Economy Indicators-Brief Paper, 2012；UNESCAP, Eco-efficiency Indicators：Measuring Resource-use Efficiency and the Impact of Economic Activitieson the Environment, 2009；NEXT 10, California Green Innovation Index, 2012；Yale Center for Environmental Law & Policy, Center for International Earth Science Information Network, 2006.

[②] 中国社会科学院可持续发展战略研究组，2006；李晓西、潘建成：《中国绿色发展指数的编制——〈2010 中国绿色发展指数年度报告——省际比较〉内容简述》，《经济研究参考》2011 年第 2 期；肖宏伟、李佐军、王海芹：《中国绿色转型发展评价指标体系研究》，《当代经济管理》2013 年第 8 期。

[③] 欧阳志云、赵娟娟、桂振华、倪永明、韩冰、庄长伟：《中国城市的绿色发展评价》，《中国人口·资源与环境》2009 年第 5 期。

发，构建了包含 3 个一级指标、18 个二级指标的城市绿色发展评价指标体系，并利用熵权法确定了指标权重系数，对广州市绿色发展的现状进行了综合评价。①

3. 企业绿色发展研究

当前中国关于企业绿色发展的研究相对较少，主要有两类：一类是企业绿色竞争力研究，② 另一类是企业绿色发展战略研究③。相关文献都比较少，已有研究中还没有关于企业绿色发展评价指标体系的研究。

4. 本评价报告创新之处

从以往的研究来看，关于企业绿色发展的研究很少，对企业绿色发展的评价研究还比较缺乏。本报告将在以往绿色发展研究的基础上，界定企业绿色发展内涵，建立中国企业绿色发展评价指标体系。综合利用中国企业数据，基于中国企业绿色发展评价指标体系，对中国企业绿色发展情况进行分行业、分地区评价，重点分析绿色发展的行业特征。总结中国企业绿色发展的成功经验，为企业绿色发展提供借鉴，为中国生态文明建设提供支撑。由此可见，本研究具有重要的理论和实践意义。

（二）企业绿色发展内涵

基于以往的绿色发展评价研究和企业绿色发展战略研究，企业绿色发展是指企业通过实施绿色经营管理战略，使用绿色生产技术方法，开发或生产绿色产品，以达到资源节约和环境友好的目的，其内涵主要包括以下三个方面。

1. 绿色经营管理

绿色经营管理主要体现为企业积极推进绿色发展战略、实施绿色办公、承

---

① 黄羿、杨蕾、王小兴、夏斌：《城市绿色发展评价指标体系研究——以广州市为例》，《科技管理研究》2012 年第 17 期。

② 杨代友：《企业绿色竞争力研究》，复旦大学论文，2004；管卫东：《循环经济视角下企业绿色竞争力评价研究——基于淮北市 16 家制造型企业的实证分析》，《企业经济》2012 年第 6 期；权术、曾辉：《我国制造型企业绿色竞争力研究》，《中国证券期货》2010 年第 5 期。

③ 朱昶：《企业绿色发展战略及其体系研究》，武汉理工大学论文，2003。

担绿色责任等。其中,绿色发展战略主要体现为企业通过制定和实施绿色发展战略,加强绿色投资,将绿色发展理念贯穿于整个经营管理过程中。通过实施绿色管理战略,部分企业获得绿色发展殊荣,比如,有的企业通过积极实施ISO14001或其他环境管理体系被评为节能减排示范企业等。绿色办公是指企业在办公过程中积极推广实施节水、节电、节材手段,以实现办公过程中的节能减排。绿色责任是指企业在经营过程中,不仅要求自身绿色发展,而且努力将绿色发展理念深入到企业员工、上下游企业乃至整个社会层面,主要体现在对员工进行绿色培训、构建绿色供应链(绿色采购)、参与环保公益活动等方面。

2. 绿色产品和技术

绿色产品和技术主要是企业采用或者研发绿色技术,生产绿色产品。绿色技术主要包括两个方面:一方面是企业采用节能环保型技术或者循环经济方式生产产品;二是企业开发和生产绿色产品,提高产品的节能环保水平。绿色产品通常会有绿色产品认证或标识,如绿色食品认证、绿色建筑认证、绿色家电(能级标识)、绿色设备等,对于服务业企业来说,主要是推出绿色产品,如绿色金融等。

3. 节能环保绩效

节能环保绩效是企业绿色发展的结果,主要体现在工业部门的节能降耗和污染防治两个方面。节能降耗是指企业通过节能技术、节水技术、节材技术的使用,降低企业生产经营过程中的资源能源消耗水平。污染防治是指企业通过采用废水、废气、固体废弃物的处理技术,降低污染水平,或者创新实施循环经济模式,实现废弃物的循环利用。

(三)企业绿色发展评价指标体系

基于企业绿色发展的内涵,从绿色经营管理、绿色产品和技术、节能环保绩效三个维度构建企业绿色发展评价指标体系(见表2)。基于该指标体系,企业绿色发展指数(Enterprise Green Development Index,EGDI)计算公式为:

$$EGDI = \sum_{1}^{n} v_i \times \omega_i$$

表 2　中国企业绿色发展评价指标体系

一级指标(权重)	二级指标(权重)	三级指标(权重)	指标序号	总体权重
绿色经营管理(40)	绿色发展总体情况(60)	绿色政策与战略(25)	1	6
		环境报告完善性(25)	2	6
		绿色发展殊荣(25)	3	6
		绿色投资(25)	4	6
	绿色办公(20)	办公中的节水(30)	5	2.4
		办公中的节电(40)	6	3.2
		办公中的节材(30)	7	2.4
	绿色责任担当(20)	绿色培训(30)	8	2.4
		绿色供应链(30)	9	2.4
		环保公益活动(40)	10	3.2
绿色产品和技术(30)	绿色产品(50)	绿色产品(100)	11	15
	绿色技术(50)	绿色技术使用(50)	12	7.5
		绿色技术研发(50)	13	7.5
节能环保绩效(30)	节能降耗(50)	生产中的节能(40)	14	6
		生产中的节水(30)	15	4.5
		生产中的节材(30)	16	4.5
	污染防治(50)	排放达标情况(20)	17	3
		减排情况(20)	18	3
		废水处理技术(20)	19	3
		废气处理技术(20)	20	3
		固体废弃物处理技术(20)	21	3
合　计				100

注:由于噪声、辐射、危险品处理等涉及企业数量较少,不单独评价,包含在总体达标情况中。

其中,v_i 表示第 i 项指标得分情况,ω_i 表示指标权重。三个维度的绿色发展计算公式为:

$$I_j = \sum_{j_1}^{j_k} v_{ji} \cdot \omega_i / \sum_{j_1}^{j_k} \omega_i$$

其中,I_j 表示第 j 分项绿色发展程度,v_{ji} 为第 j 分项第 i 个指标的状况,ω_i 为第 i 个指标的权重,$\sum_{j_1}^{j_k} \omega_i$ 为第 j 分项总权重。

（四）评价对象与方法说明

本报告的评价对象为2013年所有公开发布企业社会责任报告的586家中国企业，这些企业基本上能够代表中国企业中较具社会责任（包含环境责任）的企业，社会责任报告中企业发布的关于环境责任的报告则体现了这些企业履行环保责任的情况，即绿色发展情况。除此之外，本报告还参考企业年报和相关其他公开报告，并对关于企业环境污染的新闻报道进行检索。本研究设计的指标体系基本涵盖了环境责任的各个方面。

数据来源方面，采用专家打分法对照企业社会责任报告（环境报告章节）中各个方面的指标进行打分（打分方法如表3所示），取各个专家打分的平均值。根据企业在各个方面的表现，对相应的指标赋值1~5分。比如，绿色政策与战略方面，有无环境管理体系ISO14001或其他，可以根据绿色政策与战略的完善程度和实施程度赋值1~5分，对于既有环境战略又有ISO14001体系的赋值5分，其他酌情降低；根据社会责任报告中环境报告的完善程度赋值1~5分；排放达标情况方面，符合国家标准为3分、零排放为5分；等等。最后，本评价对数值进行归一化处理。

表3　指标体系打分说明

指标	指标说明与打分依据
绿色政策与战略	根据绿色政策与战略的丰富程度赋值1~5分；对于存在绿色转型发展战略的企业，相应的提高分值
环境报告完善性	根据社会责任报告中环境方面的完善程度赋值1~5分
绿色发展殊荣	没有或没提荣誉为1分；一笔带过为2分；具体提出的，则根据荣誉和奖励力度赋值3~5分
绿色投资	未提为1分；提到环保投资为2分；给出投资额的，根据企业规模和额度赋值2~5分
办公中的资源节约相关指标	未提为1分；一笔带过为2分；提出技术或举措赋值3~4分；提供数据赋值4~5分
绿色责任担当相关指标	未提为1分；一笔带过为2分；比较具体为3分；根据详细和重要程度赋值3~5分

续表

指标	指标说明与打分依据
绿色产品与技术相关指标	未提为1分;一笔带过为2分;比较具体为3分;根据详细和重要程度赋值3~5分
生产中的资源节约相关指标	未提为1分;一笔带过为2分;比较具体为3分;根据详细和重要程度赋值3~5分
排放达标情况	发生重大污染事件的企业或者没有提及达标情况的企业为1分;符合国家标准为3分;零排放赋值5分
减排情况与"三废"处理相关指标	不提为1分;一笔带过为2分;一般处理措施或出售为3分;循环利用根据回用情况赋值4~5分

根据企业所属行业特征,工业类企业及其他相关企业采用该指标体系中的所有指标进行评价;对于不涉及生产过程的节能减排行业,如公用事业等服务业企业,则以绿色经营管理为主,部分涉及绿色产品指标,其相应的权重按照100%进行调整,具体划分如表4所示。

表4   样本分类与指标使用

单位:家

项目	涉及行业	样本企业数
采用全体指标	制造业、农林牧渔业、房地产业、建筑业及部分综合类	458
采用指标1-12	运输仓储业、通信服务业、计算机服务业、批发零售业、金融业等	128
合 计		586

注:按照国泰安数据库中《中华人民共和国金融行业标准》(JR/T0020-2004)进行归类。

三   中国企业绿色发展评价

根据企业绿色发展评价指标体系,对586家中国企业进行评价,基于评价结果得到中国企业绿色发展前500强及前100强(排名附后)企业,并对分行业企业绿色发展情况进行深入分析。

（一）中国企业绿色发展总体评价

考虑到样本的不完整性，本部分仅对样本中的前500位企业进行分析，重点分析总体行业特征、区域分布特征及三维二级指标特征。

1.总体行业特征

从行业来看，在中国绿色发展500强企业中，化学原料及化学制品制造业，房地产开发与经营业，电器机械及器材制造业，专用设备制造业，电力、蒸汽、热水的生产与供应业，有色金属冶炼及压延加工业，非金属矿物制品业，汽车制造业，医药制造业，银行业等行业中进入前500强的企业数量相对较多（见表5）。

绿色发展重点行业主要可以分为两大类：一类是传统的"三高"行业，如化工业、电力等生产与供应业、金属冶炼及压延加工业、非金属矿物制品业等，这类行业企业由于环境问题较为严重，较早就开始谋划绿色发展战略；另一类是受绿色产品带动绿色发展的行业，如绿色设备带动设备制造业绿色发展、绿色家电带动电器机械制造业绿色发展、绿色建筑带动房地产业绿色发展、绿色金融带动金融业绿色发展等。

表5　主要行业企业绿色发展情况（按企业数量排序）

行业	企业数量（家）	EGDI	绿色经营管理	绿色产品和技术	节能环保绩效
化学原料及化学制品制造业	31	0.345	0.142	0.101	0.102
房地产开发与经营业	26	0.338	0.145	0.103	0.09
电器机械及器材制造业	24	0.374	0.147	0.132	0.096
电力、蒸汽、热水的生产与供应业	19	0.330	0.145	0.098	0.087
有色金属冶炼及压延加工业	18	0.332	0.146	0.091	0.095
专用设备制造业	18	0.375	0.153	0.131	0.09
汽车制造业	17	0.363	0.147	0.121	0.096
非金属矿物制品业	16	0.355	0.156	0.103	0.096
医药制造业	15	0.327	0.145	0.084	0.098
银行业	15	0.454	0.186	0.132	—
普通机械制造业	14	0.335	0.141	0.099	0.094

续表

行业	企业数量（家）	EGDI	绿色经营管理	绿色产品和技术	节能环保绩效
黑色金属冶炼及压延加工业	13	0.385	0.162	0.104	0.119
证券、期货业	13	0.299	0.138	0.072	—
电子元器件制造业	12	0.347	0.149	0.089	0.108
计算机应用服务业	12	0.323	0.142	0.083	—
土木工程建筑业	11	0.379	0.166	0.135	0.079
纺织业	9	0.398	0.175	0.123	0.101
交通运输设备制造业	9	0.392	0.161	0.138	0.093
零售业	9	0.351	0.182	0.063	—
水上运输业	9	0.347	0.155	0.088	—
造纸及纸制品业	9	0.380	0.172	0.099	0.109
煤炭采选业	8	0.398	0.172	0.108	0.118
能源、材料和机械电子设备批发业	8	0.330	0.141	0.090	—
饮料制造业	8	0.384	0.171	0.084	0.128
公路运输业	7	0.373	0.167	0.094	—
金属制品业	7	0.320	0.138	0.081	0.101
石油加工及炼焦业	7	0.324	0.142	0.085	0.097
食品加工业	7	0.294	0.129	0.071	0.094
服装及其他纤维制品制造业	6	0.315	0.141	0.093	0.080
通信及相关设备制造业	6	0.396	0.188	0.135	0.072

2. 区域分布特征

从区域特征来看，根据国泰安数据库中对企业区域分布的统计，中国企业绿色发展500强中，东部地区有341家，平均EGDI最高（0.358）；中部地区有73家企业，平均EGDI最低（0.334）；西部地区有65家企业，平均EGDI为0.340；东北地区有21家企业，平均EGDI为0.360（见表6）。

分省份来看，企业绿色发展500强中广东、北京、浙江、上海、福建的企业数量相对较多，其中广东有73家、北京有62家、浙江有48家、上海有43家、福建有40家，五省市合计266家企业，占500强的一半以上（53.2%）。

表 6 分地区企业绿色发展情况（分地区按 EGDI 排序）

项目	企业数量（家）	EGDI	绿色经营管理	绿色产品和技术	节能环保绩效
全部样本	500	0.352	0.152	0.102	0.095
东部地区	341	0.358	0.154	0.106	0.095
北京	62	0.383	0.169	0.112	0.092
广东	73	0.377	0.158	0.117	0.101
海南	2	0.373	0.205	0.075	0.054
河北	8	0.371	0.160	0.096	0.113
山东	27	0.369	0.152	0.118	0.099
上海	43	0.358	0.151	0.107	0.095
江苏	30	0.354	0.151	0.101	0.099
天津	8	0.336	0.136	0.111	0.081
浙江	48	0.331	0.148	0.093	0.088
福建	40	0.310	0.133	0.087	0.09
东北地区	21	0.360	0.159	0.1	0.104
黑龙江	5	0.410	0.183	0.115	0.116
辽宁	11	0.347	0.156	0.098	0.094
吉林	5	0.341	0.144	0.092	0.11
中部地区	73	0.334	0.145	0.093	0.096
江西	5	0.399	0.179	0.111	0.105
山西	9	0.375	0.165	0.093	0.123
安徽	15	0.331	0.149	0.087	0.099
河南	20	0.324	0.142	0.087	0.094
湖北	16	0.318	0.134	0.096	0.088
湖南	8	0.308	0.127	0.099	0.075
西部地区	65	0.340	0.149	0.094	0.096
广西	5	0.421	0.172	0.133	0.116
甘肃	1	0.375	0.186	0.09	0.099
云南	10	0.361	0.161	0.1	0.099
陕西	4	0.356	0.166	0.099	0.089
新疆	11	0.348	0.139	0.105	0.105
青海	2	0.342	0.146	0.085	0.111
四川	12	0.338	0.15	0.092	0.091
重庆	4	0.315	0.144	0.084	0.087
内蒙古	3	0.312	0.155	0.078	0.079
贵州	9	0.301	0.133	0.075	0.093
宁夏	3	0.285	0.128	0.07	0.086
西藏	1	0.263	0.106	0.09	0.067

3. 三维指标特征

（1）绿色经营管理领域重点企业与主要特征

在绿色经营管理领域，青岛海尔、金隅股份、中国交建、招商地产等企业特色显著（见表7）。相关企业的绿色经营管理主要表现出以下特征：制定全面的绿色发展战略，如海尔制定了"绿色设计，绿色制造，绿色经营，绿色回收"战略、神华集团构建了节能环保三级管理体系，还有企业积极推行实施ISO14000环境体系和ISO50001能源管理系统；制定公司自身的环境管理办法，如金隅股份通过制定《环境保护管理办法》《关于加强环境风险防控的意见》等，健全和完善了公司环境保护管理制度体系；获得了较多的绿色发展殊荣，如2013年中国交建有3家单位获称"2011~2012年度全国交通运输行业节能减排先进企业"；加大绿色产品研发、绿色生产技术等方面的投资；积极推进绿色办公，如采用视频会议形式举办各类会议，推进电子办公平台建设，坚持无纸化办公，回收处理办公用品废弃物等；推行绿色采购、绿色回收及构建绿色供应链、等；加强员工的绿色发展理念，举办绿色公益活动，如招商地产围绕"强化员工的绿色价值观"和"落实员工的绿色行为方式"两个方面打造绿色公司。

表7　企业绿色经营管理领域重点企业

领域排名	总排名	代码	企业名称	综合指标	绿色经营管理	绿色产品和技术	节能环保绩效	省份
1	1	600690	青岛海尔	0.745	0.288	0.253	0.204	山东
2	17	601992	金隅股份	0.573	0.282	0.180	0.111	北京
3	39	601800	中国交建	0.521	0.282	0.185	0.054	北京
4	6	000024	招商地产	0.634	0.274	0.190	0.170	广东
5	12	601088	中国神华	0.617	0.274	0.188	0.156	北京
6	2	000002	万科A	0.707	0.267	0.240	0.200	广东
7	20	000488	晨鸣纸业	0.576	0.263	0.155	0.158	山东
8	73	600561	江西长运	0.458	0.261	0.060	—	江西
9	19	000726	鲁泰A	0.582	0.253	0.230	0.099	山东
10	23	601818	光大银行	0.557	0.250	0.140	—	北京

（2）绿色产品和技术领域重点企业与主要特征

在绿色产品和技术领域，铁汉生态、菲达环保、青岛海尔、农产品等企业表现比较突出（见表8），主要包括两个方面：一方面是主要生产专门的节能环保产品，如菲达环保以生产环保装备制造为主，且多项产品获奖，《高效控制PM2.5电除尘技术与装备》获浙江省科学技术一等奖、《大型燃煤电站锅炉烟气电袋复合除尘技术与装备》获浙江省环境保护科学技术一等奖等；另一方面是生产绿色产品，包括绿色家电、绿色设备、绿色建筑等，如绿色家电类（海尔集团、美的集团等），其中海尔集团在以"节能、环保、创新、拓展"为主题的中国家用电器技术评价中荣获"中国家电科技进步奖"一等奖，另有多个产品获评"能效之星"；绿色建筑类，以铁汉生态、万科A等为主推进绿色生态园林、绿色建筑的企业。

表8　企业绿色产品和技术领域重点企业

行业排名	总排名	代码	企业名称	综合指标	绿色经营管理	绿色产品和技术	节能环保绩效	省份
1	45	300197	铁汉生态	0.507	0.198	0.255	0.054	广东
2	50	600526	菲达环保	0.497	0.173	0.255	0.069	浙江
3	1	600690	青岛海尔	0.745	0.288	0.253	0.204	山东
4	14	000061	农产品	0.596	0.167	0.250	—	广东
5	40	601766	中国南车	0.520	0.176	0.250	0.094	北京
6	8	000333	美的集团	0.628	0.216	0.248	0.165	广东
7	11	000100	TCL集团	0.619	0.247	0.245	0.127	广东
8	2	000002	万科A	0.707	0.267	0.240	0.200	广东
9	33	601727	上海电气	0.528	0.202	0.240	0.086	上海
10	34	600089	特变电工	0.528	0.162	0.240	0.126	新疆

（3）节能环保绩效方面重点企业与主要特征

节能减排方面，青岛海尔、中集集团、万科A、五粮液等企业表现突出（见表9），该项指标相对于前面的指标而言，属于结果导向的指标。一是排位靠前的企业往往在节能环保领域的达标情况和减排情况较好，并且无重大污染事故发生，部分企业有着良好的节能环保绩效，但是由于出现社会影响较大的环境事故，得分靠后；二是在生产过程中积极采用资源节约及循环经济技术，如海尔的绿色回收，在减少废旧家电对环境污染的同时回收了可再生利用的原材料，以及五粮液、珠江啤酒的循环经济技术等；三是在"三废"处理方面取得了较好的成果。

表9　企业节能减排领域重点企业

行业排名	总排名	代码	企业名称	综合指标	绿色经营管理	绿色产品和技术	节能环保绩效	省份
1	1	600690	青岛海尔	0.745	0.288	0.253	0.204	山东
2	17	000039	中集集团	0.587	0.211	0.175	0.201	广东
3	2	000002	万科A	0.707	0.267	0.240	0.200	广东
4	10	000858	五粮液	0.619	0.250	0.175	0.194	四川
5	15	000050	深天马A	0.595	0.244	0.160	0.191	广东
6	43	002461	珠江啤酒	0.515	0.239	0.085	0.191	广东
7	7	601231	环旭电子	0.633	0.224	0.220	0.189	上海
8	3	000063	中兴通讯	0.665	0.242	0.235	0.188	广东
9	49	002092	中泰化学	0.497	0.172	0.140	0.185	新疆
10	33	600435	北方导航	0.527	0.218	0.125	0.185	北京

（二）重点行业企业绿色发展特征

不同行业除了存在共性的绿色经营管理、绿色办公、绿色公益等外，在绿色发展举措方面还表现出显著的行业特征。针对比较关注绿色发展的行业，本报告深入分析了这些行业的特征，重点包括以下12个领域（见表10）。

表10　重点行业绿色发展特征

行业	说明	绿色发展特征
化工业	化学原料及化学制品制造业	污染防治技术创新、循环经济模式创新
房地产业	房地产开发与经营业	绿色建筑引领发展
电器机械制造业	以家电企业为主的电器机械及器材制造业	全产业链打造绿色家电
设备制造业	包括专用设备制造业、通用设备制造业、普通机械制造业、交通运输设备制造业等	绿色设备＋绿色制造
电力等生产与供应业	以电力企业为主，火电污染最严重	发展清洁能源，推广节能环保设备

行业	说明	绿色发展特征
金属冶炼及压延加工业	有色金属冶炼及压延加工业、黑色金属冶炼及压延加工业	全方位循环经济模式
非金属矿物制品业	以建材行业为主	绿色材料、绿色生产
汽车制造业		新能源汽车、绿色制造
医药制造业	医药制造业、生物医药制造业	以污染防治为核心的绿色发展
金融业	银行、证券、保险等行业	绿色信贷、绿色投资、绿色保险
采矿业	煤矿、黑色金属矿、有色金属矿采选业等	绿色矿山、绿色采矿
饮料与食品加工业	以酒类为主的饮料业、食品加工业	工农融合的循环经济模式

1. 化工业：创新污染防治技术和循环经济模式

化学原料及化学制品制造业属于高污染行业，随着宏观层面对环境问题的日益重视，化学工业企业开始积极创新和开发污染治理技术，循环经济模式在化学工业企业中也得到了大力推进，中化国际、中泰化学、金正大、三友化工等企业在绿色发展方面处于行业领先地位（见表11）。化学原料及化学制品制造业企业的绿色发展特色主要体现在污染防治技术的不断创新和循环经济模式的加快推进两个方面。

表11 化学原料及化学制品制造业企业绿色发展评价结果

行业排名	总排名	代码	企业名称	综合指标	绿色经营管理	绿色产品和技术	节能环保绩效	省份
1	22	600500	中化国际	0.559	0.214	0.175	0.170	上海
2	49	002092	中泰化学	0.497	0.172	0.140	0.185	新疆
3	67	002470	金正大	0.468	0.182	0.210	0.076	山东
4	68	600409	三友化工	0.465	0.168	0.165	0.132	河北
5	81	600596	新安股份	0.451	0.240	0.090	0.121	浙江
6	107	600423	柳化股份	0.419	0.160	0.135	0.124	广西
7	108	000822	*ST海化	0.419	0.150	0.120	0.149	山东
8	130	600309	万华化学	0.393	0.144	0.110	0.139	山东
9	180	002165	红宝丽	0.362	0.114	0.160	0.088	江苏
10	193	600096	云天化	0.354	0.124	0.110	0.120	云南

化工业污染防治技术的改进主要体现为对废水、废气、固体废弃物的处理和回用。废水处理往往涉及清净下水处理和工业废水处理。针对清净下水和工业废水分别采用不同的处理模式。清净下水处理后可用于工业生产，部分工业废水处理后会用于生产系统，其余工业废水由厂区末端采用催化氧化技术处理后，达标排放或绿化。化工业在生产过程中产生的废气主要是工艺废气和燃烧废气，往往采用相应的脱硝工艺或者循环经济模式等来减少大气污染。经过处理后固体废弃物往往能够用于生产水泥等，如中泰化学按照"一次钙资源，电石、水泥两次利用"的原则，与新疆天山水泥股份有限公司合作开发新型干法水泥熟料生产线，综合利用现有生产装置产生的全部电石渣、燃煤炉渣、粉煤灰。

化工业的循环经济模式主要是通过开发利用废物资源化技术，在减排的同时实现"变废为宝"。比如，三友化工构筑起以纯碱、氯碱和粘胶短纤维为主导产品，原盐、碱石为原料支撑的系列共生产业链，在国内首创了"两碱一化"的特色循环经济模式。中泰化学通过中水回用、蒸汽冷凝水回收、乙炔溢流液乙炔气回收、变压吸附制氢、废酸深度解析、含汞废水改造、防渗处理等项目的实施，年减排废水 350 万立方米、减排 COD 224 吨。

除此之外，化工业企业积极推进绿色管理体系建设、员工培训、绿色文化建设等工作，取得了一些绿色发展方面的殊荣。比如，中化国际自上而下逐级签订环境保护和节能减排责任书，积极推进环境管理体系（ISO14001：2004），定期对重点企业实施现场监督检查并对整改提供技术支持，2013 年全年中化国际共查出并整改各类环保隐患 119 项。

2. 房地产业：绿色建筑引领房地产业绿色转型

在新型城镇化推进过程中，特别是在《国家新型城镇化规划（2014 ~ 2020 年）》将绿色建筑加入规划目标之后，绿色建筑日益受到广泛关注，房地产开发与经营业企业在绿色发展方面取得了显著成效，万科 A、招商地产、泛海控股等企业在绿色发展方面处于行业领先位置（见表12）。房地产业的绿色发展主要是通过推广绿色建筑来得以实现的，具体体现在绿色建筑评级、节能减排技术在建筑中的应用、绿色采购与绿色供应链、绿色公益等方面。

表12　房地产开发与经营业企业绿色发展评价结果

行业排名	总排名	代码	企业名称	综合指标	绿色经营管理	绿色产品和技术	节能环保绩效	省份
1	2	000002	万科A	0.707	0.267	0.240	0.200	广东
2	8	000024	招商地产	0.634	0.274	0.190	0.170	广东
3	60	000046	泛海控股	0.481	0.193	0.150	0.138	北京
4	86	600649	城投控股	0.440	0.157	0.150	0.133	上海
5	120	000517	荣安地产	0.404	0.174	0.160	0.070	浙江
6	163	002146	荣盛发展	0.370	0.186	0.080	0.104	河北
7	164	000540	中天城投	0.370	0.198	0.090	0.082	贵州
8	169	000620	新华联	0.368	0.151	0.110	0.107	北京
9	234	000006	深振业A	0.330	0.138	0.090	0.102	广东
10	287	600322	天房发展	0.309	0.124	0.125	0.060	天津

绿色建筑评级主要是按照国家绿色建筑认证标准进行评级。2013年，万科A完成绿色建筑认证面积596.4万平方米，是绿色建筑规模最大的国内企业。招商地产自2012年起全面推进住宅绿色二星级和公建绿色二星级、三星级标准，并从单体建筑发展到片区建设，实现了绿色地产规模开发，已获得绿色认证项目总建筑面积超过200万平方米。

节能减排技术在建筑中的应用是指在建筑过程中积极采用节能环保技术，实现建筑物的节能减排。比如，万科A的绿色三星节能环保技术，包括结构保温、隔热性能、空调效率提升、地源热泵空调采暖、高效照明、太阳能热水系统等。招商地产主要是采用加强建筑小区通风、热岛模拟、人工湿地处理中水、屋顶绿化和垂直绿化、小区雨水入渗、太阳能热水、节能玻璃、综合遮阳等节能技术，据测算，招商地产现已开发绿色项目每年可节约用电3123.25万度、节水65.23万吨，折合减排二氧化碳3.11万吨，比普通项目节约用电超过20%、节水超过10%。

绿色采购与绿色供应链是指企业在采购产品中引入节地、节能、节水等环保产品，构造一条以节能环保为主要特色的"绿色产业链"。招商地产在绿色供应链方面形成了一系列标准，如采用就近采购方式以减少运输能耗、积极建立绿色产品开发合作关系等。

除此之外，房地产开发企业积极投入绿色发展的合作和公益事业中。比如，招商地产积极搭建中外绿色人居交流平台、加强企业员工的绿色意识培训、组织相关的公益活动等。

3. 电器机械制造业：全产业链打造绿色家电

电器机械制造业是中国国民经济行业分类中一个非常重要的大类，绿色家电不仅是绿色生产而且最终将体现在绿色消费环节，存在全生命周期的影响。电器机械及器材制造业企业通过积极推进绿色设计、绿色生产来打造绿色家电，其中青岛海尔、美的集团、亨通光电等企业在绿色发展方面处于行业领先地位（见表13）。电器机械及器材制造业企业的绿色发展特点主要体现为从采购、设计、生产、回收等全产业链出发，打造绿色电器。比如海尔的"绿色设计，绿色制造，绿色经营，绿色回收"的4G发展战略。

表 13　电器机械及器材制造业企业绿色发展评价结果

行业排名	总排名	代码	企业名称	综合指标	绿色经营管理	绿色产品和技术	节能环保绩效	省份
1	1	600690	青岛海尔	0.745	0.288	0.253	0.204	山东
2	6	000333	美的集团	0.628	0.216	0.248	0.165	广东
3	27	600487	亨通光电	0.540	0.200	0.165	0.175	江苏
4	34	600089	特变电工	0.528	0.162	0.240	0.126	新疆
5	74	600580	卧龙电气	0.458	0.209	0.180	0.069	浙江
6	92	000541	佛山照明	0.433	0.188	0.155	0.090	广东
7	93	000651	格力电器	0.433	0.116	0.215	0.102	广东
8	149	200541	粤照明 B	0.379	0.149	0.160	0.070	广东
9	208	002527	新时达	0.346	0.138	0.145	0.063	上海
10	213	000418	小天鹅 A	0.343	0.141	0.095	0.107	江苏

绿色设计主要体现在两个方面：一方面是绿色产品的研发，通过技术创新不断开发新的节能低碳产品；另一方面是通过标准化设计实现生产环节的节能环保。节能产品研发方面，主要包括空调、彩电、冰箱等家电的"高能效"设计，针对该类产品，工信部发布了《"能效之星"产品目录》。

"美的空调：一晚低至一度电"的广告语从一个侧面反映了绿色家电的本质。生产的标准化设计，主要是推进可拆解回收设计、EUP产品耗能设计。以海尔为例，通过推进产品标准化，在生产制造上推行精益生产，提升生产效率，实施6西格玛、QC革新管理，降低废品率。

绿色生产主要是在电器生产过程中推行清洁生产，加强废弃物的减排和处理。美的集团在废水处理、固体废弃物处理、废气处理、噪音治理等方面投入了大量资金，安装设备净化处理系统或由处理中心集中处理，达标后排放废水或废气，通过车间墙体隔声、设备消音进行噪音治理，集中区域分类存放固体工业垃圾并定期回收处理，生活垃圾及时由专业清洁公司收集处理，从而达到了国家清洁生产和主要污染物排放总量控制的要求。

绿色采购方面，绿色家电的打造离不开绿色材料，因而在采购环节同样需要挑选绿色低碳产品。海尔与每一家供应商都签订了环保承诺书，并定期进行评估，对材料的环保性能、新技术应用等提出很高的要求。

绿色回收主要是在通过回收减少废旧家电对环境造成的污染的同时，回收可再生利用的原材料。海尔建设了国家级静脉产业类生态工业园，已经开发了多项关键回收处理技术，建设了中国第一个国家级废旧家电回收处理示范基地，国际领先的拆解线已经投入运行。

除此之外，电器企业还积极加强环保管理体系建设，推进绿色办公、绿色公益、绿色培训等。海尔是全国低碳联盟的首批成员，其率先推出了碳足迹管理。

4. 设备制造业："绿色设备"与"绿色制造"双轮驱动

设备制造业包括专用设备制造业、通用设备制造业、普通机械制造业、交通运输设备制造业等，共有44家企业进入前500强，总体排名比较靠前。其中柳工、上海电气、海立股份、中国南车、航天科技和中国北车等企业在绿色发展方面处于行业领先地位（见表14）。设备制造业的绿色发展一方面是大力发展绿色设备，另一方面是重视设备生产过程的绿色化，即"绿色制造、制造绿色"及"再制造"。

表14　设备制造业企业绿色发展评价结果

行业排名	总排名	代码	企业名称	综合指标	绿色经营管理	绿色产品和技术	节能环保绩效	省　份
1	10	000528	柳　工	0.623	0.215	0.230	0.178	广　西
2	29	600619	海立股份	0.533	0.210	0.195	0.128	上　海
3	33	601727	上海电气	0.528	0.202	0.240	0.086	上　海
4	40	601766	中国南车	0.520	0.176	0.250	0.094	北　京
5	41	000901	航天科技	0.518	0.210	0.230	0.078	黑龙江
6	42	601299	中国北车	0.518	0.181	0.205	0.132	北　京
7	50	600526	菲达环保	0.497	0.173	0.255	0.069	浙　江
8	52	601177	杭齿前进	0.494	0.152	0.195	0.147	浙　江
9	59	000666	经纬纺机	0.481	0.181	0.200	0.100	北　京
10	62	000680	山推股份	0.479	0.144	0.210	0.125	山　东

"绿色设备"主要是指设备制造业企业积极研发生产节能工业设备、高效清洁能源设备、新能源设备等，即通过绿色技术研发、科研攻关，研发节能环保的优秀产品。比如，柳工研发的H系列装载机整机油耗降低12%以上、车热平衡温度从原机97.1℃降到93.4℃、机外辐射噪音降低5.5分贝；上海电气推出了燃气轮机与联合循环汽轮机、抽气机组、空冷机组等节能产品；中国南车提出要为轨道交通运输提供节约型绿色装备产品。

"绿色制造"主要是指企业通过改进工艺和设备，减少在设备生产制造过程中产生的环境污染，提高资源的利用效率。设备制造业的废弃物主要包括废水、废气、噪音、废油、固体废弃物及其他有害化学物质。以厦工股份为例，公司通过对生产过程中产生的废气采用水帘过滤、活性炭吸附、催化燃烧等措施做到了达标排放；针对生产过程中产生的抛丸粉尘，经过滤筒式除尘器处理后达标排放；钢材下脚料、机加工铁屑等固体废弃物由公司组织回收，统一委托有资质单位进行无害化处理；此外，增加原料成本投入，坚持使用低苯油漆涂料、稀释剂，减少涂装三苯废气排放量，以保护环境。

"再制造"是绿色制造的重要内容。有些设备制造企业通过发展"再制造"，促进资源的循环利用。"再制造"不是简单地翻新和修理，而是以旧的机器设备为毛坯，采用专门的工艺和技术，在原有制造的基础上进行一次新的制造，并且重新制造出来的产品无论是性能还是质量都不亚于原先的新品。以柳工为例，该公司建立了再制造工业园，平均有 55% 的零部件都可再次利用，再制造产品较新产品制造节能 60%、节省 80% 以上的能源消耗。

5. 电力等生产与供应业：加快推进清洁能源与节能环保设备

电力等生产与供应业包括电力生产业、电力供应业，以及蒸汽、热水生产与供应业，电力生产业又分为火力发电、水力发电、风力发电、核电等。其中对环境影响最大的是电力生产业中的火力发电行业，其主要是通过煤的燃烧产生有害气体进而造成大气污染。近年来大气污染问题受到社会各界的普遍关注，企业开始积极推动自身的绿色转型，其中金山股份、宝新能源、滨海能源等企业在绿色发展方面处于行业领先地位（见表15）。电力等生产与供应业企业的绿色发展体现在积极发展清洁能源与采用节能环保设备两个方面。

表 15　电力等生产和供应业企业绿色发展评价结果

行业排名	总排名	代码	企业名称	综合指标	绿色经营管理	绿色产品和技术	节能环保绩效	省　份
1	79	600396	金山股份	0.451	0.176	0.200	0.075	辽　宁
2	95	000690	宝新能源	0.432	0.159	0.195	0.078	广　东
3	99	000695	滨海能源	0.428	0.176	0.140	0.112	天　津
4	128	600726	华电能源	0.396	0.168	0.075	0.153	黑龙江
5	152	000301	东方市场	0.376	0.174	0.115	0.087	江　苏
6	154	600886	国投电力	0.375	0.186	0.090	0.099	甘　肃
7	162	600995	文山电力	0.372	0.192	0.120	0.060	云　南
8	165	600900	长江电力	0.370	0.214	0.060	0.096	北　京
9	232	600505	西昌电力	0.330	0.164	0.060	0.106	四　川
10	276	000601	韶能股份	0.311	0.111	0.080	0.120	广　东

加快发展清洁能源，即增加水能、风能、太阳能等清洁能源品种在能源构成中所占比重，减少煤炭的燃烧，减少空气污染。企业通过支持清洁能源上网，充分利用水能、风能等方式，积极发展清洁能源。比如，2009 年宝新能源投资建设的陆丰甲湖湾（陆上）风电场一期工程 4.8 万千瓦风电机

组正式进入商业运营，每年节约标煤约 3.5 万吨；金山股份康平、彰武风电三期项目于 2014 年 2 月投产发电，阜新"娘及营子""双山子"和彰武"大林台"各 48 兆瓦的风电项目顺利推进；2013 年文山电力所属水电站自发供电量 50400 万千瓦时，相当于节约标准煤 16.6 万吨；2013 年长江电力三峡—葛洲坝梯级电站累计发电 986.87 亿千瓦时，受托管理的溪洛渡—向家坝梯级电站累计发电 295.60 亿千瓦时，公司运行机组发出的清洁能源可以替代 4180 万吨燃煤。

采用节能环保设备，即对旧有的高耗能、高污染的落后设备进行环保改造，使之符合节能环保的需要，主要体现为对旧有的锅炉、发电机组加装脱硝和脱硫设备，减少因煤炭燃烧而造成的环境污染等。比如，滨海能源先后在滨海热电厂、国华公司、热源四厂投入近 8000 万元，加装高效湿法氧化镁脱硫装置；金山股份对白音华公司 1 号、2 号机组的脱硝改造；宝新能源聘请西安热工研究院专家对一、二期四台发电机组进行燃烧优化调整，并投资 1500 多万元对 30 万千瓦机组高压电机进行变频改造等。以上措施都取得了不错的效果。

6. 金属冶炼及压延加工业：打造全方位循环经济模式

金属冶炼及压延加工业包括有色金属冶炼及压延加工业、黑色金属冶炼及压延加工业。随着环保、节约观念的普及与宏观层面的日益关注，金属冶炼及压延加工业的循环经济产业园加快发展，其中江西铜业、柳钢股份、太钢不锈等企业在绿色发展方面处于行业领先地位（见表 16）。金属冶炼及压延加工业企业的绿色发展特色主要体现为打造全方位循环经济模式。不同于其他行业的循环经济模式，金属冶炼及压延加工业的循环经济模式是包括废水、废渣、废气、余热余压的全方位循环利用和减排，对于提高资源的利用效率而言效果明显。

废水回用方面，主要通过建立循环水处理系统实现水资源循环利用。比如，柳钢股份设计了炼钢除尘水循环系统、中板水处理系统等，2013 年投资 2000 万元实施焦化废水深度处理，率先实现焦化废水深度处理，为实现工业废水零排放创造了条件。

表16　金属冶炼及压延加工业企业绿色发展评价结果

行业排名	总排名	代码	企业名称	综合指标	绿色经营管理	绿色产品和技术	节能环保绩效	省份
1	30	600362	江西铜业	0.530	0.218	0.150	0.162	江西
2	36	601003	柳钢股份	0.523	0.201	0.160	0.162	广西
3	38	000825	太钢不锈	0.521	0.222	0.125	0.174	山西
4	66	600432	吉恩镍业	0.471	0.180	0.150	0.141	吉林
5	72	000898	鞍钢股份	0.459	0.198	0.140	0.121	辽宁
6	78	000709	河北钢铁	0.452	0.168	0.125	0.159	河北
7	80	600569	安阳钢铁	0.451	0.220	0.075	0.156	河南
8	113	600282	*ST南钢	0.411	0.164	0.135	0.112	江苏
9	116	600456	宝钛股份	0.406	0.208	0.095	0.103	陕西
10	119	600531	豫光金铅	0.405	0.204	0.120	0.081	河南

　　废渣回用方面，主要是对不同类型的废渣实现分类回收处理，包括对含有金属材料的废渣进行综合利用，将不含金属材料的纯废渣用于制作水泥等。比如，江西铜业建成了渣选铜尾渣及硫铁矿制酸烧渣综合回收、稀散金属综合回收利用、铜矿钼和铼资源回收等16个循环经济项目，并在国内率先采用冶炼渣选矿技术，取消了原有水淬渣工艺，每年多回收铜金属9000余吨，每天可节约用水2万吨。吉恩镍业通过建设超细粉生产线（处理高炉渣）、热焖渣生产线（处理转炉钢渣）等将其他除尘灰和含铁尘泥全部回收，烧结后作为原料使用，高炉渣磨成超细粉后销售给搅拌站用作水泥，转炉渣经热焖、磁选后回到转炉作为原料使用，公司充分做到了废渣的循环利用。

　　金属冶炼及压延加工业还充分利用余能余热资源。柳钢股份通过优化公司蒸汽管网，利用转炉烟道汽化回收蒸汽和轧钢加热炉汽化冷却回收蒸汽供公司管网，以减少公司热电站的蒸汽供应，增加发电量；新建8万立方米转炉煤气柜和5万立方米焦炉煤气柜，用于煤气储存和缓冲。江西铜业子公司贵冶通过新增余热锅炉和蒸汽压差能量回收发电装置，回收工业低温余热和低压蒸汽余压资源，每年可发电0.7262亿度以上，折合标煤约8925吨，每年可少排放二氧化硫180余吨。

废气处理更多的是体现在减排方面，主要是通过采用先进技术提高 SO_2 吸收转化率、减少 SO_2 等废气排放量。比如，柳钢股份率先使用烧结机头烟气全脱硫、江西铜业在国内铜行业率先采用可资源化活性焦干法脱硫技术、吉恩镍业将硫酸厂原有一转一吸制酸系统改为两转两吸制酸系统。

7. 非金属矿物制品业：推进绿色生产，发展绿色材料

非金属矿物制品业是以建材的生产和销售为主体的。随着宏观层面加大环境保护力度与各级政府加强城市环境治理，非金属矿物制品业企业开始从生产和施工两个环节入手，打造非金属矿物制品业企业的绿色产业链，其中金隅股份、东方雨虹、南玻 A、中材科技等企业在绿色发展方面处于行业领先地位（见表 17）。非金属矿物制品业企业的绿色发展表现在绿色生产和绿色材料两个方面。

表 17　非金属矿物制品业企业绿色发展评价结果

行业排名	总排名	代码	企业名称	综合指标	绿色经营管理	绿色产品和技术	节能环保绩效	省份
1	17	601992	金隅股份	0.573	0.282	0.180	0.111	北京
2	48	000012	南玻 A	0.500	0.165	0.240	0.095	广东
3	101	002271	东方雨虹	0.425	0.231	0.080	0.114	北京
4	122	002080	中材科技	0.403	0.148	0.160	0.095	江苏
5	146	000885	同力水泥	0.380	0.178	0.105	0.097	河南
6	182	000877	天山股份	0.362	0.135	0.130	0.097	新疆
7	194	000786	北新建材	0.354	0.146	0.115	0.093	北京
8	214	002162	斯米克	0.342	0.128	0.060	0.154	上海
9	264	000401	冀东水泥	0.318	0.154	0.070	0.094	河北
10	267	002102	冠福股份	0.315	0.155	0.070	0.090	福建

在绿色生产方面，针对本行业存在的原材料消耗量大、能耗高、废气污染重等特点，行业内相关企业主要通过节能降耗与低碳减排等手段来达成企业的绿色生产目的。例如，2013 年金隅股份投资 2.1 亿元用于环境治理改造，完成了北京水泥厂有限责任公司、鹿泉金隅鼎鑫水泥有限公司等企业

21 条生产线脱硝改造和 65.7 万立方米物料棚化改造，实现氮氧化物同比减排 7690 吨；东方雨虹按照"谁生产，谁处理"的原则，组织开展环境考评，加大环保投入，统一生产现场管理，加强对污染物和废弃物的控制和处理，减少对社区和周边生态环境的影响；南玻 A 在成都、吴江、咸宁等地的浮法玻璃生产线均建立了余热发电项目，总装机超过 50 兆瓦，截至 2013 年底余热发电及光伏发电资产达到 6.62 亿元，每万元产值的综合能耗比 2012 年降低了 11.07%。

绿色材料主要体现在绿色建材方面。金隅股份的集岩棉建筑节能保温系统、玻璃棉建筑节能保温系统、酚醛建筑节能保温体系于一体的金隅节能屋和金隅建筑节能门窗保温系统的金隅爱乐屋阳光房等体系和产品，具有很高的行业知名度。南玻 A 生产的低辐射中空玻璃的产能已经达到 1200 多万平方米，是亚洲最大的节能玻璃生产企业，其研发的第二代、带三代节能玻璃，节能效果更为优越，得到了市场的认可。同力水泥通过对传统工程进行技术改造，利用石灰石采矿废渣、消纳粉煤灰、脱硫石膏、硫酸渣、尾矿等工业废弃物制造的"绿色水泥"制品受到市场的欢迎。

8. 汽车制造业：加快发展新能源汽车，推广绿色制造

汽车制造业作为国民经济的支柱产业，在为社会创造了丰富的物质财富的同时，消耗了大量的资源并造成了严重的环境污染。近年来，汽车制造业企业开始采取相关措施，推进企业的绿色发展。其中，广汽集团、上汽集团、苏威孚 B 等企业在绿色发展方面处于行业领先地位（见表 18）。汽车制造业企业的绿色发展体现在新能源汽车和绿色制造两个方面。

新能源汽车作为中国的七大战略性新兴产业之一，具有广阔的发展前景。目前能够生产或者参与生产新能源汽车的企业主要包括广汽集团、长安汽车、江淮汽车、江铃汽车、比亚迪、上汽集团、一汽轿车、上汽轿车、金龙轿车、安凯客车、中通客车、宇通客车等十余家。这些企业通过技术攻关，研发多种新能源汽车，突破关键与平台技术，逐步实现新能源汽车的产业化。比如，广汽集团早在 2008 年就研发并推出了产业化的混合动力客车产品和纯电动客车产品，投放市场的自主研发新能源客车达 1700 余辆；江

表 18　汽车制造业企业绿色发展评价结果

行业排名	总排名	代码	企业名称	综合指标	绿色经营管理	绿色产品和技术	节能环保绩效	省份
1	37	601238	广汽集团	0.523	0.213	0.220	0.090	广东
2	76	600174	上汽集团	0.454	0.148	0.185	0.121	上海
3	77	200581	苏威孚 B	0.452	0.186	0.160	0.106	江苏
4	85	600501	航天晨光	0.441	0.157	0.120	0.164	江苏
5	94	000550	江铃汽车	0.432	0.182	0.185	0.065	江西
6	98	000338	潍柴动力	0.429	0.160	0.165	0.104	山东
7	123	200625	长安 B	0.401	0.180	0.135	0.086	重庆
8	175	600418	江淮汽车	0.366	0.136	0.140	0.090	安徽
9	200	000927	一汽夏利	0.350	0.108	0.130	0.112	天津
10	217	000800	一汽轿车	0.339	0.158	0.070	0.111	吉林

淮汽车第五代纯电动车已完成样车试制验证，第四代纯电动车实现全年销售1000余台；江铃汽车自2011年发布新能源战略以来，先后研发了全顺纯电动车、凯锐800纯电动车等车型，掌握了纯电动行驶、容错控制、低速巡航、换挡助力等技术；长安汽车的第二代混合动力技术节油率达25%以上，E30电动出租车示范运行300辆。

在汽车的绿色制造方面，企业通过建立相关机制、利用新技术等措施提高资源的利用效率，减少环境污染。例如，潍柴动力通过建立"自我发现、自我完善、自主管理"的运行机制，对旧有设备采取节能改造等相关举措，实现了环境安全管理体系的持续改进；苏威孚B通过建设"三同时"制度（同时设计、同时施工、同时验收交付使用）、加强技术改造等措施，减少了废水、废物对环境的污染；广汽集团以SSSC（Smart，Small，Simple，Compact；即智能、小型、简练、紧凑）为建设理念，旨在建成"世界最低成本、最高效率，单台占地面积最小、单位面积产出率最高，输出流程最短、工艺布局最高效"的"智能集约型环保工厂"；2013年江淮汽车投资超过4000万元，用于新设备、新技术、新材料及新工艺的运用，使全年单位产值能耗、水耗及废气、废水、废渣排放量均小于上年同期，高质量达成年度节能环保目标。

9. 医药制造业：以污染防治为核心,加快绿色发展

医药制造业包括传统的医药制造业和生物医药制造业，是传统的高污染行业。中国医药制造业企业在绿色发展方面存在的突出问题是粗放型发展（即高投入、高消耗、低产出、低效益）与环境污染（高污染、高排放）。近年来，医药制造业积极加快以污染防治为核心的绿色发展，其中国药一致、四环生物、海正药业等企业在绿色发展方面处于行业领先地位（见表19）。医药制造业以污染防治为核心的绿色发展，主要体现为对废水、废气、固体废弃物、危险废物的处理及回用，实现污染防治和资源充分利用。

表19 医药制造业企业绿色发展评价结果

行业排名	总排名	代码	企业名称	综合指标	绿色经营管理	绿色产品和技术	节能环保绩效	省份
1	4	000028	国药一致	0.640	0.248	0.210	0.182	广东
2	16	000518	四环生物	0.592	0.245	0.165	0.182	江苏
3	71	600267	海正药业	0.459	0.214	0.100	0.145	浙江
4	125	600351	亚宝药业	0.400	0.140	0.125	0.135	山西
5	139	000423	东阿阿胶	0.385	0.162	0.105	0.118	山东
6	148	600436	片仔癀	0.379	0.162	0.085	0.132	福建
7	179	002422	科伦药业	0.363	0.167	0.075	0.121	四川
8	191	000522	白云山 A	0.355	0.165	0.120	0.070	广东
9	209	600161	天坛生物	0.345	0.172	0.070	0.103	北京
10	255	002390	信邦制药	0.321	0.120	0.075	0.126	贵州

废水污染防治方面，主要是通过废水处理厂处理及循环利用来实现。科伦药业制定了《关于规范企业废水处理〈设计方案〉专业技术审定流程的通知》《规范公司企业雨、清、废、污分流及处理处置要求》，同时通过反渗透浓水回收、中水回用、高温树脂软化蒸汽冷凝水、改洗瓶机水洗为气洗等方式提高水资源的利用效率。四环生物的废水处理主要是将原药工艺废水、洗涤水及生活污水经收集池收集后接管至滨江污水处理厂统一处理，蒸汽冷凝水、冷却排水直接排入开发区的雨水管网。国药一致通过对废水设施

升级改造等使企业各项污染物排放达到一级排放标准。

固体废弃物污染处理方面，主要是通过固体废弃物统一处理和循环利用，实现污染防治和充分利用。四环生物的一般固体废弃物主要为废包装物等，由临时垃圾收集设施统一收集，废包装物等有再生利用价值的由废品收购人员收购再利用，产生的废玻璃渣、废塑料、废纸箱、废金属等均收集后通过外卖给其他企业的方式进行再生利用。国药一致通过对固体废物采取措施集中登记移交管理、每年申请环保部门备案等做到了固体废弃物的正确回收和无害化处理，可回收废品统一收集出售给专门的物资回收公司。

危险废物处理，主要是对生产过程中的化学废弃物等加强监管和处理。自 2011 年开始，四环生物的废酸（HW34）、废有机溶剂（HW42）、荧光灯管（HW29）、废试剂瓶（HW49）等企业危险废物均交由北京鼎泰鹏宇环保科技有限公司进行安全处置。国药一致的危险固废均交由有资质的专业危废处理公司进行回收和无害化处理。

废气污染相对较少，主要是一般的粉尘污染和锅炉。四环生物的主要废气来源于片剂生产过程中的粉尘，通过布袋进行除尘，除尘效率达 99%，实现了达标排放。国药一致的锅炉废气经处理合格排放，余热已计划利用于近期新建的厂区宿舍。

10. 金融业：积极推进绿色信贷、绿色投资、绿色保险

绿色金融是金融业发展的新趋势，以绿色信贷、绿色投资、绿色保险为导向，银行业、证券业、保险业及其他金融行业在绿色发展方面取得了显著的成效。银行业方面，平安银行、光大银行、中信银行处于行业领先位置；证券业方面，兴业证券、太平洋、海通证券排在前三甲；在保险领域则以中国太保、中国平安为首（见表 20、表 21、表 22）。

绿色信贷主要是指金融企业紧缩对"两高一剩"行业的信贷，同时提高对节能减排领域的信贷力度。截至 2013 年末，平安银行"两高一剩"贷款余额 604 亿元，仅占全行各项贷款的 7.13%，同比增长 8.83%，低于全行贷款平均增幅 8.7 个百分点；支持绿色信贷授信总额 224.74 亿元，授信余额 128.97 亿元，其中贷款余额 116.61 亿元，较年初增加 19.67 亿元，增

表20 银行业企业绿色发展评价结果

行业排名	总排名	代码	企业名称	综合指标	绿色经营管理	绿色产品和技术	节能环保绩效	省份
1	7	000001	平安银行	0.637	0.226	0.220		广东
2	23	601818	光大银行	0.557	0.250	0.140		北京
3	26	601998	中信银行	0.543	0.200	0.180		北京
4	43	600015	华夏银行	0.515	0.221	0.140		北京
5	53	601988	中国银行	0.492	0.184	0.160		北京
6	54	601328	交通银行	0.489	0.202	0.140		上海
7	75	601169	北京银行	0.455	0.198	0.120		北京
8	89	601939	建设银行	0.438	0.146	0.160		北京
9	96	600000	浦发银行	0.430	0.201	0.100		上海
10	104	601398	工商银行	0.423	0.156	0.140		北京

表21 证券、期货业企业绿色发展评价结果

行业排名	总排名	代码	企业名称	综合指标	绿色经营管理	绿色产品和技术	节能环保绩效	省份
1	109	601377	兴业证券	0.416	0.171	0.120		福建
2	192	601099	太平洋	0.354	0.148	0.100		云南
3	258	600837	海通证券	0.321	0.125	0.100		上海
4	262	601688	华泰证券	0.318	0.163	0.060		江苏
5	275	000776	广发证券	0.311	0.158	0.060		广东

表22 保险业企业绿色发展评价结果

行业排名	总排名	代码	企业名称	综合指标	绿色经营管理	绿色产品和技术	节能环保绩效	省份
1	44	601601	中国太保	0.509	0.236	0.120		上海
2	147	601318	中国平安	0.379	0.146	0.120		广东
3	221	601336	新华保险	0.337	0.176	0.060		北京
4	279	601628	中国人寿	0.311	0.158	0.060		北京

幅14.98%。同年，光大银行在节能减排领域共支持项目491个，信贷投入170.67亿元，资源循环利用类28.23亿元，清洁能源类65.09亿元，环境、生态及文化保护类56.14亿元。交通银行"两高一剩"行业贷款占比仅为

2.21%，支持节能减排授信余额达 1658.36 亿元，同比增长 15%。

绿色投资主要是指金融企业参与节能环保领域的投资或参与投资绿色基金等。中国平安在环保产业投资达 3.6 亿元，包括烟气脱硫工程和餐厨垃圾回收产业。中国太保设立了"太平洋——太钢不锈自备环保电厂债权投资计划"，计划募集资金 10 亿元，用于太钢不锈自备环保电厂改造工程。除此之外，证券业、保险业及其他金融行业的绿色发展还涉及倡导投资绿色基金等。

绿色保险主要是对企业环境污染提供责任保险。2013 年中国平安参与船舶污染责任险全国统保，签单数达 2032 单，保额达 299.6 亿元；环境污染责任险的业务量中，有效单笔数 1332 笔，保额达 24.3 亿元。截至 2013 年，中国太保环境污染责任险保费收入 1720 万元，同比增长 104.81%，并设立了云南野生动物公众责任险、巨灾风险等环境类保险。

金融业也涉及节能减排技术的采用，主要集中在绿色采购环节鼓励使用电子银行。截至 2013 年 12 月，平安银行已经与 4000 多家企业进行合作，为其提供线上供应链金融产品（实行线上供应链金融 2.0），一年节省 4000 万张 A4 纸，相当于减排 264 吨二氧化碳。

除此之外，金融业对绿色办公、绿色文化建设等方面也非常重视。比如，平安银行积极倡导节水、节电、低碳的绿色办公，开展绿色培训活动，通过建立电子平台、视频会议、绿色出行、植树造林等方式，构建绿色办公环境，积极加强企业员工的绿色意识培训，组织绿色公益活动，将绿色理念植入每一个员工的心中。

11. 采矿业：推广建设绿色矿山

采矿业对环境的影响包括水土流失、矿坑造成的地面沉降、生物多样性的破坏及采矿过程中含化学物的废水对地下水的污染等。随着国家对矿山治理力度的加大，绿色矿山的建设工作得到大力推进。其中，中国神华、潞安环能、紫金矿业等企业在绿色发展方面处于行业领先地位（见表 23）。绿色矿山的建设主要包括绿色开采与矿区生态恢复两个方面的内容。绿色开采主要是指在矿山开采的过程中节约资源、降低能耗、减少环境污染。矿区生态恢复是指在一个采矿区停止使用之后，通过采取相关措施使因采矿而被破坏的生态环境恢复原有状态。

表23 采矿业企业绿色发展评价结果

行业排名	总排名	代码	企业名称	综合指标	绿色经营管理	绿色产品和技术	节能环保绩效	省 份
1	12	601088	中国神华	0.617	0.274	0.188	0.156	北 京
2	31	601699	潞安环能	0.529	0.226	0.150	0.153	山 西
3	51	601899	紫金矿业	0.494	0.191	0.165	0.138	福 建
4	56	002340	格林美	0.484	0.182	0.150	0.152	广 东
5	58	600497	驰宏锌锗	0.482	0.222	0.170	0.090	云 南
6	88	601666	平煤股份	0.438	0.150	0.135	0.153	河 南
7	206	601101	昊华能源	0.347	0.116	0.090	0.141	北 京
8	218	002128	露天煤业	0.339	0.170	0.075	0.094	内蒙古
9	229	601168	西部矿业	0.333	0.162	0.090	0.081	青 海
10	261	600123	兰花科创	0.319	0.148	0.070	0.101	山 西

绿色开采方面，企业通过构建现代化矿产资源生产体系，提升装备水平，优化井工矿采掘布局，探索低投入、高产出、低消耗、少排放、可持续发展的矿产资源生产方式，比如，中国神华通过构建"安全、绿色、智能、高效"的现代化煤炭生产体系，使2013年公司原煤生产综合能耗约2.21千克标煤/吨、选煤电力单耗约2.31千瓦时/吨，达到世界先进水平；2013年驰宏锌锗通过投入9068万元用于节能减排，使各类环境污染和环境风险得到了有效防控；潞安环能通过投入4287万元治理污水，使产生的废水量1969万吨全部得到治理，废水的回用率达到68%，外排达标率为100%，煤矸石、煤泥综合利用率达到56%。

在矿区生态恢复方面，企业基于长远发展的目标，积极致力于绿化工程与生态恢复工作。比如，中国神华通过实施采矿作业与复垦同步，保证了排土场的地质结构、景观与周围未开采地区协调一致，2013年准格尔露天矿区共投资2456万元对生态进行恢复和治理，截至目前矿区共完成绿化复垦面积1909公顷，种植树木6212万株（丛）、牧草11510公顷；2013年4月

西部矿业罗布莎矿区选取 10 亩排土场进行植被培育试验，目前植被的存活
率达到 80%，这为今后罗布莎矿区的生态恢复打下了坚实的基础；2013 年
潞安环能完成了 7 个单位的绿化工程任务，绿化面积达 13 万平方米，完成
植树任务 8 万株，成活率在 90% 以上，保存率在 85% 以上，对矿区原有植
被生态的恢复起到了积极的作用。

12. 饮料与食品加工业：工农融合的循环经济模式

饮料与食品加工业中饮料业，尤其是酒类的绿色发展模式相对成熟。在
饮料与食品加工业企业前十名中，饮料企业有 6 个。其中，五粮液、珠江啤
酒、燕京啤酒等是饮料制品的典型代表，光明乳业、双汇发展、三全食品是
食品制造业的代表。饮料与食品加工业绿色发展的重点包括循环经济模式及
加强恶臭气体处理等（见表 24）。

表 24　饮料与食品加工业企业绿色发展评价结果

行业排名	总排名	代码	企业名称	综合指标	绿色经营管理	绿色产品和技术	节能环保绩效	省份
1	11	000858	五粮液	0.619	0.250	0.175	0.194	四川
2	32	002461	珠江啤酒	0.515	0.239	0.085	0.191	广东
3	157	000729	燕京啤酒	0.375	0.158	0.090	0.127	北京
4	186	600197	伊力特	0.357	0.161	0.065	0.131	新疆
5	189	600597	光明乳业	0.356	0.165	0.080	0.111	上海
6	197	000895	双汇发展	0.352	0.128	0.100	0.124	河南
7	223	600573	惠泉啤酒	0.336	0.153	0.060	0.123	福建
8	235	000876	新希望	0.330	0.168	0.075	0.087	四川
9	278	000596	古井贡酒	0.311	0.147	0.065	0.099	安徽
10	317	002216	三全食品	0.299	0.130	0.060	0.109	河南

创新完善的循环经济模式。循环经济 3R 模式（Reduction，Recycle，
Resources；即减量化、再利用、资源化）具有一定的代表性。减量化方面，
主要是通过提升饮料与食品加工业的工艺和管理水平，尽可能地降低资源消
耗，削减污染物产生量。五粮液通过煤改气、改进生产设备、包装监测等方
面的改进，推行清洁生产，实现了资源节约。双汇发展通过引进新型天然气

锅炉，吨均天然气消耗量比同类设备降低 10% 以上，在降低生产成本的同时，减少了 SO_2、NOx 等温室气体的排放量。再利用方面，主要是在减量化的基础上，对食品与饮料生产过程中的"三废"充分再利用。资源化方面，主要是扩大废弃物资源化成果，完善废弃物资源化产业链条。五粮液对循环利用产业进行升级，实现以丢糟为原料进行干式厌氧甲烷发酵生产沼气，并作为锅炉燃料生产蒸汽，发酵废渣干燥生产生态有机肥，形成一条安全的循环利用链。

加强行业循环利用的标准化建设。将循环利用标准化，并向同类企业推广。五粮液组织申报并被审核通过了开展酿酒废弃物资源化利用技术规范行业标准编制，形成了酿酒废水生产乳酸项目，二氧化碳超临界萃取提取酒用香源物质项目，先糖化、后发酵固态酿酒项目，废糟作燃料生产蒸汽项目，低压液相法生产白炭黑技术等，起到了很好的标杆示范作用。

饮料与食品加工业的废水、废气等往往会产生恶臭气体，因而该行业企业往往很重视对恶臭气体的处理。以双汇发展为例，2013 年公司投入 750 万元，新建 5 套污水站恶臭气体生物除臭装置，积极消除恶臭气体对居民生活环境的影响。为保证污染物的达标排放，在废水、废气处理设施排放口配套安装在线监测设施，与环境行政主管部门联网实现实时监测。

四　中国企业绿色发展未来走势及对策建议

（一）走势展望

随着国家层面"五位一体"总体布局工作的推进，地方政府、各个行业对绿色发展都越来越重视，除了传统的高耗能、高污染、高排放制造企业之外，金融、房地产等行业都表现出对绿色发展的极大关注。与此同时，新《环境保护法》的实施将进一步提高企业参与环境保护的责任意识，从趋势来看，将会有越来越多的企业投入绿色发展事业中，绿色发展将呈现大众化、严格化、标准化等趋势，绿色发展举措将日益多样化，绿色化与智慧化两化融合将是中国经济转型升级的主旋律。

（1）绿色发展的大众化、严格化与标准化相互促进

①大众化。随着生态文明建设和新《环境保护法》的实施，各个行业企业都将积极推进绿色发展，主要包括：加强顶层设计，建立绿色战略体系，实施环境管理体系标准；通过开发绿色产品或者生产过程中的绿色转型来实现绿色发展；在办公、采购等经营环节加强绿色理念；加强环保公益方面的投入；等等。②严格化。随着新《环境保护法》的实施，以及社会民众的环保意识不断加强、越来越关注生存环境，绿色发展的要求将会越来越严格，这也将进一步促进绿色发展的普及。③标准化。绿色发展的大众化和严格化将带动中国企业绿色管理体系的标准化，企业将积极推进绿色管理标准体系的建设，编制和发布企业环境报告。

（2）绿色发展举措的行业特征日趋明显

绿色发展对于不同的行业而言将表现出不同的要求，各个行业将在绿色发展理念下，积极创新，促进绿色发展举措的多样化。分行业来看，化工业主要将围绕创新污染防治技术和循环经济模式来实现绿色发展；房地产业主要在推广绿色建筑的宏观要求下在设计、建筑、装修等环节普及绿色建筑；电器机械制造业主要是通过采购、设计、生产、回收等全产业链环节打造绿色家电；电力等生产与供应业主要将通过发展清洁能源、积极使用节能环保装备来实现绿色发展；金属冶炼及压延加工业主要是通过加强对废气、废水、废渣、余压余热等的处理和利用来实现全方位的循环经济模式；非金属矿物制品业主要是积极发展绿色材料，并加强生产过程中的绿色化；汽车制造业一方面要加强新能源汽车的开发和普及，另一方面要积极推进绿色汽车制造；医药制造业以废水、废气、固体废弃物、危险废物等的污染防治为核心，实现绿色发展；金融业主要围绕绿色信贷、绿色投资、绿色保险等来实现绿色金融发展；采矿业重点在于推广建设绿色矿山；饮料与食品加工业旨在和农业产业化结合，发展工农融合的循环经济模式。

（3）绿色化与智慧化融合将是中国经济转型升级的主旋律

《中国制造2025》提出，以体现信息技术与制造技术深度融合的数字化、网络化、智能化制造为主线，坚持创新驱动、智能转型、强化基础、绿

色发展，加快从制造大国转向制造强国。在这一过程中，智能制造是主攻方向，绿色发展是基本要求，智慧化和绿色化是中国制造转型升级的两大主要方向，绿色化与智慧化的深度融合将是未来的发展方向。

（二）对策建议

根据中国企业绿色发展现状以及优秀企业绿色发展的经验、各个行业绿色发展特征，未来重点可以从以下五个方面来促进中国企业的绿色发展。

1. 建立完善企业绿色管理体系，推进发布企业环境责任报告

建立企业绿色战略，加强环保管理体系建设。生产型企业重点需要从绿色经营、绿色生产、日常管理、绿色公益等面建立绿色战略体系；服务型企业重点从绿色经营、绿色公益等角度建立绿色战略体系。企业要积极实施ISO14001或其他环境管理体系标准。按照企业环境报告的要求，发布和完善企业环境责任书，积极履行环境责任。

2. 积极开发绿色产品

根据行业特征推进绿色产品生产，如绿色建筑、绿色设备、绿色家电、新能源、绿色材料、新能源汽车、绿色矿山、绿色金融产品等。除了专门的绿色产品之外，还要积极推进绿色技术创新，如家电类的节能降耗技术、建筑类的保温技术等。家电制造、设备制造、汽车制造等行业要加大废旧产品的回收力度，建材行业要加大对其他行业固体废弃物的收集和再利用。

3. 全面实现绿色生产

加强企业生产过程中的绿色发展主要包括生产过程的资源节约和环境友好。资源节约方面，要积极推广节水、节电、节材技术的使用和创新，实现资源节约利用；环保方面，要加大废水、废气、固体废弃物、危险废物的处理力度。同时，要创新推广循环经济，针对化工、金属、饮料等循环经济模式成熟的行业，要积极推广循环经济模式，其他行业则要积极创新循环经济模式。

4. 完善企业绿色发展支撑体系

完善企业绿色发展支撑体系的重点包括企业绿色文化培育、企业员工绿

色培训、企业绿色供应链（采购）、绿色办公等。绿色文化培育要通过绿色宣传、绿色培训等加强企业员工的绿色发展理念；绿色培训要通过在职培训加强企业员工在办公、生活、生产等过程中的环保意识；绿色供应链要求企业在采购过程中强化对原材料节能环保性能的关注，从源头上实现绿色发展，同时对全产业链的绿色发展负责；绿色办公要求在办公过程中加强节能、节水、节材等，建立并推广相关制度和技术。

5. 积极投入绿色公益事业

增强企业环保责任意识，促使其积极发布和完善环保责任报告，积极参与绿色公益事业，如积极参加"地球一小时"熄灯、公益植树、碳排放管理、光盘行动等活动及各类绿色发展联盟。

参考文献

［1］ Yale Center for Environmental Law & Policy, "Center for International Earth Science Information Network", Environmental Performance Index, http：//epi. yale. edu. , 2012.

［2］ NEXT 10, California Green Innovation Index, 2012.

［3］ OECD, Towards Green Growth：Monitoring Progress OECD Indicator, 2011.

［4］ UNESCAP, Eco-efficiency Indicators：Measuring Resource-use Efficiency and the Impact of Economic Activitieson the Environment, 2009.

［5］ UNESCAP, Green Growth, Resources and Resilience：Environmental Sustainability in Asia and the Pacific, 2010.

［6］ UNEP, Green Economy Indicators-Brief Paper, 2012.

［7］ 单一良：《厉行法治，厉行环保，则污染可治——对新〈环境保护法〉的期待》，《21 世纪》2014 年第 6 期。

［8］ 管卫东：《循环经济视角下企业绿色竞争力评价研究——基于淮北市 16 家制造型企业的实证分析》，《企业经济》2012 年第 6 期。

［9］ 黄羿、杨蕾、王小兴、夏斌：《城市绿色发展评价指标体系研究——以广州市为例》，《科技管理研究》2012 年第 17 期。

［10］ 欧阳志云、赵娟娟、桂振华、倪永明、韩冰、庄长伟：《中国城市的绿色发展评价》，《中国人口·资源与环境》2009 年第 5 期。

［11］朱昶：《企业绿色发展战略及其体系研究》，武汉理工大学论文，2003。

［12］杨代友：《企业绿色竞争力研究》，复旦大学论文，2004。

［13］权术、曾辉：《我国制造型企业绿色竞争力研究》，《中国证券期货》2010 年第 5 期。

［14］李晓西、潘建成：《中国绿色发展指数的编制——〈2010 中国绿色发展指数年度报告——省际比较〉内容简述》，《经济研究参考》2011 年第 2 期。

［15］肖宏伟、李佐军、王海芹：《中国绿色转型发展评价指标体系研究》，《当代经济管理》2013 年第 8 期。

附表 企业绿色发展前 200 强评价结果

排序	代码	名称	EGDI	绿色经营管理	绿色产品和技术	节能环保绩效	行业名称	省份
1	600690	青岛海尔	0.745	0.288	0.253	0.204	电器机械及器材制造业	山东
2	000002	万科 A	0.707	0.267	0.240	0.200	房地产开发与经营业	广东
3	000063	中兴通讯	0.665	0.242	0.235	0.188	通信及相关设备制造业	广东
4	000028	国药一致	0.640	0.248	0.210	0.182	药品及医疗器械批发业	广东
5	000001	平安银行	0.637	0.226	0.220	—	银行业	广东
6	000024	招商地产	0.634	0.274	0.190	0.170	房地产开发与经营业	广东
7	601231	环旭电子	0.633	0.224	0.220	0.189	日用电子器具制造业	上海
8	000333	美的集团	0.628	0.216	0.248	0.165	电器机械及器材制造业	广东
9	000528	柳工	0.623	0.215	0.230	0.178	专用设备制造业	广西
10	000858	五粮液	0.619	0.250	0.175	0.194	饮料制造业	四川
11	000100	TCL 集团	0.619	0.247	0.245	0.127	日用电子器具制造业	广东
12	601088	中国神华	0.617	0.274	0.188	0.156	煤炭采选业	北京
13	601857	中国石油	0.598	0.208	0.210	0.153	石油和天然气开采业	北京
14	000061	农产品	0.596	0.167	0.250	—	会计、统计、审计咨询服务业	广东
15	000050	深天马 A	0.595	0.244	0.160	0.191	电子元器件制造业	广东
16	000518	四环生物	0.592	0.245	0.165	0.182	生物药品制造业	江苏
17	000039	中集集团	0.587	0.211	0.175	0.201	金属制品业	广东
18	000726	鲁泰 A	0.582	0.253	0.230	0.099	纺织业	山东
19	000488	晨鸣纸业	0.576	0.263	0.155	0.158	造纸及纸制品业	山东
20	600028	中国石化	0.576	0.213	0.210	0.153	石油和天然气开采业	北京
21	601992	金隅股份	0.573	0.282	0.180	0.111	非金属矿物制品业	北京
22	600500	中化国际	0.559	0.214	0.175	0.170	化学原料及化学制品制造业	上海
23	601818	光大银行	0.557	0.250	0.140		银行业	北京
24	600356	恒丰纸业	0.547	0.232	0.150	0.165	造纸及纸制品业	黑龙江

续表

排序	代码	名称	EGDI	绿色经营管理	绿色产品和技术	节能环保绩效	行业名称	省份
25	601998	中信银行	0.543	0.200	0.180	—	银行业	北京
26	600487	亨通光电	0.540	0.200	0.165	0.175	电器机械及器材制造业	江苏
27	600406	国电南瑞	0.533	0.213	0.160	—	计算机应用服务业	江苏
28	600619	海立股份	0.533	0.210	0.195	0.128	普通机械制造业	上海
29	600362	江西铜业	0.530	0.218	0.150	0.162	有色金属冶炼及压延加工业	江西
30	601699	潞安环能	0.529	0.226	0.150	0.153	煤炭采选业	山西
31	601727	上海电气	0.528	0.202	0.240	0.086	普通机械制造业	上海
32	600089	特变电工	0.528	0.162	0.240	0.126	电器机械及器材制造业	新疆
33	600435	北方导航	0.527	0.218	0.125	0.185	电子元器件制造业	北京
34	600428	中远航运	0.523	0.176	0.190	—	水上运输业	广东
35	601003	柳钢股份	0.523	0.201	0.160	0.162	黑色金属冶炼及压延加工业	广西
36	601238	广汽集团	0.523	0.213	0.220	0.090	汽车制造业	广东
37	000825	太钢不锈	0.521	0.222	0.125	0.174	黑色金属冶炼及压延加工业	山西
38	601800	中国交建	0.521	0.282	0.185	0.054	土木工程建筑业	北京
39	601766	中国南车	0.520	0.176	0.250	0.094	交通运输设备制造业	北京
40	000901	航天科技	0.518	0.210	0.230	0.078	交通运输设备制造业	黑龙江
41	601299	中国北车	0.518	0.181	0.205	0.132	交通运输设备制造业	北京
42	600015	华夏银行	0.515	0.221	0.140	—	银行业	北京
43	002461	珠江啤酒	0.515	0.239	0.085	0.191	饮料制造业	广东
44	601601	中国太保	0.509	0.236	0.120	—	保险业	上海
45	300197	铁汉生态	0.507	0.198	0.255	0.054	其他土木工程建筑业	广东
46	601618	中国中冶	0.503	0.197	0.210	0.096	土木工程建筑业	北京
47	600415	小商品城	0.501	0.231	0.120	—	会计、统计、审计咨询服务业	浙江
48	000012	南玻A	0.500	0.165	0.240	0.095	非金属矿物制品业	广东
49	002092	中泰化学	0.497	0.172	0.140	0.185	化学原料及化学制品制造业	新疆
50	600526	菲达环保	0.497	0.173	0.255	0.069	专用设备制造业	浙江
51	601899	紫金矿业	0.494	0.191	0.165	0.138	有色金属矿采选业	福建
52	601177	杭齿前进	0.494	0.152	0.195	0.147	通用设备制造业	浙江
53	601988	中国银行	0.492	0.184	0.160	—	银行业	北京
54	601328	交通银行	0.489	0.202	0.140	—	银行业	上海
55	000021	深科技	0.486	0.206	0.125	0.155	计算机及相关设备制造业	广东
56	002340	格林美	0.484	0.182	0.150	0.152	有色金属矿采选业	广东
57	601107	四川成渝	0.483	0.188	0.150	—	公路运输业	四川

排序	代码	名称	EGDI	绿色经营管理	绿色产品和技术	节能环保绩效	行业名称	省份
58	600497	驰宏锌锗	0.482	0.222	0.170	0.090	有色金属矿采选业	云南
59	000666	经纬纺机	0.481	0.181	0.200	0.100	专用设备制造业	北京
60	000046	泛海控股	0.481	0.193	0.150	0.138	房地产开发与经营业	北京
61	002140	东华科技	0.480	0.178	0.125	0.177	土木工程建筑业	安徽
62	000680	山推股份	0.479	0.144	0.210	0.125	专用设备制造业	山东
63	900956	东贝B股	0.478	0.158	0.175	0.145	普通机械制造业	湖北
64	002067	景兴纸业	0.474	0.229	0.080	0.165	造纸及纸制品业	浙江
65	600815	厦工股份	0.472	0.146	0.230	0.096	专用设备制造业	福建
66	600432	吉恩镍业	0.471	0.180	0.150	0.141	有色金属冶炼及压延加工业	吉林
67	002470	金正大	0.468	0.182	0.210	0.076	化学原料及化学制品制造业	山东
68	600409	三友化工	0.465	0.168	0.165	0.132	化学原料及化学制品制造业	河北
69	000652	泰达股份	0.461	0.133	0.190	—	能源、材料和机械电子设备批发业	天津
70	600115	东方航空	0.460	0.172	0.150	—	航空运输业	上海
71	600267	海正药业	0.459	0.214	0.100	0.145	医药制造业	浙江
72	000898	鞍钢股份	0.459	0.198	0.140	0.121	黑色金属冶炼及压延加工业	辽宁
73	600561	江西长运	0.458	0.261	0.060	—	公路运输业	江西
74	600580	卧龙电气	0.458	0.209	0.180	0.069	电器机械及器材制造业	浙江
75	601169	北京银行	0.455	0.198	0.120	—	银行业	北京
76	600174	上汽集团	0.454	0.148	0.185	0.121	汽车制造业	上海
77	200581	苏威孚B	0.452	0.186	0.160	0.106	汽车制造业	江苏
78	000709	河北钢铁	0.452	0.168	0.125	0.159	黑色金属冶炼及压延加工业	河北
79	600396	金山股份	0.451	0.176	0.200	0.075	电力、蒸汽、热水的生产和供应业	辽宁
80	600569	安阳钢铁	0.451	0.220	0.075	0.156	黑色金属冶炼及压延加工业	河南
81	600596	新安股份	0.451	0.240	0.090	0.121	化学原料及化学制品制造业	浙江
82	002024	苏宁云商	0.449	0.225	0.090	—	零售业	江苏
83	000793	华闻传媒	0.444	0.221	0.090	—	出版业	海南
84	603123	翠微股份	0.441	0.249	0.060	—	零售业	北京
85	600501	航天晨光	0.441	0.157	0.120	0.164	汽车制造业	江苏
86	600649	城投控股	0.440	0.157	0.150	0.133	房地产开发与经营业	上海
87	600688	上海石化	0.440	0.190	0.090	0.160	石油加工及炼焦业	上海
88	601666	平煤股份	0.438	0.150	0.135	0.153	煤炭采选业	河南
89	601939	建设银行	0.438	0.146	0.160	—	银行业	北京
90	601111	中国国航	0.435	0.245	0.060	—	航空运输业	北京

排序	代码	名称	EGDI	绿色经营管理	绿色产品和技术	节能环保绩效	行业名称	省份
91	601186	中国铁建	0.434	0.230	0.150	0.054	土木工程建筑业	北京
92	000541	佛山照明	0.433	0.188	0.155	0.090	电器机械及器材制造业	广东
93	000651	格力电器	0.433	0.116	0.215	0.102	电器机械及器材制造业	广东
94	000550	江铃汽车	0.432	0.182	0.185	0.065	汽车制造业	江西
95	000690	宝新能源	0.432	0.159	0.195	0.078	电力、蒸汽、热水的生产和供应业	广东
96	600000	浦发银行	0.430	0.201	0.100	—	银行业	上海
97	002161	远望谷	0.429	0.230	0.090	0.109	通信及相关设备制造业	广东
98	000338	潍柴动力	0.429	0.160	0.165	0.104	汽车制造业	山东
99	000695	滨海能源	0.428	0.176	0.140	0.112	电力、蒸汽、热水的生产和供应业	天津
100	002241	歌尔声学	0.426	0.158	0.150	0.118	电子元器件制造业	山东
101	002271	东方雨虹	0.425	0.231	0.080	0.114	非金属矿物制品业	北京
102	601339	百隆东方	0.425	0.166	0.160	0.099	纺织业	浙江
103	600050	中国联通	0.424	0.177	0.120	—	通信服务业	上海
104	601398	工商银行	0.423	0.156	0.140	—	银行业	北京
105	600337	美克家居	0.423	0.142	0.185	0.096	家具制造业	新疆
106	002204	大连重工	0.420	0.196	0.080	0.144	专用设备制造业	辽宁
107	600423	柳化股份	0.419	0.160	0.135	0.124	化学原料及化学制品制造业	广西
108	000822	*ST海化	0.419	0.150	0.120	0.149	化学原料及化学制品制造业	山东
109	601377	兴业证券	0.416	0.171	0.120	—	证券、期货业	福建
110	002116	中国海诚	0.414	0.174	0.130	0.110	专业、科研服务业	上海
111	002042	华孚色纺	0.414	0.225	0.080	0.109	纺织业	安徽
112	600990	四创电子	0.411	0.183	0.165	0.063	通信及相关设备制造业	安徽
113	600282	*ST南钢	0.411	0.164	0.135	0.112	黑色金属冶炼及压延加工业	江苏
114	601669	中国电建	0.407	0.158	0.195	0.054	土木工程建筑业	北京
115	601390	中国中铁	0.407	0.146	0.150	0.111	土木工程建筑业	北京
116	600456	宝钛股份	0.406	0.208	0.095	0.103	有色金属冶炼及压延加工业	陕西
117	002144	宏达高科	0.406	0.171	0.100	0.135	纺织业	浙江
118	000826	桑德环境	0.406	0.210	0.090	0.106	公共设施服务业	湖北
119	600531	豫光金铅	0.405	0.204	0.120	0.081	有色金属冶炼及压延加工业	河南
120	000517	荣安地产	0.404	0.174	0.160	0.070	房地产开发与经营业	浙江
121	601007	金陵饭店	0.403	0.222	0.060	—	旅馆业	江苏
122	002080	中材科技	0.403	0.148	0.160	0.095	非金属矿物制品业	江苏
123	200625	长安B	0.401	0.180	0.135	0.086	汽车制造业	重庆

排序	代码	名称	EGDI	绿色经营管理	绿色产品和技术	节能环保绩效	行业名称	省份
124	600177	雅戈尔	0.400	0.170	0.160	0.070	服装及其他纤维制品制造业	浙江
125	600351	亚宝药业	0.400	0.140	0.125	0.135	医药制造业	山西
126	601000	唐山港	0.399	0.219	0.060	—	水上运输业	河北
127	000527	美的电器	0.396	0.159	0.150	0.087	电器机械及器材制造业	广东
128	600726	华电能源	0.396	0.168	0.075	0.153	电力、蒸汽、热水的生产和供应业	黑龙江
129	601009	南京银行	0.393	0.155	0.120	—	银行业	江苏
130	600309	万华化学	0.393	0.144	0.110	0.139	化学原料及化学制品制造业	山东
131	000839	中信国安	0.393	0.145	0.130	—	通信服务业	北京
132	600601	方正科技	0.392	0.186	0.115	0.091	计算机及相关设备制造业	上海
133	000807	云铝股份	0.392	0.152	0.110	0.130	有色金属冶炼及压延加工业	云南
134	300146	汤臣倍健	0.390	0.170	0.110	0.110	其他食品制造业	广东
135	600020	中原高速	0.390	0.153	0.120	—	公路运输业	河南
136	002405	四维图新	0.388	0.141	0.130	—	计算机应用服务业	北京
137	601288	农业银行	0.387	0.131	0.140	—	银行业	北京
138	000520	*ST凤凰	0.386	0.120	0.150	—	水上运输业	湖北
139	000423	东阿阿胶	0.385	0.162	0.105	0.118	医药制造业	山东
140	600495	晋西车轴	0.384	0.171	0.105	0.108	交通运输设备制造业	山西
141	600350	山东高速	0.383	0.148	0.120	—	公路运输业	山东
142	601139	深圳燃气	0.383	0.166	0.145	0.072	煤气生产和供应业	广东
143	002372	伟星新材	0.383	0.169	0.160	0.054	塑料制造业	浙江
144	002142	宁波银行	0.381	0.166	0.100	—	银行业	浙江
145	600036	招商银行	0.381	0.206	0.060	—	银行业	广东
146	000885	同力水泥	0.380	0.178	0.105	0.097	非金属矿物制品业	河南
147	601318	中国平安	0.379	0.146	0.120	—	保险业	广东
148	600436	片仔癀	0.379	0.162	0.085	0.132	医药制造业	福建
149	200541	粤照明B	0.379	0.149	0.160	0.070	电器机械及器材制造业	广东
150	600808	马钢股份	0.379	0.148	0.090	0.141	黑色金属冶炼及压延加工业	安徽
151	600388	龙净环保	0.379	0.169	0.150	0.060	专用设备制造业	福建
152	000301	东方市场	0.376	0.174	0.115	0.087	电力、蒸汽、热水的生产和供应业	江苏
153	600469	风神股份	0.376	0.172	0.105	0.099	橡胶制造业	河南
154	600886	国投电力	0.375	0.186	0.090	0.099	电力、蒸汽、热水的生产和供应业	甘肃
155	000589	黔轮胎A	0.375	0.176	0.090	0.109	橡胶制造业	贵州
156	600765	中航重机	0.375	0.153	0.090	0.132	普通机械制造业	贵州

续表

排序	代码	名称	EGDI	绿色经营管理	绿色产品和技术	节能环保绩效	行业名称	省份
157	000729	燕京啤酒	0.375	0.158	0.090	0.127	饮料制造业	北京
158	601038	一拖股份	0.374	0.173	0.090	0.111	专用设备制造业	河南
159	600546	山煤国际	0.374	0.202	0.060	—	能源、材料和机械电子设备批发业	山西
160	002070	众和股份	0.373	0.160	0.115	0.098	纺织业	福建
161	300070	碧水源	0.373	0.173	0.100	0.100	专业、科研服务业	北京
162	600995	文山电力	0.372	0.192	0.120	0.060	电力、蒸汽、热水的生产和供应业	云南
163	002146	荣盛发展	0.370	0.186	0.080	0.104	房地产开发与经营业	河北
164	000540	中天城投	0.370	0.198	0.090	0.082	房地产开发与经营业	贵州
165	600900	长江电力	0.370	0.214	0.060	0.096	电力、蒸汽、热水的生产和供应业	北京
166	603555	贵人鸟	0.369	0.133	0.120	0.116	服装及其他纤维制品制造业	福建
167	002544	杰赛科技	0.368	0.178	0.080	—	计算机应用服务业	广东
168	000158	常山股份	0.368	0.132	0.110	0.126	纺织业	河北
169	000620	新华联	0.368	0.151	0.110	0.107	房地产开发与经营业	北京
170	600792	云煤能源	0.367	0.183	0.075	0.109	石油加工及炼焦业	云南
171	002304	洋河股份	0.367	0.144	0.095	0.128	酒精及饮料酒制造业	江苏
172	000532	力合股份	0.367	0.155	0.095	0.117	综合类	广东
173	300015	爱尔眼科	0.367	0.117	0.140	—	卫生、保健、护理服务业	湖南
174	600060	海信电器	0.366	0.132	0.180	0.054	日用电子器具制造业	山东
175	600418	江淮汽车	0.366	0.136	0.140	0.090	汽车制造业	安徽
176	000157	中联重科	0.366	0.178	0.105	0.083	专用设备制造业	湖南
177	600893	中航动力	0.364	0.196	0.075	0.093	交通运输设备制造业	陕西
178	600987	航民股份	0.364	0.169	0.090	0.105	纺织业	浙江
179	002422	科伦药业	0.363	0.167	0.075	0.121	医药制造业	四川
180	002165	红宝丽	0.362	0.114	0.160	0.088	化学原料及化学制品制造业	江苏
181	000410	沈阳机床	0.362	0.175	0.080	0.107	普通机械制造业	辽宁
182	000877	天山股份	0.362	0.135	0.130	0.097	非金属矿物制品业	新疆
183	000425	徐工机械	0.361	0.116	0.145	0.100	专用设备制造业	江苏
184	600058	五矿发展	0.360	0.172	0.080	—	能源、材料和机械电子设备批发业	北京
185	300082	奥克股份	0.358	0.116	0.160	0.082	专用化学产品制造业	辽宁
186	600197	伊力特	0.357	0.161	0.065	0.131	饮料制造业	新疆
187	000960	锡业股份	0.357	0.172	0.080	0.105	有色金属冶炼及压延加工业	云南
188	600623	双钱股份	0.357	0.132	0.165	0.060	橡胶制造业	上海
189	600597	光明乳业	0.356	0.165	0.080	0.111	食品制造业	上海

续表

排序	代码	名称	EGDI	绿色经营管理	绿色产品和技术	节能环保绩效	行业名称	省份
190	002456	欧菲光	0.356	0.159	0.085	0.112	电子元器件制造业	广东
191	000522	白云山 A	0.355	0.165	0.120	0.070	医药制造业	广东
192	601099	太平洋	0.354	0.148	0.100	—	证券、期货业	云南
193	600096	云天化	0.354	0.124	0.110	0.120	化学原料及化学制品制造业	云南
194	000786	北新建材	0.354	0.146	0.115	0.093	非金属矿物制品业	北京
195	000726	京东方 A	0.352	0.152	0.095	0.105	电子元器件制造业	北京
196	600493	凤竹纺织	0.352	0.152	0.140	0.060	纺织业	福建
197	000895	双汇发展	0.352	0.128	0.100	0.124	食品加工业	河南
198	600725	云维股份	0.351	0.156	0.105	0.090	石油加工及炼焦业	云南
199	600824	益民集团	0.351	0.186	0.060	—	零售业	上海
200	000927	一汽夏利	0.350	0.108	0.130	0.112	汽车制造业	天津

专题篇

Special Reports

BLUE BOOK

B.2

中国企业能源消费绿色发展

李红玉　左娟娟*

摘　要： 近年来，随着经济的快速增长，中国企业的能源消费总量呈现上升趋势，能源消费的绿色发展水平亟待提高，普遍存在能源的清洁高效利用水平不高、能源消费结构不合理、能源利用效率偏低、能耗监测体系不完善等问题。未来，应大力创新企业能源利用技术和管理模式，优化能源消费结构，提高能源利用效率，走绿色发展之路。

关键词： 中国企业　能源消费　绿色发展　低碳经济

---

* 李红玉，中国社会科学院城市发展与环境研究所城市政策研究中心主任，副研究员，城市安全创新工程首席专家，主要研究方向为城市与区域规划、低碳发展规划、城市政策；左娟娟，北京交通大学经济学院硕士研究生。

一　企业能源消费绿色发展的背景

（一）企业能源消费的国内、外形势

随着经济的快速发展，中国已超越美国成为能源消耗第一大国。据《BP世界能源统计年鉴2014》显示，2013年中国能源消费总量为28.524亿吨油当量，占全球消费总量的22.4%。中国的主要耗能行业是电力、钢铁、建材、化工等行业。

石油消费占全球能源消费的33%。煤炭作为第二大能源，其消费占比约为30%，天然气的消费占比为24%，核能、水电等绿色能源的消费占比分别为4%和7%。与世界主要发达国家以油气为主的能源消费结构不同，中国自身的资源禀赋特点决定了煤炭在企业能源消费市场上一直占据着主导地位。据统计，近年来中国煤炭消费量在能源消费总量中所占比重呈下降趋势，但比值仍然较高，为70%左右。中国企业消费的能源还有石油、天然气，其2013年的消费占比分别为18.4%和5.8%。此外，中国对水能、核能、风能等清洁能源的消费比例逐年增加，2013年清洁能源的消费占比为9.8%。

中国的能源消费总量已经位居世界第一，但是中国企业的能源消费结构与能源利用效率与国际平均水平相比仍存在较大差距。

（二）低碳经济促进企业能源消费绿色发展

低碳经济是通过能源的有效利用和清洁能源的大量使用，达到经济社会发展与生态环境保护双赢的一种经济发展形态。2003年英国发布能源白皮书《我们能源的未来：创建低碳经济》，呼吁全球向低碳经济转型，很快低碳经济成为世界各国经济发展的主流趋势，中国政府相继出台了一系列政策措施来指导企业在生产过程中实现节能减排。在此背景下，企业节能减排的思想意识逐渐加强，为提升能源利用效率的资本投入也呈现上升趋势。不少企业积极淘汰落后工艺和设备，开发革新现有技术，应用节能环保装备、材料等。部分企业也逐步加大对风能、水能等绿色能源的利用，缓解了经济发展与资源保护之间的矛盾。

企业的节能减排促使中国经济增长由粗放型向集约型转变，在合理利用能源的同时，也保证了中国经济与环境的和谐发展。

（三）环境治理驱动企业能源消费绿色发展

环境问题是世界性难题，气候变暖、大气污染等问题的日益凸显促使世界各国加快转变能源的消费结构，向着清洁、低碳和可持续的绿色能源发展转变。企业能源消费的绿色发展逐渐成为世界各国经济可持续发展的重点。

中国作为发展中国家，粗放型经济增长致使环境问题更加突出。单就雾霾而言，2013年1月有4次雾霾笼罩全国30个省份，在北京，当月仅有5天不是雾霾天。据《迈向环境可持续的未来——中华人民共和国国家环境分析》显示，中国最大的500个城市中，仅有不到1%的城市达到世界卫生组织推荐的空气质量标准。此外，世界上污染最严重的10个城市有7个在中国。这说明中国环境恶化问题已经非常普遍。2013年，中国制定了能源发展"十二五"规划，提出从严重依赖煤炭资源向绿色、多元、低碳化能源发展，实现循环经济。企业作为能源消耗的个体，应当承担相应的环境责任，做到节能减排。

（四）政策支持企业能源消费绿色发展

能源是经济发展的基本动力，经济的发展程度又决定了一个国家的世界地位，因此世界各国对能源问题都十分重视。为实现能源的合理利用、促进经济的可持续发展，中国政府相继出台了一系列的政策措施。

2012年中国政府发布《中国的能源政策（2012）》白皮书，指出中国坚持"节约优先、立足国内、多元发展、保护环境、科技创新、深化改革、国际合作、改善民生"的能源发展方针，推进能源生产和利用方式变革，构建安全、稳定、经济、清洁的现代能源产业体系，努力以能源的可持续发展支撑经济社会的可持续发展。2014年11月，国务院办公厅出台的《能源发展战略行动计划（2014～2020年）》成为今后一段时期内中国能源发展的纲领性政策。该计划提出要推进煤炭的清洁高效利用，积极发展能源替代，大力发展风电、太阳能、地热能等可再生能源。

2014年中国政府还密集发布了一系列能源发展指导文件，包括《商品煤质量管理暂行办法》《关于建立保障天然气稳定供应长效机制的若干意见》《煤电节能减排升级与改造行动计划（2014～2020年）》《大气污染防治成品油质量升级行动计划》《关于严格控制重点区域燃煤发电项目规划建设有关要求的通知》等，主要从提高能源质量、优化供给结构、清洁转化等方面着手进行调控，其中，煤炭的清洁高效利用是重点内容。

当前中国政府已经意识到能源可持续发展的重要性，在一系列政策的指导与支持下，中国企业能源消费发展绿色化会成为未来能源发展的主流趋势。

二　中国企业能源消费绿色发展现状

目前中国能源消费总量呈现节节攀升的趋势，消费结构仍以煤炭为主。中国企业对煤炭等传统能源的绿色利用取得了一定的进步，绿色能源的开发利用有了较快的发展，但是受技术创新等因素影响，中国企业的能源利用效率仍然偏低。

（一）中国企业能源消费总量大、煤炭占比大

近年来，随着经济的快速增长，中国能源的消费总量也呈现上升趋势。《中国统计年鉴2014》相关数据显示，2013年中国的能源消费总量为37.5亿吨标准煤，较2012年增长3.7%。能源消费结构方面，煤炭、石油、天然气是中国企业消费的主要能源，水能、核电、风能等清洁能源也开始被企业广泛使用。

由于中国自身资源禀赋的特点，煤炭一直在中国能源消费市场上占据

主导地位，中国煤炭消费量约占能源消费总量的70%，其中企业的煤炭消费数量约占煤炭消费总量的96%左右。石油加工、炼焦和核燃料加工业，煤炭开采和洗选业，化学原料和化学制品制造业，金属制造业，电力、热力生产和供应业是中国的主要煤炭消费行业，共约占总煤炭消费量的80%以上。大唐集团是中国特大型发电企业，该集团2013年的社会责任报告显示，集团燃煤机电占比为74.3%，而风电、水电占比分别为8.12%和15.42%。2013年中国建筑材料集团的煤炭消费占比为88.4%。可见，高耗能企业的煤炭消费比例均过高。中国企业消费的第二大能源是石油，《中国统计年鉴2014》相关数据显示，近几年中国对石油的消费量大约占能源消费总量的18%~19%，消费量整体趋于减少态势。交通运输与石油化工行业是石油消费的主体行业。中国企业消费的第三大能源是天然气，据统计，中国天然气的消费量占能源消费总量的比例由1995年的1.8%提升至2013年的5.8%，增长幅度较大。而化工业，电力、热力生产和供应业，交通运输业等行业是主要的天然气消费行业。绿色能源方面，中国对水能、核能、风能等清洁能源的使用比例在逐年增加，占比由1995年的6.1%上升至2013年的9.8%。

（二）能源利用率偏低

改革开放以来，中国经济快速发展，国内生产总值仅次于美国，成为世界上第二大经济体。过多的注重速度和数量而忽视质量和结构的发展方式使中国于2009年超越美国成为世界第一大能源消耗国。

由图1可知，中国单位GDP能耗逐年下降，这与近年来的不断改革与技术创新有关。虽然企业对能源的利用效率呈现上升趋势，但由于产业结构不合理等原因，该指标仍然低于国际平均水平。据统计，中国单位GDP能耗是世界平均水平的2倍多，比美国、欧盟、日本、印度分别高2.9倍、4.9倍、5.5倍和15%。总体而言，中国企业的能源利用效率仍然偏低。

伴随着中国技术水平的进步，能源利用效率的提高，国民经济结构

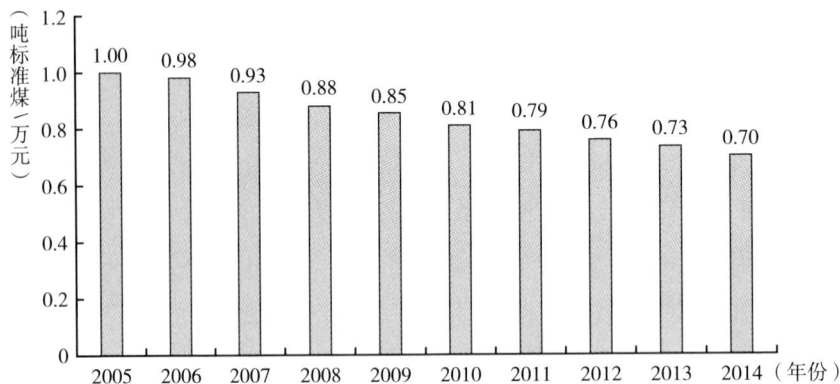

图1　2005～2014年中国万元国内生产总值能耗

注：国内生产总值按2010年可比价格计算。

资料来源：根据《中国统计年鉴2014》及国家统计局2014年相关数据整理。

的变化和耗能工业的迅速发展，能源消费弹性系数已有所下降，从2005年的0.93下降为2013年的0.48。但是不可否认，中国经济的快速增长在很大程度上仍然是依靠能源的高消耗来实现的，没有从根本上改变"高投入、高消耗、高排放、不协调、难循环、低效率"的粗放型增长方式。

（三）传统能源利用的绿色化进程不断加快

目前和未来一段时间内以煤为主的传统能源是中国企业能源消费的主体，但对煤炭的过度消费也带来了不容忽视的环境问题，传统能源的绿色化转型发展是中国经济可持续发展的基础。传统能源转型的重点是推进煤炭的绿色化生产和利用。

2014年，中国出台了一系列能源领域大气污染防治配套政策措施，加强重点地区清洁能源保障，实施煤炭消费总量控制，对煤炭质量的要求更高、更严。各煤炭企业也相继加大了煤炭清洁方面的环保投入。据神华集团2014年的社会责任报告显示，该集团2013年环保投入资金为586452.1万元，山西潞安集团2014年科技投入资金为61814万元。煤炭的加工技术方面，山西潞安集团的气相压裂增透技术、地面井抽采利用高压氮气泡沫压裂和闷井技术等均取得了新突破。此外，世界上第一套大规模煤制油、煤制烯烃工业示范装置建成投产，标志着中国煤炭转化技术取得巨大进步。中国煤制合成氨、甲醇等化学品工业装置的数量和规模已是世界第一。中国的煤炭燃烧发电技术超临界结束，已进入大规模工业化应用和运行阶段。煤炭生产、加工和转换过程中排放物再利用技术也不断涌现。

煤炭的绿色使用方面，钢铁、电力、建材等行业是中国传统能源的高耗产业，以钢铁行业为例，宝山钢铁股份作为该行业的领头羊，其对锅炉的本体以及辅助系统、热力系统、电气仪表系统等进行了改造，将锅炉的燃烧方式由原先煤气煤粉混烧改为全烧煤气，充分利用钢铁生产的副产煤气，主动减少了固体煤炭的消耗，提高了对传统能源的利用效率，降低了烟尘等污染物的排放；大唐集团 2013 年全年实施各类节能技改项目 206 个，节约标煤量 20 万吨；武钢集团通过加快推进焦炉无组织排放治理、加强治理烧结球团烟气脱硫工程建设、推进烧结炼铁除尘系统的颗粒物达标升级改造来提高能源的利用效率，推动能源的绿色化发展。

总而言之，中国企业正在探索适合中国的传统能源绿色发展路径，并取得了一定的成果，未来煤炭等传统能源的开发与利用会朝着绿色化方向发展。

（四）绿色能源开发利用得以快速发展

鉴于大量使用传统的化石能源所引发的种种环境问题和经济问题，中国企业加大了对绿色能源的开发和使用力度。2013 年中国水电、核电和风电等绿色能源的消费量占能源消费总量的 9.8%，比 2012 年增长约 0.4 个百分点。据英国石油公司（BP）统计，2012 年中国绿色能源开发总量为 22670万吨标准油，年均增长 9.85%。

中国"十二五"发展规划提出，以发展绿色能源为重点，积极开发水电、核电，鼓励发展太阳能、生物质能等可再生能源，积极开发利用地热能和海洋能。多家重点企业积极响应国家政策，着重推广绿色能源的开发使用。中国能源建设集团承建了中广核湖北大悟擂鼓台一期风电场、国华铜川阿庄风电场、北海凯迪生物质电厂等一批新能源项目。协鑫新能源将光伏电站业务从制造业中剥离出来实现新能源的专业化经营。京东方 A 作为一家电子产品制造商，将光伏太阳能项目作为其重点业务来发展，承建了"金太阳光伏屋顶示范项目"。该项目正式运营后，通过新型能源的利用，年均节约标准煤将达到 3172.49 吨。

此外，不少企业通过加大对绿色能源的使用来逐渐转变自身的能耗结构。宝钢股份 2013 年的社会责任报告显示，其能源环保部与北京国发合作，通过合同能源管理项目实施，在全厂 14 个供给 101 万平方米的屋顶上建设总装机容量 50 兆瓦的光伏电站，所发电力就近并入所在区域电力系统使用，截至 2013 年底累计发电 1583 万千瓦时。中国建筑材料集团研发制造兆瓦级风机叶片，攻克了叶片产品降解的难题。该企业还自主研发设计了薄膜太阳能光伏产品生产线，为新能源产业的发展提供了保障。总体而言，中国绿色能源已经有了快速的发展，可再生能源市场正朝着规模化方向发展。

三 中国企业能源消费中存在的问题

（一）企业能源消费结构上高度依赖煤炭

煤炭是中国最重要的基础能源，在短时间内改变中国企业以煤炭资源为主导的能源消费结构的可能性较小。图 2 为中国企业近年的煤炭消费总量（由中国煤炭消费总量减去生活煤炭消费量所得），近几年中国的煤炭消费量仍呈上升趋势。2014 年煤炭消费量为 35.1 亿吨，为本世纪的首次同比下降，但中国的煤炭消费量在全球的占比过半，消费总量仍然庞大。煤炭开采和洗选业，石油加工、炼焦和核燃料加工业，化学原料和化学制品制造业，金属冶炼和加工业是中国的主要耗能产业，该四大产业消耗的主要能源是煤炭。大唐集团 2013 年的社会责任报告显示，该集团煤炭消费量在能源消费量中占比为 74.3%。煤炭具有不可再生性，中国企业在生产过程中对煤炭的过度依赖格局不利于经济的可持续发展。

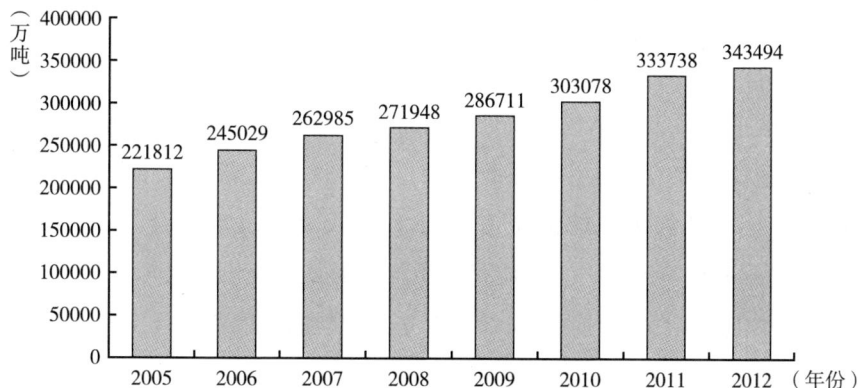

图2 中国企业煤炭消费总量

资料来源：《中国统计年鉴2014》。

（二）企业对传统能源的清洁高效利用水平不足

作为能源消费大国，中国企业对传统石化能源的消费需求巨大。近年来中国经济的快速增长在很大程度上是靠消耗大量物质资源来实现的，这种高耗能的经济发展方式降低了中国对传统能源的利用效率。

中国的煤炭工业虽然实现了巨大的发展，但煤炭开采过程中依旧存在无序开采、采富弃贫等浪费现象。煤炭加工方面，煤炭的洗选比例较低从源头上降低了企业所能利用的煤炭质量。中国大量煤炭被用于终端直接消费，仅2013年煤炭终端消费量就约为9亿吨。中国约有40万台燃煤工业锅炉，作为最主要的煤炭终端直接燃烧设备，其普遍存在单炉容量低、装备总体水平差、运行效率低（平均热效率仅为60%～65%）、环保设施不全等问题，这也是中国燃煤利用效率低下和环境污染的主要原因之一。

总体而言，中国目前的经济增长方式仍属于粗放型，技术发展与国际水平相比尚存在差距，加之工业比重较高、企业循环经济理念薄弱等因素，中国企业对传统能源的利用不够充分，解决传统能源的清洁化利用问题是中国能源绿色发展的主要任务之一。

（三）企业绿色能源消费比例较低

加快企业能源消费结构转型是中国经济可持续发展的基础。相较于传统能源，绿色能源具有可再生、不排放污染物等优点。据统计，中国对水电、核电和风电等绿色能源的消费占比由 1995 年的 6.1% 上升为 2013 年的 9.8%，尽管占比有所提升，但绿色能源的发展依旧处于初级阶段。

就各类能源开发利用情况来看，首先，中国的水能资源开发利用程度仍然较低。其次，中国的海洋能源较为丰富，但其利用形式较为单一，整体规模有限。再次，风能方面，中国企业对风能的利用主要是风力发电机、风力发电组等形式，应用范围在逐渐扩大，但规模依旧较小。2014 年大唐集团的社会责任报告显示，在该公司的电源结构中，风电和水电占比为 23.93%。中国电力投资集团的清洁能源装机由 2008 年的 1211 万千瓦上升为 2013 年的 3066 万千瓦。中国企业的绿色能源消费所占比例依旧偏低，需要进一步加大对清洁能源的开发利用。

（四）企业能耗管理体系不完善

能源是企业正常生产经营不可缺少的物质条件，对能源消耗过程进行监测管理是企业提高能源利用率、降低生产成本的重要途径之一。目前，中国企业的能耗管理体系尚不完善。

首先，企业的能耗监测理念比较滞后，很多企业仍将能耗监测局限在热平衡、水平衡和电平衡的检测上，并未通过信息化手段对能耗设备进行信息采集，通过网络进行相关数据的传输。其次，企业的能耗监测管理机构不健全，很多企业特别是私营企业对节能监测的投入不足，相关工作人员缺乏计量、管理方面的知识，不能合理的利用监测数据。最后，中国大部分企业缺乏能耗监测的基础设备，很多耗能设备均没有按照规定配备计量表，不能满足能耗管理工作的要求。

能耗管理体系不完善制约着企业对能源的有效利用，完善能源消费监测管理体系是当前中国企业实现可持续发展的有效途径。

四 国外企业能源消费绿色发展经验

（一）企业节能相关的法律法规体系健全

为保障能源供应安全和能源的合理利用，大多数作为能源消费大国的发达国家都十分注重节能相关的立法工作。以美国为例，1975 年美国政府出台《能源政策和节约法》；1978 年颁布《国家节能政策法》；1992 年制定了能源供应和使用的综合性法律文本《国家能源政策法》；1998 年公布了《国家能源综合战略》，要求提高能源系统效率，更有效地利用能源资源。此外，美国、日本和欧盟等国家和地区都采用合理的激励政策来鼓励企业节约能源。通过征收能源税和碳税来控制企业对能源的消耗总量，从而达到节约能源的目的。日本于 1998 年修改了《节能法》，以加强对主要耗能企业的能源管理。该法规定了耗能较大的企业需每年向有关部门报告能耗情况，如果不能按期达成节能目标，主管部门有权责令其整改，并处以一定的罚金。

完善的法律体系为企业的节能提供了依据，合理的节能政策促进了企业对能源的高效利用，提高了能源的利用效率，达到了节能减排的目的。

（二）企业不断研发能源节约的新技术

为保障企业的可持续发展，提高自身竞争力，世界各国企业均投入了大量资金用以研发节能新技术、降低生产成本。

20 世纪 90 年代，日本的钢铁行业明确了"灵活适应变化的资源、能源，建立兼顾环境、再生利用的生产技术、产品设计技术和应用技术"的发展思路，提出旨在扩大资源、能源适应能力的新一代焦炉技术、下一代炼钢技术；积极致力于探索利用廉价的氢炼铁、生物碳资源炼铁，利用钢渣吸附固定二氧化碳等技术的发展。南非建立了萨尔达尼亚钢铁厂，将熔融还原、电炉炼钢、薄板坯连铸等多项钢铁生产新工艺融为一体，实现了钢铁的绿色生产。意大利的水泥集团通过研发高科技环保水泥，不仅获得了高额利润，还吸收中和了大气中的污染物质。建筑领域，瑞典通过采用节能建筑结构、材料和产品，提高建筑的保温、隔热性能，以防止能源的流失。汽车行业方面，日本多年来始终坚持对节能环保汽车的研发，并在混合动力技术方面取得了巨大的成就。

（三）大力支持煤炭绿色化利用

国际上主要产煤和用煤大国，为保证本国的经济发展，都加大了对煤炭等化石能源的清洁化技术研究与开发投入，促进能源清洁化利用技术的进步，使能源供应多元化，保证能源安全。针对煤炭消费带来的环境污染问题，发达国家在 20 世纪 80 年代提出了发展煤炭清洁化利用技术。20 世纪 80 年代中期，为解决美国、加拿大周边的环境问题，美国率先提出发展洁净煤技术，以减少二氧化碳的排放。欧洲和日本等国家和地区也致力于解决燃煤所导致的碳排放问题。随着环境要求越来越严格，发达国家加强了对洁净煤技术的研发投入，燃煤产生的传统污染物排放问题得到了解决。

（四）加强对新能源的开发利用

为了满足人民生活的需要，保持国民经济健康、可持续发展，全世界对包括风能、水能、太阳能、生物质能等在内的可再生清洁能源的开发利用均给予了高度重视，各国相继提出了各自的发展方向和目标。美国提出，2035 年要达到 80% 的电力来自风能、太阳能、生物质能、水电及核能、高效天然气和洁净煤等可再生能源及清洁能源。欧盟新的政策目标是到 2030 年实现可再生能源占能源消费总量的 20%。中国在哥本哈根大会上向世界做出承诺，到 2020 年非化石能源占一次能源消费的比重达到 15% 左右。

世界各国都在因地制宜地对新能源的利用进行开发。近年来，美国在页岩气勘探和开发上实现质的飞跃，大大提高了能源自给率，减少对国外能源的依赖。印尼从加大油气勘探开发力度、以气代油、寻找能源供应新途径等三个方面，努力探索寻求能源多元化之路。2012 年日本实施 FIT 计划，通过让电力公司高价收购民间企业生产的可再生能源电力的方式，鼓励更多的资本进入可再生能源领域，削减温室气体排放，减少对核电的依赖，从而推动可再生能源普及的步伐。

五 中国企业能源消费绿色发展趋势

（一）消费总量呈上升态势，企业能源消费趋于集中

随着经济的快速发展，中国企业能源消费总量也在逐年上升。图 3 表明，中国能源消费总量近年一直保持上升的趋势。据统计，2014 年中国的能源消费总量为 38.4 亿吨标准煤左右，增长率为 2.3%，能源消费增速有所降低，比 2013 年下降 1.4 个百分点。

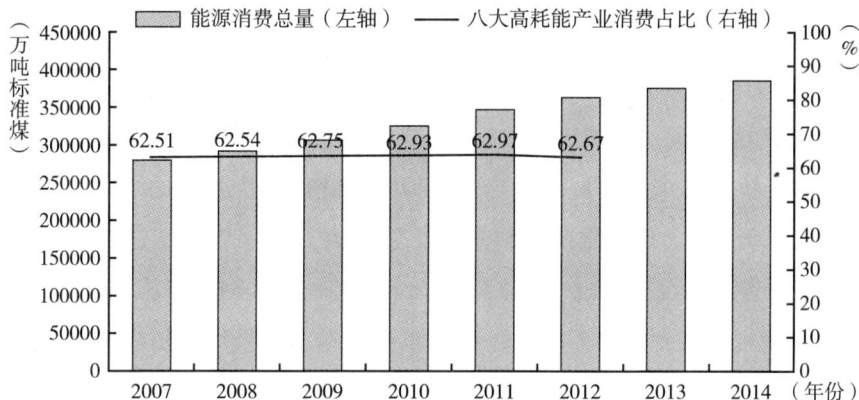

图 3 中国能源消费总量和主要耗能产业消费占比

资料来源：据《中国统计年鉴 2014》和国家统计局发布数据整理。

中国企业对能源的消费呈现集中度趋稳的态势。中国八大高耗能产业（煤炭开采和洗选业，石油加工、炼焦和核燃料加工业，化学原料和化学制品制造业，非金属矿物制品业，黑色金属冶炼及压延加工业，有色金属冶炼及压延加工业，电力、热力生产和供应业，交通运输、仓储和邮政业）

的能源消费占能源消费总量的比例约为63%，已经超过中国能源消费的一半，但占比变化较小。在八大高耗能产业中，黑色金属冶炼及压延加工业能耗最多，且增长最快。能源消费行业集中度较高的现象近期是无法改变的。

（二）煤炭生产和消费将走向低碳化

2015年5月5日能源局对外发布《煤炭清洁高效利用行动计划（2015~2020年）》，行动计划提出了煤炭清洁高效利用的目标为：到2017年，全国原煤入选率在70%以上。到2020年，原煤入选率在80%以上；现役燃煤发电机组改造后平均供电煤耗低于310克/千瓦时，电煤占煤炭消费比重提高到60%以上；现代煤化工产业化示范取得阶段性成果，形成更加完整的自主技术和装备体系。

煤炭的绿色生产主要表现为煤炭企业的科技创新能力加强、大力发展以煤炭为主的循环经济、推广使用煤炭的绿色开采、提高原煤的洗选率等。以山东能源为例，为适应市场需求，同时实现经济效益和社会效益，企业加强精煤战略研究，通过安装煤泥水旋流器、增加中煤转载皮带速度和驱动功率等技术创新来优化煤炭洗选工艺，2012年精煤回收率比2011年提高3.44%。2014年，中煤集团调整采煤工艺，大力发展煤炭洗选加工，完善煤炭清洁储运体系，公司商品煤灰分同比降低1.84%、硫分同比降低0.1%。未来，将会有更多的煤炭企业通过技术创新来提高精煤的品质，进而提高企业所用煤炭的清洁化水平。中国未来煤炭的生产与消费将趋向于低碳化、清洁化。

（三）清洁能源的发展将蚕食企业对煤炭的需求量

近年来，中国发生大范围雾霾天气，环境污染问题急待解决。中国政府意识到企业能源消费结构向清洁能源转型的迫切性。2014年11月，国务院办公厅出台《能源发展战略行动计划（2014~2020年）》，提出要积极发展能源替代，大力发展风电、太阳能、地热能等可再生能源。

政策方面的引导，加之环境问题的日益凸显，将驱动中国企业逐渐改变能源的消费结构，加大对绿色能源的消费比例。国电集团 2013 年的社会责任报告显示，该企业的清洁可再生装机总量达 3067 万千瓦，比重达 25%，同比增加 2.5%。据 2014 年大唐集团的社会责任报告显示，在该公司的电源结构中，风电和水电占比为 23.93%，比 2012 年同比上升 0.49 个百分点。中国电力投资集团的清洁能源装机由 2008 年的 1211 万千瓦上升为 2013 年的 3066 万千瓦，消费比重由 26.3% 提升至 34.2%。未来，将有更多的企业采用清洁能源，绿色能源的快速发展将进一步蚕食企业对煤炭的需求量。

六　提高中国企业能源利用效率的对策与建议

（一）向企业征收能源税

欧美国家向企业开征能源税，利用税收提升企业的能源利用效率，对环境保护产生了重要影响。奥地利与能源消费有关的税种有标准油消费税、道路运输费等。荷兰为保护环境，向石油产品征收消费税。

作为能源消费大国，中国企业对能源的需求仍在快速增加，为了实现经济发展、能源节约与环境保护的共赢，政府应向企业征收环境税或者能源消费税，特别是对高耗能、高污染产品进行征税。通过税收将企业在生产过程中因能源消耗而给环境造成的负面影响内化为企业的生产成本，以督促企业节能减排。中国应借鉴国外的成功经验，根据国情适当地向企业征收能源税。

（二）中国加强对高耗能企业能源消费的监督管理

目前，中国政府对能源进行宏观调控的紧急任务是加强对高耗能企业的监管。钢铁、煤炭、电力、有色金属、化工和建材是中国的高耗能行业。首先要遏制这些高耗能、高污染行业过快增长，从增量上严格控制新建高耗能项目，在项目审批过程中，严格限制审批高耗能项目。其次，要重点对新投产或刚刚恢复生产的高耗能企业和有新高耗能项目的企业加强节能监督管理。对高耗能企业制定节能标准，有关部门要定期或不定期地对该类企业进行节能监察，积极指导和帮助这类企业做好能源计量、搞好能源核算和分级定额考核及能源平衡测试等方面的工作，使企业在能源使用过程中的各个环节都能达到科学化管理能源审计，切实提高企业能源利用效率。

政府应当用政策和市场机制引导企业降耗增利，加强对高耗能行业规模以上企业的能耗管理，反馈重点企业能源利用情况以确保节能任务有序完成。

（三）推进煤化工产业化进程

煤化工是煤炭清洁利用的重要途径。目前，中国的煤化工正处于由焦炭、半焦、电石等构成的传统煤化工向以煤制乙二醇、煤液化等为代表的现代煤化工转型的过程中。传统煤化工存在企业布局分散、规模偏小、技术落后等问题，煤化工的转型升级势在必行。

中国的煤炭资源相对丰富，且价格低廉。为推动煤炭的清洁化利用，应大力发展煤代油、煤制气等现代煤化工技术，积极推进煤化工的产业化进程。通过严格审批煤化工项目，避免无序发展与"地方保护主义"现象的发生。此外，中国应当借鉴国外经验，推进对碳税的研究，科学指导煤化工产业发展；明确中国煤化工布局和发展路线图，从国家层面制定以煤炭生产基地为核心的大型煤化工示范园区规划；加强对煤化工专业人才的培养，设立国家重大研究专项，为煤化工的可持续发展夯实基础。

（四）因地制宜地推广节能技术

中国的高耗能产业有钢铁、有色金属、化工、建材等。不同行业的节能方式不同，各行业企业应当依据行业特点，结合实际，发展节能技术，提高能源的利用效率。

作为国民经济的重要基础产业，钢铁行业应推进锅炉的脱硫、脱硝改造，对燃煤锅炉进行清洁能源、可再生能源、热电联产机组替代或者淘汰，大力推广干法熄焦、高炉炉顶余压发电等新技术。有色金属行业，电解铝应积极采用大型预焙电解槽技术，铜熔炼采用富氧闪速及富氧熔池熔炼技术，铅熔炼采用富氧底吹技术，锌冶炼采用湿法冶炼技术。化工行业需推广离子膜烧碱生产等新技术，充分利用煤层气资源作为民用燃料及化工资源。建材行业企业应积极使用变频改造、余热发电等先进节能技术，建设水泥余热发电装置，将工业和生活废弃物用作原材料，提高能源的有效利用率。

（五）完善企业内部能耗监测管理机制

能耗监测使管理者能够监视企业内部各生产部门能源消费的实际情况，深入分析企业的能源利用效率和节能潜力，以达到全面节能降耗的目的。目前中国企业的能耗监测管理普遍存在监测技术信息化水平不高、监测设备不齐全等问题。

企业应当充分认识到建立节能减排统计、监测体系的重要性。能耗的监测需要资金支持，为节约能源、降低生产成本，企业应当力所能及地配置能耗监测计量设备，并建立配套的网络系统，实现科学计量和监测。特别是重点耗能企业要建立节能责任制度、节能统计制度和能源利用状况报告制度，制定分阶段节能目标和实施方案。要强化基础工作，配备专职人员，将节能降耗目标和责任落实到车间、班组和个人，切实提高节能降耗管理水平。

参考文献

［1］陈剑敏、田鸿雁：《我国能源利用现状对发展低碳经济的制约与对策》，《改革与战略》2012 年第 4 期。

［2］代铭玉：《国内外新能源利用现状》，《绿色科技》2011 年第 8 期。

［3］侯留月：《煤炭能源企业经济的绿色发展研究》，《经济与社会发展研究》2014

年第 9 期。

［4］李雷鸣、马小龙：《我国能源消费演进特征及其成因分析》，《中外能源》2013年第 6 期。

［5］刘洪丽：《贯彻国家节能减排政策 强化企业能源消耗管理》，《天津经济》2010 年第 8 期。

［6］卢文刚、刘鸿燕：《完善我国能源政策的对策》，《经济纵横》2013 年第 2 期。

［7］汪克亮、杨宝臣、杨力：《中国能源利用的经济效率、环境绩效与节能减排潜力》，《经济管理》2010 年第 10 期。

［8］王韶华：《基于低碳经济的我国能源结构优化研究》，哈尔滨工程大学论文，2013。

［9］王世文：《中国煤炭消费、生产的现状与挑战》，《经济问题》2011 年第 11 期。

［10］许红星：《我国能源利用现状与对策》，《中外能源》2010 年第 1 期。

［11］张抗：《近年我国能源消费变化分析及其对能源发展战略的启示》，《中外能源》2012 年第 7 期。

［12］周新军：《我国能耗监测管理现状及未来发展趋势》，《当代经济管理》2014年第 2 期。

B.3
中国企业资源利用状况及效率

郭叶波*

摘　要：　提高企业资源利用效率是适应经济新常态的必然要求，是迈向工业4.0时代的关键内容，也是企业承担社会责任的基本前提。当前，中国企业的用水和用地需求处于高原期，临近倒"U"形曲线的下行拐点；而对能源和铁矿等资源的需求却处于大幅上升时期。总体来看，近年来中国企业对水资源、土地资源和矿产资源的利用效率显著提升，但不同行业、不同经济类型企业的效率存在较大差别，并且与发达国家相比仍有较大提升空间。为进一步提高企业资源利用效率，必须深化资源价格和税收改革，完善资源利用管理制度，推动资源型企业有序竞争，鼓励企业开发应用资源节约技术，增强企业的资源环境意识。

关键词：　中国企业　资源利用　水资源　土地资源　矿产资源

一　提高企业资源利用效率的背景意义

（一）提高企业资源利用效率是适应中国经济新常态的必然要求

在国内资源环境约束日渐凸显、国际经济复苏步伐缓慢的背景下，中国

---

* 郭叶波，国家发改委国防研究中心助理研究员，博士。

依靠高投入、高消耗、高排放实现高增长的模式已经越来越不可持续。2014年5月，习近平总书记在河南考察时指出，要从当前中国经济发展的阶段性特征出发，适应新常态，保持战略上的平常心态。新常态的主要特点是增长速度从高速增长转向中高速增长，经济结构不断优化升级，增长动力从要素驱动、投资驱动转向创新驱动。新常态的本质是提质增效。

提高企业资源利用效率，对于认识、适应和引领新常态而言具有重要意义。第一，提高企业资源利用效率，有利于维持新常态下的中高速增长。当前中国经济的基本面尚好，但经济下行风险依然存在。提高企业资源利用效率，可以在减少部分资源投入的情况下达到相同的产出，或者同样的资源投入可以达到更高的产出，这就为维持新常态下的中高速增长奠定了良好的微观基础。第二，提高企业资源利用效率，有利于优化产业结构。不仅可以优化产业部门之间的经济结构，而且可以优化产业部门内部的经济结构，不断提升产业竞争力。第三，提高企业资源利用效率，本身就是在实现增长动力的转换。企业资源利用效率提高了，就可以减少不必要的要素投入，避免重复建设，从而实现内涵式增长，提质增效。

（二）提高企业资源利用效率是中国迈向工业4.0时代的关键内容

经过改革开放30多年的发展，中国已经整体进入工业化后期阶段[①]。然而，中国整体上尚未越过工业化发展阶段进入后工业化时代，特别是中、西部地区的工业化进程正在加速推进。未来工业化将出现制造业的信息化、服务化等趋势，人们将迎来以物联网为基础，以生产高度数字化、网络化、机器自组织为标志的所谓的工业4.0时代。

提高企业资源利用效率，对于中国迈向工业4.0时代而言具有重要意义。第一，提高企业资源利用效率，有利于加快工业化进程。工业化的实质就是对自然资源的大规模深度开发利用，不断满足经济和社会发展的需

---

① 黄群慧：《中国的工业化进程：阶段、特征与前景》，《经济与管理》2013年第7期。

求①。中国是资源大国，也是资源消费大国，由于人均资源量小、资源结构不合理，加快工业化进程的关键就是提高企业资源利用效率。第二，提高企业资源利用效率，有利于提升工业化发展质量。工业化不仅有量的要求，更有质的标准。走中国特色的新型工业化道路，提升企业资源利用效率是关键。第三，提高企业资源效率，有利于抢占工业4.0制高点。工业4.0的三大主题是智能工厂、智能生产、智能物流。要抢占这三个主题的制高点，关键是充分利用各种资源，不断提高效率。

（三）提高企业资源利用效率是企业承担社会责任的基本前提

一般认为，企业社会责任是指企业在创造利润、对股东承担法律责任的同时，还要承担对员工、消费者、社区和环境的责任。随着经济社会的进步，企业社会责任越来越受到重视，企业在生产过程中不仅要创造利润，而且要更加关注人的价值，强调对环境、消费者、社会的贡献。

提高企业资源利用效率，是企业承担社会责任的基本前提。第一，只有提高资源利用效率，才能创造相应的价值和利润，这是企业承担各种社会责任的本钱。企业承担各种社会责任的基本前提是不断提高资源利用效率。如果资源利用效率低，企业反而会成为社会的负担，更遑论承担社会责任。第二，企业提高资源利用效率，可以减少资源投入、降低污染物的排放量，向社会提供低碳、绿色、环保产品，这是企业承担环境责任的具体表现。第三，企业提高资源利用效率，就可以减少当代的资源消耗，将更多的资源留给子孙后代，这有利于促进代际公平和可持续发展。

二 企业资源利用效率等概念的内涵

（一）资源的涵义

所谓资源，意为资财的来源，一般是指天然的财源。广义的资源包括自

---

① 金碚等：《资源与增长》，经济管理出版社，2014。

然资源、经济资源、社会资源，狭义的资源是指自然资源。联合国环境规划署指出，自然资源是指在一定时间条件下，能够产生经济价值以提高人类当前和未来福利的自然环境因素的总称。我国学者认为，自然资源是人在自然介质中可以认识、萃取、利用的一切要素及其集合体，包括这些要素互相作用的中间产物或最终产物，只要它们在生命建造、生命维系、生命延续中不可缺少，只要它们在经济系统中构成必需的投入并产生积极效益，只要它们在社会经济系统中带来合理的福祉、愉悦和文明①。为了进行经济研究，可以把大规模开发并进行工业利用的自然资源分为土地（主要被当作工业生产活动场所）、水源、能源、原料（包括矿物和生物，主要研究矿物资源）四类②。本文所指资源为狭义的资源，即自然资源，主要研究水资源、土地资源和矿产资源利用问题。

（二）资源利用效率

有学者认为，资源利用效率有三种含义：第一种是资源是否投向社会最需要的地方；第二种是是否按照生产某种物品所必须耗费的资源量使用资源；第三种是资源运用的外部性，即在使用某种资源时是否造成对其他资源的破坏③。实际上第一种含义是从宏观的角度来考虑资源的利用效率，也就是资源在不同区域之间、不同部门之间、不同单位之间的宏观配置效率。第二种含义是从微观角度来考虑资源资源在某个企事业单位内部的微观资源利用效率，也就是资源的投入产出效率。第三种含义是从不同资源利用主体之间的利益关系来考虑，即正外部性或负外部性。例如，在利用水资源的同时向外界排放污水，就产生了负的外部性。基于绿色 GDP 核算体系的要求，实际的资源利用效率应从企业会计成本中核减掉外界为了恢复水环境而所必须付出的代价。这三种含义是相互联系的，只有实现了宏观上的资源优化配置，才能提高微观层面的资源利用效率；微观层面的资源利用效率又反过来

---

① 牛文元：《自然资源开发原理》，河南出版社，1988。
② 金碚等：《资源与增长》，经济管理出版社，2014。
③ 余传贵：《制度安排·资源利用效率·国民经济福利》，《河北学刊》2002 年第 1 期。

促进宏观层面的效率；提高宏观和微观层面的资源利用效率，都要避免或者尽可能减少负的外部性。本文主要研究第二种含义的资源利用效率，即从微观角度来研究企业资源利用效率。

（三）企业资源利用效率

一般来说，资源利用主体包括企业、居民、政府和其他社会组织等。其中企业是资源利用的最重要主体，特别是在生产过程的资源利用主要是由企业来实施。从资源视角分析，企业实质是一个资源实体①。居民涉及资源利用问题，但居民主要是在生活过程中利用资源。相对于企业而言，政府和其他社会组织直接利用资源的数量较小。可以认为，企业利用资源的总量近似等于区域资源利用总量减去居民、政府和其他社会组织的资源利用总量。企业资源利用效率主要是指企业内部在生产产品或提供服务过程中对资源的投入产出效率。本文主要研究工业企业对水资源、土地资源、矿产资源的利用效率。

三　中国企业资源利用状况及利用效率

（一）中国企业水资源利用状况及利用效率

1. 中国企业与水资源空间分布不匹配，企业水资源利用供求矛盾突出

中国水资源总量不少，2000~2013年年平均水资源总量为2.69万亿立方米。但与世界其他国家和地区相比，中国人均水资源数量偏少。2011年，中国人均可更新淡水量为2140立方米，在参与排名的180个国家和地区中位居第126名（见表1）。

---

① Penrose, E., *The Theory of the Growth of the Firm*, New York: Oxford University Press, 1959; Wernerfelt, B., A., "Resource-based View of Firm", *Strategic Management Journal*, 1984, 5 (2).

表1 2011年中国与其他主要国家和地区可更新淡水资源量情况

单位：百万立方米，立方米

国家和地区	降水量	国内径流量	地表水与地下水的外部流入量	可更新淡水资源总量	人均可更新淡水量	人均可更新淡水量排名
加拿大	4930000	2740000	51500	2791500	83931	11
巴 西	15333391	5657230	2768672	8425901	43891	22
俄罗斯	7854684	4312700	194550	4507250	31877	31
美 国	6440000	2460000	18000	2478000	7951	72
日 本	649071	423571	—	423571	3328	97
法 国	485686	175293	11000	186293	3003	105
意大利	296000	167000	8000	175000	2936	107
英 国	275029	157875	6405	164280	2683	111
德 国	307000	117000	75000	188000	2285	120
中 国	6172800	2840500	21400	2861900	2140	126
印 度	4000000	—	—	1869000	1582	139

资料来源：据《中国环境统计年鉴2012》计算整理。

　　然而，中国水资源不仅人均量偏小，而且与经济总体布局和企业空间分布严重不匹配。中国企业对水资源的利用直接面临着水资源总量不足、结构性矛盾等多重约束。总体来看，中国东部地区大多数省（区、市）企业数量所占比例高于其水资源数量所占比例，企业用水的供求矛盾最为突出。动态来看，2003～2010年，北京、上海、海南、甘肃等省（区、市）的企业数量在减少，但水资源数量在持续增加，企业水资源利用的供求矛盾有所缓解。而山西、江苏、安徽、山东、河南、湖北、湖南、重庆、四川、贵州、陕西、宁夏等省（区、市）的企业数量在持续增加，而水资源数量在减少，企业水资源利用的供求矛盾变得更为突出（见表2）。

表2 中国水资源分布与企业分布

单位：亿立方米，%，家

地区	2013年				2003年				2003～2013年	
	水资源数量	水资源占比	企业数量	企业占比	水资源数量	水资源占比	企业数量	企业占比	水资源增加百分比	企业数增加百分比
北 京	24.81	0.09	3701	1.05	18.40	0.07	4019	2.05	34.86	-7.91
天 津	14.64	0.05	5383	1.53	10.60	0.04	5341	2.72	38.11	0.79

续表

地区	2013 年				2003 年				2003～2013 年	
	水资源数量	水资源占比	企业数量	企业占比	水资源数量	水资源占比	企业数量	企业占比	水资源增加百分比	企业数增加百分比
河　北	175.86	0.63	12649	3.59	153.06	0.56	7923	4.04	14.90	59.65
山　西	126.55	0.45	3946	1.12	134.88	0.49	3613	1.84	-6.17	9.22
内蒙古	959.81	3.43	4377	1.24	495.57	1.80	1653	0.84	93.68	164.79
辽　宁	463.17	1.66	17561	4.98	219.96	0.80	6842	3.49	110.56	156.66
吉　林	607.40	2.17	5353	1.52	326.52	1.19	2284	1.16	86.02	134.37
黑龙江	1419.58	5.08	4098	1.16	826.80	3.01	2567	1.31	71.70	59.64
上　海	28.03	0.10	9782	2.77	15.12	0.06	11098	5.66	85.38	-11.86
江　苏	283.53	1.01	46387	13.16	619.05	2.25	23862	12.16	-54.20	94.40
浙　江	931.34	3.33	36904	10.47	574.48	2.09	25526	13.01	62.12	44.57
安　徽	585.59	2.09	15114	4.29	1083.01	3.94	4158	2.12	-45.93	263.49
福　建	1151.90	4.12	15806	4.48	806.63	2.94	9208	4.69	42.80	71.66
江　西	1423.99	5.09	7601	2.16	1362.68	4.96	3051	1.55	4.50	149.13
山　东	291.70	1.04	38654	10.96	489.69	1.78	16177	8.24	-40.43	138.94
河　南	213.07	0.76	19773	5.61	697.75	2.54	9091	4.63	-69.46	117.50
湖　北	790.15	2.83	13441	3.81	1234.15	4.49	6271	3.20	-35.98	114.34
湖　南	1581.97	5.66	13323	3.78	1799.20	6.55	5967	3.04	-12.07	123.28
广　东	2263.17	8.09	38094	10.81	1458.41	5.31	24494	12.48	55.18	55.52
广　西	2057.33	7.36	5396	1.53	1900.98	6.92	2871	1.46	8.22	87.95
海　南	502.11	1.80	391	0.11	291.80	1.06	619	0.32	72.07	-36.83
重　庆	474.35	1.70	5237	1.49	590.75	2.15	2241	1.14	-19.70	133.69
四　川	2470.27	8.84	13163	3.73	2589.84	9.43	5448	2.78	-4.62	141.61
贵　州	759.44	2.72	3139	0.89	915.49	3.33	2129	1.08	-17.05	47.44
云　南	1706.69	6.10	3382	0.96	1699.36	6.19	1995	1.02	0.43	69.52
西　藏	4415.74	15.79	70	0.02	4757.14	17.32	325	0.17	-7.18	-78.46
陕　西	353.78	1.27	4489	1.27	574.60	2.09	2493	1.27	-38.43	80.06
甘　肃	268.90	0.96	1830	0.52	247.23	0.90	2884	1.47	8.76	-36.55
青　海	645.61	2.31	465	0.13	634.66	2.31	400	0.20	1.73	16.25
宁　夏	11.40	0.04	935	0.27	12.25	0.04	418	0.21	-6.92	123.68
新　疆	955.99	3.42	2102	0.60	920.14	3.35	1254	0.64	3.90	67.62

资料来源：据《中国统计年鉴》（2004、2014）计算整理。

2. 中国企业用水量临近倒"U"形曲线下行拐点，水资源利用效率持续提升

由图 1 可以看出，新中国成立以来，随着工业体系的逐步建立和完善，中国工业用水量快速上升。中国工业企业用水量及其用水比例总体上呈现为倒"U"形曲线。据此，中国工业企业用水状况大致可分为以下四个阶段。第一阶段：1949～1980 年，工业用水量从 24 亿立方米增加到 457 亿立方米，增长了 18 倍；工业企业用水量占全社会用水总量的比例从 2.3% 提高到了 10.3%，提高 8 个百分点。第二阶段：改革开放之初至 20 世纪 90 年代中期，中国工业企业用水量仍然呈现快速上升态势，但增长速度放缓。1980～1997 年，工业企业用水量从 457 亿立方米增加到 1121 亿立方米，增长了 1.45 倍；工业企业用水比例从 10.3% 提高到了 20.1%，提高近 10 个百分点。第三阶段：1998～2010 年，中国工业企业用水量进入高原期，工业企业用水量基本稳定在 1300 亿立方米左右，工业企业用水比例保持在 20%～24%。第四阶段，2011 年以来，中国工业企业用水量开始越过倒"U"形曲线的下行阶段拐点，工业企业用水量和用水比例都出现下降趋势。2011～2013 年，工业企业用水量从 1462 亿立方米下降到 1406 亿立方米，工业企业用水比例从 24.0% 下降到 22.7%，下降了 1.3 个百分点。这也符合发达国家工业用水在上升到一定阶段后可能转向稳定甚至下降的一般规律。

进入 21 世纪以来，中国工业企业的水资源利用效率显著提升，万元工业增加值用水量呈现双曲线形式的下降。2000～2013 年，按 2000 年不变价计算，中国工业企业每万元工业增加值的用水量从 285 立方米下降到了 94 立方米，下降 67.0%。这说明中国工业企业在构建资源节约型、环境友好型社会中取得了显著成效。

3. 与发达国家企业相比，中国企业水资源利用效率仍有较大提升空间

从横向比较来看，中国工业企业的水资源利用效率仍有较大的提升空间。以人民币为计算单位，主要发达国家的万元工业增加值用水量：法国为 76.5 立方米、韩国为 60.1 立方米、意大利为 54.9 立方米、德国为 43.1 立方米、美国为 39.2 立方米、日本为 34.3 立方米。相比之下，

图例：工业企业用水量（左轴）　工业企业用水比例（右轴）

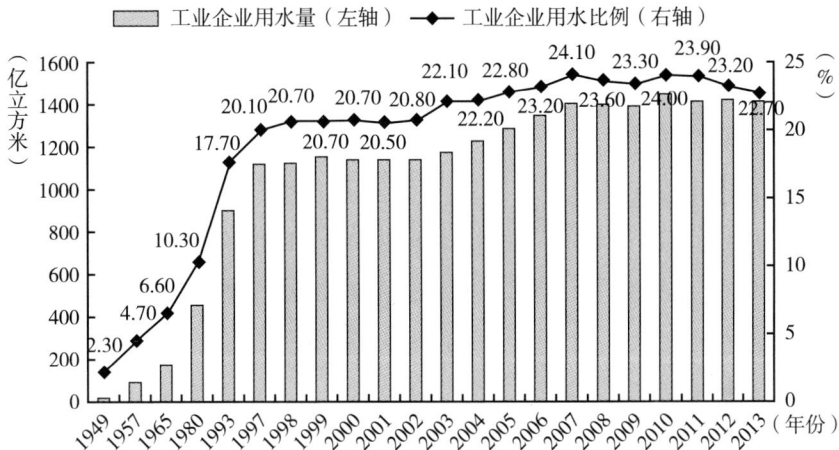

图 1　中国工业企业的用水量及其比例

资料来源：根据《中国统计年鉴2014》、历年《中国水资源公报》等资料计算绘制。

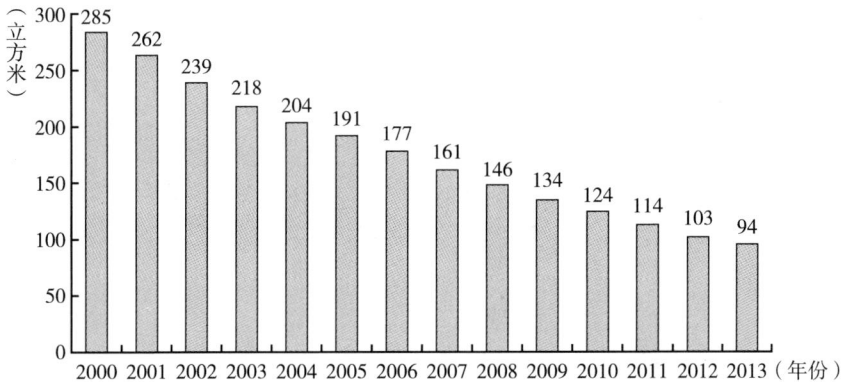

图 2　2000～2013 年中国工业企业实现每万元工业增加值的用水量

注：按 2000 年不变价计算。

资料来源：据《中国统计年鉴2014》《中国环境统计年鉴2014》等计算绘制。

我国 2013 年才下降到 94 立方米。特别是在中国人均水资源不足、水源性缺水和水质性缺水并存的情况下，企业仍需进一步提升水资源利用效率。

（二）中国企业土地资源利用状况及利用效率

1. 中国土地城镇化快于人口城镇化，企业面临土地资源刚性约束

在快速城镇化进程中，中国土地城镇化快于人口城镇化[①]。2000～2010年，中国城市建成区面积从2.24万平方公里迅速扩张到4.01万平方公里，城市建设用地面积从2.21万平方公里扩张到3.98万平方公里，年平均增长分别为5.97%和6.04%，远高于3.85%的城镇人口增长速度。而中国城市建设用地的扩张很大一部分来自于耕地征用。2002～2010年，全国被征用于城市建设的耕地面积累积6894平方公里，占建设用地征用土地面积的47.7%（见表3）。

表3　2000～2010年中国城市建成区面积和建设用地征用情况

单位：平方公里，%

年份	建成区面积	建设用地面积	建设用地征用土地面积	建设用地征用耕地面积	耕地征用比重
2000	22439.3	22113.7			
2001	24026.6	24192.7			
2002	25972.6	26832.6	2879.9	1863.4	64.7
2003	28308.0	28971.9	1605.6	788.7	49.1
2004	30406.2	30781.3	1612.6	618.3	38.3
2005	32520.7	32474.0	1263.9	604.7	47.8
2006	33659.8	34166.7	1396.5	680.5	48.7
2007	35469.7	36351.7	1216.0	447.6	36.8
2008	36295.3	39140.5	1344.6	617.0	45.9
2009	38107.3	38726.9	1504.7	564.6	37.5
2010	40058.0	39758.4	1641.6	709.0	43.2

注：2005年城市建设用地面积缺北京和上海的数据，故用2004年和2006年数据平均值代替。

资料来源：据《中国城市建设统计年报》（2002～2005）和《中国城市建设统计年鉴》（2006～2010）计算整理。

[①]　郭叶波、魏后凯等：《中国进入城市型社会面临的十大挑战》，《中州学刊》2013年第1期。

在城市建设用地中，城市居住用地和工业用地面积快速扩张。其中工业用地面积从 1990 年的 2303 平方公里增加到 2000 年的 4874 平方公里，2013 年增加到了 9150 平方公里（见图 3），几乎是每隔十年工业占用土地面积增长一倍。中国陆地面积位居世界第三，但可利用土地资源并不丰裕，人均耕地面积仅相当于世界平均水平的 1/3。随着我国耕地面积不断逼近 18 亿亩红线，我国可供企业利用的土地资源越来越少，今后工业企业面临的土地供求矛盾将变得更加突出。事实上，在东部沿海地区的不少大中城市，由于土地资源非常紧缺不得不采取"腾笼换鸟"的政策，企业所面临的土地资源刚性约束已经很明显的表现出来，特别一些是中小企业的发展直接面临用地紧张的问题。

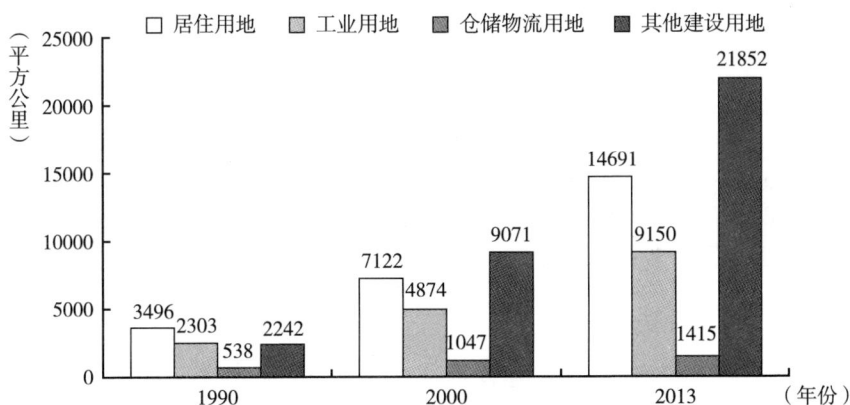

图 3　1990 年、2000 年、2013 年工业用地与其他建设用地比较

资料来源：据历年《中国城市建设统计年报》《中国城市建设统计年鉴》等计算整理。

2. 中国工业企业用地总量趋于稳定，土地资源利用效率大幅上升

1990 年以来，中国工业企业用地情况可分为以下四个阶段。第一阶段：1990~1995 年，中国工业企业对土地资源利用总量迅速上升，从 2320 平方公里增加到 5202 平方公里，用地面积增加 1 倍多；然而工业用地占城市建设用地的比例从 26.8% 下降到 23.6%，下降 3.2 个百分点。第二阶段：1996 年开始由于受到东南亚金融危机的影响，中国工业企业面临

结构调整和重新布局等问题，一直到 2000 年工业企业的用地总量增长缓慢，基本保持在 5000 平方公里左右；工业用地比例下降到 22.0%。第三阶段：进入 21 世纪以来，中国工业企业的用地面积再次迅速扩张，从 2001 年的 5105 平方公里扩大到 2009 年的 8627 平方公里，工业用地增长 69.0%；工业用地比例基本保持在 22.0% 左右。第四阶段：2010 年以来，中国工业企业的用地面积基本保持稳定，工业用地比例从 2010 年的 21.9% 下降到 2013 年的 19.4%。这一阶段的工业企业用地增长缓慢，固然与国际金融危机有莫大关系。但是中国整体上已进入工业化后期阶段，走中国的新型工业化道路就意味着从外延式扩张到内涵式发展，过去依靠土地快速扩张来维持高增长的增长模式已经没有必要也不可持续。在新常态下，中国工业企业将面临新的结构转型和增长动力转换。可以预见，目前中国工业企业用地面积已经进入高原期，在今后一段时期内将趋于基本稳定。

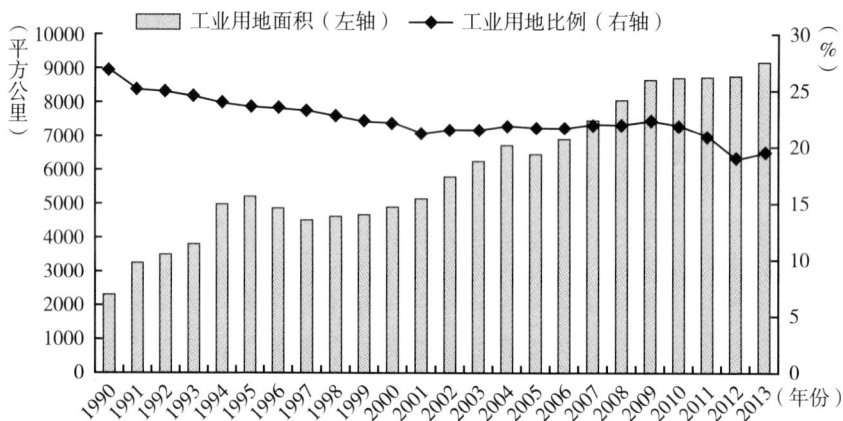

图 4　1990～2013 年工业企业用地面积及其占城市建设用地比例

资料来源：据历年《中国城市建设统计年报》《中国城市建设统计年鉴》等计算整理。

动态来看，中国工业企业的土地资源利用效率提高得很快。2000～2013 年，中国城市中的工业企业数量从 15.39 万家增加到 35.97 万家，增长 134.0%；城市工业用地面积从 4874 平方公里增加到 9150 平方公里，增长

87.7%；平均每家企业占用土地的面积从 0.032 平方公里下降到 0.025 平方公里，下降了 21.9%（见表 4）。这表明中国工业企业对土地资源利用更加集约、紧凑。从工业企业对土地资源的产出效率来看，中国企业的土地资源利用效率大幅提升。按 2000 年不变价计算，平均每平方公里工业用地面积实现工业产值从 2000 年的 16.96 亿元增加到 2013 年的 78.02 亿元，产出效率提高了 3.60 倍。

表 4 2000～2013 年中国城市工业企业对土地资源的利用状况

单位：家，平方公里，亿元

年份	城市工业企业数	城市工业用地面积	城市工业企业实现总产值(2000 年不变价)	单位工业用地面积实现产值	平均每家企业占用土地面积
2000	153851	4874	82692	16.96	0.032
2001	162090	5105	92328	18.09	0.031
2002	174896	5769	109168	18.92	0.033
2003	190826	6225	137083	22.02	0.033
2004	219406	6709	170291	25.38	0.031
2005	266221	6418	212813	33.16	0.024
2006	295637	6867	256286	37.32	0.023
2007	329956	7446	309331	41.54	0.023
2008	375083	8035	357788	44.53	0.021
2009	426601	8627	410556	47.59	0.020
2010	444413	8689	494718	56.93	0.020
2011	321060	8721	560723	64.29	0.027
2012	335563	8712	626698	71.93	0.026
2013	359698	9150	713860	78.02	0.025

注：①城市工业企业数是指全国各城市全市范围内的工业企业数之和，城市工业用地面积是指各城市建设用地中的工业用地面积之和。②2010 年以前统计口径为各城市全市范围内国有及年销售收入 500 万元以上非国有工业企业，2011 年以后的统计口径为各城市全市范围内规模以上工业企业。③为使不同年份工业企业对城市工业用地的利用效率具有可比性，对各年度以现价计算的工业总产值统一折算成以 2000 年不变价计算的工业总产值。

资料来源：据历年《中国城市建设统计年鉴》《中国统计年鉴》等计算整理。

3. 中国企业土地资源利用效率整体在提高，但行业效率差别较大

总体来看，中国各行业企业对土地资源的投资强度都在增加，建筑

容积率也在不断提高，土地产出效率提高明显。但不同工业行业的企业对土地资源的利用效率存在较大差别。2004年和2008年上海市对工业企业的经济普查数据就很好地说明了这点。从建筑容积率来看，采矿业＜电力、燃气及水的生产和供应业＜制造业，其中制造业的工业企业容积率相当于采矿业的4~6倍（见表5）。从投资强度来看，采矿业＞电力、燃气及水的生产和供应业＞制造业，采矿业的工业企业投资强度相当于制造业的2~4倍。从土地产出率来看，2008年单位土地面积实现的工业产值：采矿业＞电力、燃气及水的生产和供应业＞制造业。可见，采矿业企业对土地资源利用具有高投入、高产出的特点，而制造业企业相对更加集约。

表5 2004年、2008年上海工业企业的土地资源利用情况

单位：亿元/平方公里

行业类别	2004年			2008年		
	建筑容积率	土地产出率	投资强度	建筑容积率	土地产出率	投资强度
采矿业	0.08	51.13	112.41	0.12	112.73	235.10
制造业	0.45	49.43	46.00	0.49	73.93	61.23
电力、燃气及水的生产和供应业	0.34	40.89	98.14	0.36	83.70	138.02
总　计	0.44	49.03	48.51	0.48	74.42	64.97

注：表中数据不包括注册型非落地单位资料。

资料来源：《上海经济普查年鉴2004（第二卷）·第二产业》《上海经济普查年鉴2008（第二卷）·第二产业》。

从制造业的内部行业来看，重化工业行业企业的建筑容积率普遍偏低，而轻工业企业的建筑容积率更高；重化工行业企业的投资强度、单位土地面积的产出率都比轻工业企业更高（见图5）。可见，重化工行业企业不仅是资本密集型企业，而且是土地资源密集型企业，即需要较高的资本投入的同时，占用较多的土地资源。这也是我国工业企业在工业化中后期阶段（主要是重工业化阶段）土地快速扩张的重要原因之一。

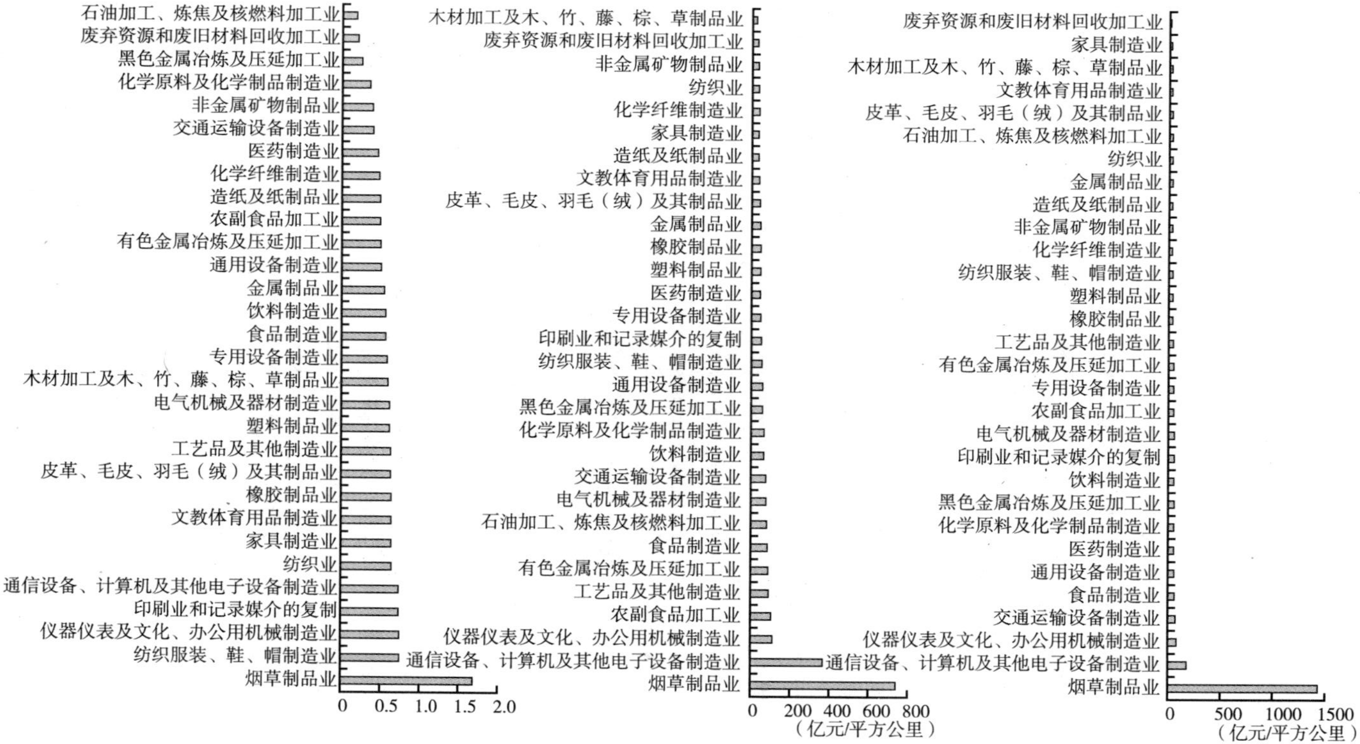

图 5 1990～2013 年工业企业用地面积及其占城市建设用地比例

a.建筑容积率

b.单位土地面积的产出率

c.投资强度

注:表中数据不包括注册型非落地单位资料。

资料来源:同表 5。

（三）中国企业矿产资源利用状况及利用效率

1. 中国矿产资源总量较丰富，但企业利用矿产资源的条件较差

从资源总量来看，中国的矿产资源较为丰富，总储量居世界第三位。目前，已经发现 171 种矿产资源，探明储量的矿产资源有 158 种，其中能源矿产 10 种，金属矿产 54 种，非金属矿产 91 种。2013 年主要矿产的基础储量可观（见表 6），稀土、石膏、钒、钛、钽、钨、膨润土、石墨、芒硝、重晶石、菱镁矿、锑、锡、铌、锂、钼、石棉、煤、滑石、萤石、硫、银、铍、锌、磷等储量位居世界前列。

然而，中国企业利用矿产资源的条件较差。一是虽然矿产资源总量较为丰富，但人口众多，人均矿产储量仅相当于世界平均水平的 3/5，位居世界第 53 名。二是矿产资源结构不优，石油、天然气、铁、金、铜、铝土等战略性矿产低于世界平均水平。三是开采条件普遍较差，中小矿、贫矿、伴生矿较多。

表 6 2013 年中国主要矿产的基础储量

矿产	基础储量	矿产	基础储量
石油（万吨）	336733	锑矿（锑，万吨）	45.96
天然气（亿立方米）	46429	金矿（金，吨）	1865.5
煤炭（亿吨）	2362.9	银矿（银，吨）	37496
铁矿（矿石，亿吨）	199.17	菱镁矿（矿石，万吨）	120747
锰矿（矿石，万吨）	21548	普通萤石（矿物，万吨）	3680.3
铬矿（矿石，万吨）	401.47	硫铁矿（矿石，万吨）	130194
钒矿（万吨）	909.91	磷矿（矿石，亿吨）	30.24
原生钛铁矿（万吨）	21957	钾盐（KCl，万吨）	53492
铜矿（铜，万吨）	2751.5	盐矿（NaCl，亿吨）	830.19
铅矿（铅，万吨）	1577.9	芒硝（Na_2SO_4，亿吨）	52.07
锌矿（锌，万吨）	3766.2	重晶石（矿石，万吨）	3986.1
铝土矿（矿石，万吨）	98324	玻璃硅质原料（矿石，万吨）	191594
镍矿（镍，万吨）	253.53	石墨（矿物，万吨）	5347.7
钨矿（WO_3，万吨）	234.9	滑石（矿石，万吨）	9273.9
锡矿（锡，万吨）	116.46	高岭土（矿石，万吨）	49650
钼矿（钼，万吨）	806.71		

资料来源：《中国统计年鉴 2014》。

2. 近年来中国矿产资源消耗快速增长，资源保障任务十分艰巨

新中国成立以来，我国原煤、原油、天然气、铁矿石原矿四类主要矿产的利用情况大致可以分为以下三个阶段。第一阶段：1949～1970年，由于中国尚处于前工业化或工业化初期阶段，四类主要矿产的产量和消耗量都处于较低水平。第二阶段：1971～2000年，原油、原煤产量增长较快，而天然气和铁矿石原矿产量保持平稳增长。第三阶段：以2001年为转折点，此后原油产量仍然保持较快增长态势，而原煤、天然气、铁矿石原矿的产量都开始进入一个高速扩张的阶段。2001～2014年，原煤产量从14.7亿吨增加到38.7亿吨，增长了1.6倍；天然气产量从300亿立方米增加到1230亿立方米，增长了3.1倍；铁矿石原矿从2.2亿吨增加到15.1亿吨，增长了5.9倍。特别是，中国目前铁矿石消耗量和进口量已经非常大，2014年中国铁矿石进口量为9.33亿吨，对外依存度提高到78.5%。这些资源都是不可再生的，短期内储量无法大量增加，中国的资源保障任务变得越来越艰巨。

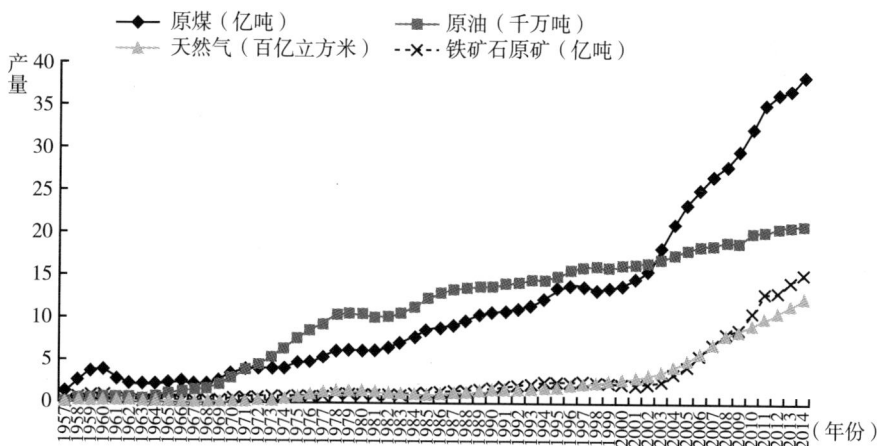

图6 中国能源矿产和铁矿石的消耗情况

资料来源：据《中国工业统计年鉴2013》《中国统计摘要2014》《中国经济景气月报》等数据整理绘制。

3. 中国企业的矿产资源利用效率持续提高，但不同所有制企业差异较大

1999～2012 年，中国加大了对矿山企业（包括油气资源矿山企业和非油气资源矿山企业）的整合力度，企业数量持续减少，从 16.54 万家缩减至 10.47 万家；产业组织结构不断优化，行业集中度进一步提高，大中型企业所占比例从 1.41% 提高到了 9.36%（见表 7）。同期，矿山企业的从业人数从 1061.38 万人减少到了 737.71 万人，但矿山企业各项产出指标大幅提高，固体矿和液体矿的年产量从 43.98 亿吨增加到 89.30 亿吨，增长了 103%；气体矿从 194 万立方米增加到 1071 万立方米，增长了 4.52 倍。按 2000 年不变价计算，工业总产值从 3633 亿元增加到 20961 亿元，增长了 4.77 倍；矿产品销售收入从 2637 亿元增加到 18485 亿元，增长了 6.0 倍。从人均产出来看，中国矿山企业矿产资源的利用效率提高速度非常明显。1999～2012 年，人均工业总产值从 3.42 万元提高到 28.41 万元，增长了 7.30 倍；人均销售收入从 2.48 万元增加到了 25.06 万元，增长了 9.10 倍。

表 7　1999～2012 年中国矿山企业概况及其效率

| 年份 | 企业数 | | 从业人数（万人） | 年产量 | | 工业总产值（亿元） | 矿产品销售收入（亿元） | 人均工业总产值（万元） | 人均销售收入（万元） |
	总数（家）	大中型企业比例（%）		固体矿和液体矿（亿吨）	气体矿（万立方米）				
1999	165449	1.41	1061.38	43.98	194	3633	2637	3.42	2.48
2000	153063	—	964.44	46.97	187	4478	3923	4.64	4.07
2001	153723	1.14	923.93	45.65	251	4593	4078	4.97	4.41
2002	149506	1.09	891.23	49.04	252	4607	4112	5.17	4.61
2003	145406	1.29	929.68	57.12	330	5859	5223	6.30	5.62
2004	124982	7.03	811.06	73.47	401	7538	7810	9.29	9.63
2005	127545	—	811.29	54.29	490	9118	8580	11.24	10.58
2006	127174	7.45	843.64	60.16	584	10965	10482	13.00	12.43
2007	125752	8.00	810.81	64.43	699	12262	11247	15.12	13.87
2008	120383	7.18	783.92	69.09	775	14771	13734	18.84	17.52
2009	118829	8.22	778.03	71.15	844	13838	12710	17.79	16.34
2010	113511	9.25	761.32	84.94	942	23444	15490	30.79	20.35
2011	108630	8.65	752.44	92.71	1013	20643	18494	27.43	24.58
2012	104715	9.36	737.71	89.30	1071	20961	18485	28.41	25.06

注：为使不同年份的产值等具有可比性，统一折算成 2000 年不变价。

资料来源：据《中国国土资源年鉴》（2000～2001）、《中国矿业年鉴》（2002～2013）计算整理。

从不同经济类型来看，中国企业的矿产资源利用效率存在较大差异。2012 年，中国共有 920 家矿山企业从事油气矿产资源生产。其中，国有企业 21 家，平均从业人数 3364 人；国有联营企业 1 家，从业人数 80 人；股份有限公司 898 家，平均从业人数约为 663 人（见表 8）。从产出效率来看，国有企业虽然人数众多，但相对而言缺乏活力。从人均工业总产值、人均销售收入、人均利税额来看，国有企业均排在末位，而国有联营企业和股份有限公司表现出较好的效益和较高的效率。

表 8　2012 年中国不同经济类型企业油气矿产资源的利用效率

经济类型	企业数（家）	从业人数（人）	工业总产值（亿元）	销售收入（亿元）	年利税总额（亿元）	人均工业总产值（万元）	人均销售收入（万元）	人均利税额（万元）
国有企业	21	70645	362.00	359.07	108.50	51.24	50.83	15.36
国有联营企业	1	80	40.85	40.85	4.35	5106.25	5106.25	544.21
股份有限公司	898	595264	10407.91	10138.47	6373.71	174.85	170.32	107.07
总　计	920	665989	10810.76	10538.39	6486.57	162.33	158.24	97.40

资料来源：根据《中国矿业年鉴 2013》计算整理。

从事非油气矿产资源的矿山企业，也体现出了不同经济类型（所有制结构）对资源利用效率的影响。从人均工业总产值、人均销售收入、人均利润总额来看，内资企业的利用效率和经济效率明显低于港、澳、台商投资企业，更低于外商投资企业（见表 9）。在内资企业中，股份有限公司的利用效率和经济效益最高，国有企业、联营企业、有限责任公司、股份合作企业居于其次，而集体企业、私营企业和其他企业的效率和效益明显较低。

表 9　2012 年中国不同经济类型企业对非油气矿产资源的利用效率

单位：个，万人，亿元，万元

经济类型	企业数（家）	从业人员（万人）	工业总产值（亿元）	矿产品销售收入（亿元）	利润总额（亿元）	人均工业总产值（万元）	人均销售收入（万元）	人均利润总额（万元）
内资企业	103238	663.75	18901.40	15665.57	2968.67	28.48	23.60	4.47
国有企业	3422	174.30	6920.40	5192.17	891.51	39.70	29.79	5.11

续表

经济类型	企业数（家）	从业人员（万人）	工业总产值（亿元）	矿产品销售收入（亿元）	利润总额（亿元）	人均工业总产值（万元）	人均销售收入（万元）	人均利润总额（万元）
集体企业	8751	40.27	311.07	290.68	49.06	7.73	7.22	1.22
股份合作企业	1449	12.11	322.05	277.07	43.55	26.59	22.88	3.60
联营企业	532	3.14	99.09	91.70	15.93	31.53	29.18	5.07
有限责任公司	14014	151.36	4459.25	4021.04	752.11	29.46	26.57	4.97
股份有限公司	4337	92.62	3907.54	3460.50	782.18	42.19	37.36	8.45
私营企业	66067	182.70	2827.10	2281.60	425.25	15.47	12.49	2.33
其他企业	466	7.25	54.91	50.81	9.08	7.57	7.01	1.25
港、澳、台商投资企业	217	2.22	106.49	106.33	24.13	47.89	47.82	10.85
外商投资企业	340	5.13	379.42	320.86	91.01	73.92	62.51	17.73
总　计	103795	671.11	19387.31	16092.76	3083.81	28.89	23.98	4.60

资料来源：据《中国矿业年鉴2013》计算整理。

四　中国企业提高资源利用效率面临的问题

（一）国家资源价格财税改革不完全到位

目前，中国绝大多数产品已经放开价格管制，实行市场化定价，但在资源产品定价和资源税收方面的改革尚不完全到位。长期以来，为了加快推进工业化进程，中国实行了压低资源价格的政策。与发达国家相比，我国资源有偿使用制度尚不健全，供水价格和供地价格严重背离其价值，市场机制在水资源、土地资源等资源配置中的决定性作用未能得到充分发挥。在能源、矿产等领域的价格财税改革也不完全到位。1984年开始征收资源税时，税目仅涵盖煤炭、石油、天然气3种，后将铁矿石也纳入征收范围。2011年修订后的《中华人民共和国资源税暂行条例》将征收范围扩大为原油、天然气、煤炭、其他非金属矿原矿、黑色金属矿原矿、有色金属矿原矿和盐7种，但水资源仍未纳入征收范围。1994年以来，中国资源税实行"从量计征"而非"从价计征"的政策。这固然有利于稳定财政收入，但现有税率难以准确反映资源价格的变动，不能从价格上体现资源的稀缺性和不可再生性，不能合理调节资源的开采和使用量，导致资源开发利用主体缺乏节约保护资源的内在动力和激励机制。

（二）地方不规范竞争不利于节约利用资源

过去，各地方在招商引资过程中竞相出台了各种关于资源要素投入方面的优惠政策，但也存在一些竞争不规范、程序不透明等问题。为了争取工业项目并增加地方财税收入，不少地方政府在征收土地时往往压低土地征收成本，而在向工业企业转让土地时倾向于低地价甚至通过各种变相方式实际接近于零地价。在提供工业用水、工业用电时，也通常给予企业各种优惠。由于地方的不规范竞争，资源价格的市场形成机制被人为地扭曲，导致工业用地成交价格、水资源价格、能源资源价格等不能真实地反映市场均衡价格，这不利于企业节约利用资源。

（三）资源型企业的市场化竞争程度不充分

在资源开发领域，国家有必要对一些关乎国家资源安全保障和影响国计民生的关键矿产资源进行适当控制。但在某些资源领域，国有企业因缺乏市场竞争而导致资源开发和资源利用效率不高的现象也逐渐暴露出来。相反，正如前文所述，在一些油气资源和非油气矿产资源的开发利用过程中，股份有限公司、国有联营企业等主体则充分展现出市场竞争活力。因此，亟须有序推动企业在中国资源产品市场上的竞争。

（四）企业资源节约利用技术创新能力和动力不足

与发达国家相比，中国的资源节约利用技术整体上还较为落后，其原因主要包括：一是，企业缺乏开发资源节约利用技术的动力。长期以来，国家资源价格财税政策改革不到位，地方在招商引资时对于各种资源要素投入给予优惠政策支持，再加上在某些资源开发领域还存在一定的垄断性，绝大多数企业只顾追求短期利润而缺乏开发资源节约利用技术的直接动力。二是，资源节约利用技术创新能力不足。在开发资源节约利用技术时，会遇到不少技术瓶颈和技术障碍难以突破。有些资源节约利用技术已经开发出来，但在实践应用过程中面临经济可行性方面的尴尬处境。

（五）企业节约利用资源的社会责任意识有待提升

不少企业对社会责任的认识过于片面。有些企业认为，只需不断创造利润，对企业员工、股东负责就行。有些企业认为，社会责任就是社会捐赠，只要响应有关部门做一些公益事业即可。只有极少的企业意识到，提高资源利用效率、减少资源浪费、减少环境污染也是企业必须承担的社会责任。实际上，不断提高资源利用效率，以最少的资源生产出尽可能多的产品，是企业之所以存在并获得可持续发展的重要前提，是企业必须承担的首要社会责任。

五　提升中国企业资源利用效率的政策建议

（一）深化资源价格和税收改革

必须按照十八届三中全会精神，深化资源价格财税改革，充分发挥市场在资源配置中的决定性作用，逐步建立与国际接轨的资源价格形成机制。一是深化资源税改革。建议在改革推广路径上可采取"两线并行、梯次推进"的方式，即征收产品范围和地域范围两条线逐步扩大。按照石油和天然气→煤炭→金属矿原矿→非金属矿原矿→水资源的顺序，逐步扩大资源税征收范围，适时将水资源也纳入资源税征收范围；逐步改革"从量计征"方式，在资源富集地区开展采用"从价计征"方式试点，逐步将试点经验扩大到全国范围。二是深化资源价格改革。逐步完善土地资源、水资源、能源资源等领域的价格管控政策，建立完善能反映市场供求关系的定价机制。

（二）完善资源利用管理制度

必须进一步规范地方政府的无序竞争行为，建立完善资源利用管理制度，充分发挥政府在企业节约利用资源、不断提高资源利用效率中的引导作用。一是进一步完善土地征收和转让管理制度，在土地征收时充分保障失地农民的切身利益，将其合理补偿和社会保障纳入土地征收成本；在土地转让时严格执行国家"招、拍、挂"制度，严厉打击土地转让过程中设租寻租行为，建立完善土地价格的市场形成机制。二是逐步完善水资源有偿使用制度，有序推动实行阶梯性水价制度，促进水资源的合理利用和节约利用。三是建立完善资源节约审计监测制度，逐步实行矿山地质环境恢复治理保证金制度，建立废弃电器电子产品处理基金等资源利用管理制度。

（三）推动资源型企业有序竞争

必须进一步推动资源型企业的有序竞争，在公平竞争、公开竞争中促进资源利用效率的提高。一是逐步打破国有企业在某些竞争性资源领域形成的垄断利益格局。大力推动国有企业混合所有制改革，允许更多的资源型国有经济和其他所有制经济发展成为混合所有制经济。合理引导优势民营企业、港澳台商投资企业、外商投资企业等不同经济类型企业进入资源产品、资源产业领域，激发各类企业提高资源利用效率的积极性。二是促进资源型企业的产业组织结构优化。进一步加大资源型企业兼并重组力度，促进各类资源要素向优势企业集中，不断扩大和提高企业规模和市场竞争力。三是促进资源型企业优化空间布局。科学规划引导相关企业进入产业园区，按照资源链、产业链、价值链等内在联系优化空间布局，避免过度分散、重复建设和无序竞争。

（四）鼓励企业开发应用资源节约利用技术

人类所面临的资源问题，实质上是工业技术路线、资源路线和工业发达水平的问题①。为此，必须鼓励企业开发应用资源节约利用技术。一是促进资源节约利用技术的开发和应用。组织相关科研院所和优势企业联合开展科学技术攻关，着力开发海水淡化技术、苦咸水利用技术、清洁生产技术等，形成一批经济实用和拥有自主知识产权的关键技术。营造资源节约氛围，切实降低推广和应用资源节约利用技术的经济成本。二是学习国外先进企业的资源节约利用技术。结合"一带一路"建设，加快实施企业"走出去"战略，充分利用"两种资源""两个市场"，认真学习国外先进企业的管理经验和先进技术。三是鼓励企业大力发展循环经济。按照"减量化、再利用、回收"的原则采用循环经济发展技术，在生产、消费、再生产的全过程中，实现"减量化、无害化、资源化"。

（五）增强企业的资源环境意识

必须增强企业的资源环境意识，将资源利用效率作为衡量企业承担社会责任的重要标准。一是加大对企业承担资源节约利用社会责任的引导力度，促进资源节约型示范企业建设，并发挥大型国有企业在资源节约利用等方面的积极作用。二是引导社会提高对资源节约和环境友好型企业的关注，通过政府绿色采购带动社会对资源节约型企业产品、绿色环保产品的消费。三是加强对企业造成资源破坏和环境污染行为的监管处罚力度，提高企业违法乱采滥伐、浪费资源和破坏环境的经济成本。

参考文献

[1] 金碚：《中国工业化的资源路线与资源供求》，《中国工业经济》2008 年第 2 期。

[2] 金碚等：《资源与增长》，经济管理出版社，2014。

[3] 牛文元：《自然资源开发原理》，河南出版社，1988。

---

① 金碚等：《资源与增长》，经济管理出版社，2014。

［4］ 黄群慧：《中国的工业化进程：阶段、特征与前景》，《经济与管理》2013 年第 7 期。

［5］ Penrose，E.，*The Theory of the Growth of the Firm*，New York：Oxford University Press，1959.

［6］ Wernerfelt，B.，A.，"Resource-based View of Firm"，*Strategic Management Journal*，1984，5（2）.

［7］ 余传贵：《制度安排·资源利用效率·国民经济福利》，《河北学刊》2002 年第 1 期。

［8］ 郭叶波、魏后凯等：《中国进入城市型社会面临的十大挑战》，《中州学刊》2013 年第 1 期。

B.4

中国企业绿色金融发展

苏红键　范京勇*

摘　要： 近年来，在经济快速发展的同时，环境问题愈发严重，金融行业的绿色发展也日益受到关注。本文以介绍中国绿色金融发展背景为切入点，对各主要金融行业进行研究，用SWOT分析了我国企业绿色金融发展的现状；同时，对国外的绿色金融发展及绿色金融产品加以分析，由此得出国外绿色金融的发展经验对中国的启示。此外，本文对中国发展绿色金融的走势进行了分析，并提出了相关的策意见。

关键词： 中国企业　赤道原则　绿色金融

　　绿色金融是金融业较新的名词，又被称为可持续性融资或者环境金融。1988年英国的绿色基金最先提出了"绿色金融"这个概念。绿色金融是指金融部门将保护环境作为一项基本的政策，金融机构在投融资决策时将环境保护加入其中，把与环境条件相关的潜在回报、风险和成本都融入银行的日常业务中，在金融经营活动中注重对生态环境的保护及环境污染的治理，通过对社会经济资源的引导达到促进社会的可持续发展和环境保护的双重目的。

---

* 苏红键，中国社会科学院城市发展与环境研究所副研究员，博士，主要研究方向为区域经济与规划；范京勇，北方交通大学经济学院硕士研究生，主要研究方向为城市金融。

一 企业绿色金融发展背景

就现阶段发展而言，人们对"绿色金融"的关注点仍集中在银行业，尤其是银行的信贷业务方面，即"绿色信贷"。世界上第一家政策性环保银行——"生态银行"在联邦德国成立，专门负责为一般银行不愿接受的环境项目提供优惠贷款。在联合国环境署的组织下，国际性的金融组织纷纷开始探索绿色金融发展战略。2003 年，世界银行下属的国际金融公司和荷兰银行、花旗银行等十大世界商业性银行在伦敦召开的国际知名商业银行会议上，提出了一项企业贷款准则，即国际银行业赫赫有名的"赤道原则"。这项准则要求金融机构在向一个项目投资时，要对其可能给环境和社会造成的影响进行综合评估，并且利用金融杠杆促进该项目在环境保护及与周围社会和谐发展方面发挥积极作用。目前世界上共有 60 个国家和地区的金融机构采用了"赤道原则"，即"赤道银行"。赤道银行的全球融资额占全球融资总额的 85%。因此，"赤道原则"已成为项目融资的新标准。

二 中国企业绿色金融发展现状

（一）中国企业绿色金融发展现状

2009 年 12 月，中国政府在哥本哈根会议上承诺，到 2020 年，中国单位 GDP 二氧化碳排放将比 2005 年下降 40%~45%。随着世界各国在保护环境和可持续发展等问题上逐渐达成共识，绿色金融的理念在中国日益受到重视，并且不断深入企业的发展理念中。国家有关部门、地方政府和银行出台了相关法律和文件。2007 年 7 月，国家环保局、中国人民银行、中国银监会联合颁布了《关于落实环保政策法规防范信贷风险的意见》，指出金融机构要控制高污染、高能耗的企业贷款，这标志着绿色金融的概念在中国开始萌芽。随后，江苏、浙江等 20 多个省份的环保部门与金融机构联合出台了绿色信贷的实施方案和具体细则。2011年9月27日，国家环保局联合中国人民银行、中国银监会成立了"绿色信贷"研究项目，建立了"中国绿色信贷数据中心"，当年年底，国内已有13家较大的银行机构发布了《绿色信贷规范》。在中国的银行业中，2008年兴业银行成为中国唯一一家"赤道银行"。2009年可持续金融中心在北京成立。2013年在16家上市银行中，有12家发布了企业社会责任报告，并在报告中披露了企业绿色发展战略。绿色金融与可持续发展是不可分割的两部分（见图1）。从上述情况来看，中国的绿色金融有了一定的发展，并具备了一定的基础，但是总体来说中国"绿色金融"的发展尚处于起步阶段。

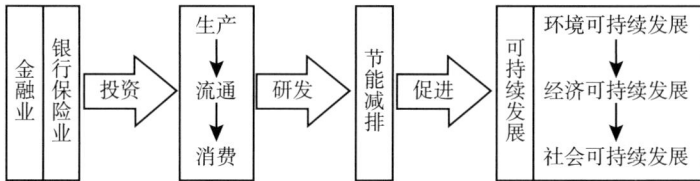

图1　绿色金融与可持续发展之间的关系

绿色金融是金融业发展的新趋势，以绿色信贷、绿色投资、绿色保险为导向，银行业、证券业、保险业及其他金融行业在绿色发展方面取得了显著的成效。

1. 绿色银行业务

在银行方面，平安银行、光大银行、交通银行的绿色发展处于行业领先位置；银行业的绿色发展主要是通过绿色信贷来实现的，具体体现在绿色投资、绿色办公、减少营运碳排放等方面。

在绿色信贷方面，截至2013年末，平安银行"两高一剩"贷款余额604亿元，占全行各项贷款的7.13%；当年增幅8.83%，低于全行贷款平均增幅8.7个百分点；支持绿色信贷授信总额224.74亿元，授信余额128.97亿元，其中贷款余额116.61亿元，较年初增加19.67亿元。截至2013年末，光大银行在节能减排领域共支持项目491个，信贷投入170.67

亿元，资源循环利用类投入 28.23 亿元，清洁能源类投入 65.09 亿元，环境、生态及文化保护类投入 56.14 亿元。2013 年交通银行"两高一剩"行业贷款占比 2.21%，支持节能减排授信余额达 1658.36 亿元，同比增长15%。

采用节能减排技术，主要是指倡导绿色采购，鼓励使用电子银行，实行线上供应链金融 2.0。截至 2013 年 12 月，平安银行已经与 4000 多家企业进行合作，为其提供线上供应链金融产品，一年节省 4000 万张 A4 纸，相当于减排 264 吨二氧化碳。2013 年末，光大银行完成全省 11.77 万盏市政路灯的节能改造，全年节电量 6070 万度，经统计，每年可为海南省节电达 3.2 亿元。

2. 绿色保险业务

在保险领域，以中国太保、中国平安为首，绿色发展业务主要集中在绿色保险、绿色投资和绿色信贷等方面。太平洋保险方面，截至 2013 年，环境污染责任险保费收入 1720 万元，同比增长 104.81%；设立了云南野生动物公众责任险、巨灾风险等环境类保险。2013 年中国平安参与船舶污染责任险全国统保，签单数达 2032 单，保额达 299.6 亿元；环境污染责任险的业务量方面，有效单笔数 1332 笔，保额达 24.3 亿元。

在绿色投资方面，中国太保设立了"太平洋——太钢不锈自备环保电厂债权投资计划"，计划募集资金 10 亿元，用于太钢不锈自备环保电厂改造工程。中国平安在环保产业投资达 3.6 亿元，包括烟气脱硫工程和餐厨垃圾回收等环保产业。

3. 绿色证券业务

在证券业方面，兴业证券、太平洋、广发证券排在前三甲；证券业、保险业及其他金融行业的绿色发展主要为倡导投资绿色基金、建立电子平台等。

除此之外，无论银行业、保险业还是信贷等其他金融行业都积极倡导节水、节电、低碳的绿色办公，开展绿色培训活动。通过建立电子平台、视频会议、绿色出行、植树造林等方式，构建一个绿色办公和生活环境，积极履行社会责任。通过加强对企业员工的绿色意识培训，组织绿色公益活动，将绿色理念植入每一位员工的心中。

（二）中国上市公司绿色金融发展的宏观经济政策

中国绿色金融法律政策始于20世纪90年代，1995年中国人民银行出台的《关于贯彻信贷政策与加强环境保护工作有关问题的通知》标志着中国绿色金融法律的开端。此后中国相继颁布了一系列重大的法规和政策，初步构建了中国的绿色金融法律体系（见表1）。

表1　中国绿色金融法律

法律政策	作用
《关于贯彻信贷政策与加强环境保护工作有关问题的通知》（办厅字〔1995〕17号）	促使金融部门在信贷工作中落实国家环境保护政策，规避环境风险，实行区别对待，支持环保产业
《公开发行证券的公司信息披露内容与标准格式第一号——招股说明书》（证监发行字〔2006〕5号）	促使上市企业将环境保护融入投资风险的因素中，对于高污染、高排放的行业，要在招股说明书中披露所采取的规避措施
《关于加快发展节能环保产业的意见》（国发〔2013〕30号）	要利用各种金融手段大力发展和扶持科技含量高、附加值高、低耗能、低污染的产业和产品，促进产业结构合理化，实现经济效益、社会效益和环境保护的有机统一
《关于落实环保政策法规防范信贷风险的意见》（环发〔2007〕108号）	将强化环境监管与规范信贷管理紧密结合，提高企业环保守法的意识，以企业环保情况作为贷款的前提
《国务院办公厅关于进一步推进排污权有偿使用和交易试点工作的指导意见》（国办发〔2014〕38号）	高度重视排污权有偿使用和交易试点工作，建立排污权有偿使用和交易制度，加快推进排污权交易，强化试点组织领导和服务保障
《国务院办公厅关于加快新能源汽车推广应用的指导意见》（国办发〔2014〕35号）	要求加快充电设施建设，加强技术创新和产品质量监管，进一步加强组织领导

资料来源：中华人民共和国中央人民政府网。

通过立法的形式将会极大地促进中国绿色金融的发展，但由于中国处于研究的起步阶段，理论尚不成熟，现在的法律和政策仍有不足之处，加之中国处于经济快速发展阶段，上市企业也是将目光放在经济利益上，忽视了环境保护作为企业社会责任的重要性。

第一，从中国立法的情况来看，立法由最初偏向单纯的环境治理，到现在的新能源利用和对生态环境的保护，这是一个长足的进步。

第二，相对滞后的法律政策和企业环保意识淡薄，使得中国环境治理的效果不是很好。大多上市企业宁愿上缴排污费，而不愿将这些资金用于加强环保技术的研究，这使得中国环保政策颁布的初衷大打折扣。

第三，在立法的同时，缺乏环保教育，中国上市企业在意识上缺乏对高度环境保护重要性的认识。在某种方面，强制性的法律政策比不上企业自觉地进行环保技术研究。

第四，加大银行信贷区别程度和完善税收体制，对一些夕阳产业及高污染、高排放行业的企业进一步减少信贷投资，加大对环保产业和科技创新产业的信贷和税收支持。

三　中国企业绿色金融发展 SWOT 分析

SWOT 是由 Learned 在 1965 年提出的，运用于企业管理中的一种重要分析方法，经过多年的发展，其已经成为社会学科中一种重要的科学分析方法。SWOT 从优势、劣势、机遇、挑战四个方面对问题进行内、外部分析，其中优势、劣势是对问题内部条件的分析，将自身和目标对象进行对比；而机遇、挑战属于外部条件分析，针对自身和对手的比较，发现优势，最大限度地利用潜能和机会，以实现企业制定的战略目标。本文运用 SWOT 对中国企业绿色金融进行分析。

（一）中国企业绿色金融发展的优势分析

1. 金融业快速发展，金融企业迅速成长

改革开放以来，中国经济迅速增长，促使中国金融行业迅速发展。银行业方面，截至 2013 年底，中国储蓄银行分支机构为 3.9 万家，中国农业银行境内分支机构共计 23472 家，中国工商银行境内拥有 17125 家分支机构，中国建行在内地设有 14121 家分支机构，中国银行境内外分支机构共有 11277 家（见图 2）。截至 2012 年，保险集团控股公司 8 家，财产保险公司 58 家，其中，中资财产保险公司 37 家，外资财产保险公司 21 家；寿险公

司47家，其中，中资寿险公司22家，外资寿险公司25家（见图3）。随着金融业的发展、金融机构的不断增多，将会有更多的绿色金融产品和服务出现。

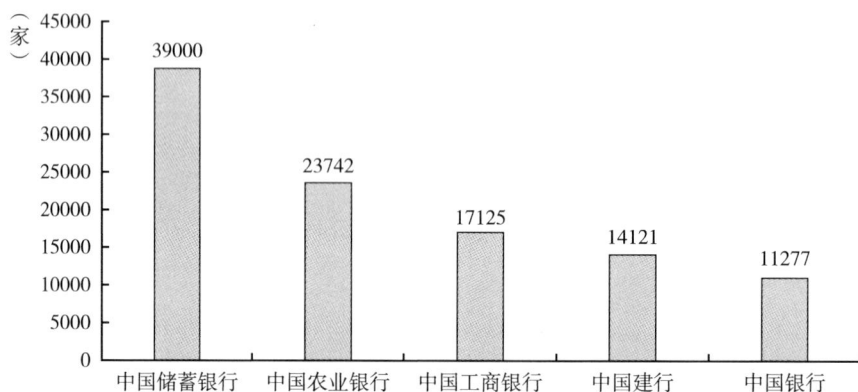

图2 银行分支机构数

资料来源：据《银行业社会责任报告2004～2010》整理而得。

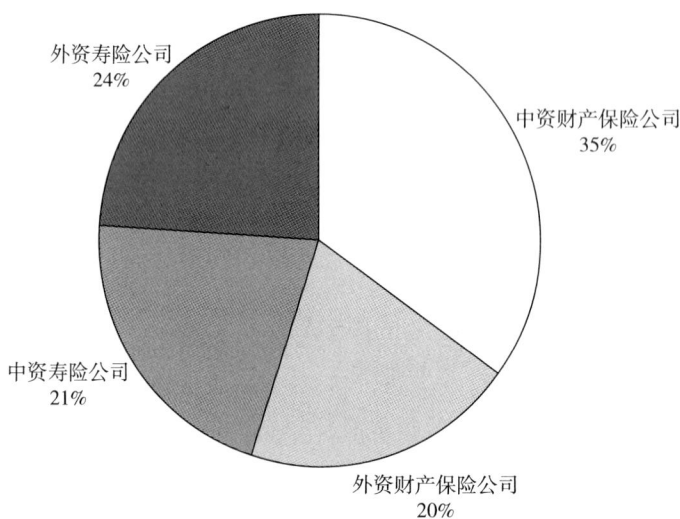

图3 保险公司数

资料来源：据《银行业社会责任报告2004～2010》整理而得。

2. 国家政策支持，大力发展绿色信贷

2007 年国家环保局、中国人民银行、中国银监会出台《关于落实环保政策法规防范信贷风险的意见》，各大银行纷纷开展绿色信贷业务，以实际行动践行社会责任，根据企业社会责任报告，截至 2012 年底，共有 23 家银行制定了专门的社会责任披露制度，绿色信贷总额达到 6.14 万亿元，同比增长 16.9%；支持环境保护的项目 10874 个，同比增加 14%，在新能源项目上支持贷款 2000 多亿元。

（二）中国企业绿色金融发展的劣势分析

1. 企业绿色金融意识淡薄

中国的绿色金融发展还处于起步阶段，社会对绿色金融没有达成共识。作为企业绿色金融的主体，虽有部分银行已经对绿色金融的重要性有了一定的认识，在绿色金融的发展方面进行了一些有益尝试，但大多数商业银行对其重要性仍然没有充分的认识，这阻碍了绿色金融业务的开展。当前，很多企业仍将经济发展放在首位，忽视了环境保护和企业绿色金融的发展。

2. 企业绿色金融发展缺乏内在动力

目前中国绿色金融发展，虽然取得了一定的进步，但主要还是依靠外在的政府制度和金融监管部门的管制。中国经济的高速发展，一直都是以高污染、高能耗为代价，企业只注重自身的发展，而忽视了绿色金融下蕴含的巨大社会价值；中国的金融从业人员，也没能够积极地开展绿色金融实践。总体来看，中国的绿色金融发展，主要是受制于政策和监管，企业自身缺乏主动性和能动性。

3. 金融服务体系相对落后

绿色金融作为一个需要专业的理论基础和技术支持的服务体系，随着技术水平的不断发展，对商业银行等金融机构业务的风险评估提出了更高的要求。然而，作为金融机构的银行，消耗大量的精力和成本去深入了解各个行业的发展前景，是不现实的。从国内外的商业银行来看，专业技术人员较少，使得金融机构在绿色金融的发展前景和风险评估方面能力不足，大多数金融机构对环保行业仍持谨慎的态度，整个金融行业还没有对绿色金融发展做好

充分的战略准备,投资的重点仍侧重于传统行业的"两高一资"和短期的节能减排的指标效果,而没有真正长期的绿色金融服务体系的战略准备。

4. 存在信息不对称问题

金融机构在开展绿色业务时,需要健全的信息沟通机制,以降低绿色投资的风险。但就中国人民银行提供的《企业基本信用报告》来看,涉及环保方面的信息偏少。大多数企业环保方面的信息极为匮乏,市场信息的不对称增大了金融机构开展绿色投资的风险。绿色投资风险高、收益低,使得银行等一些金融行业缺乏展开绿色金融的积极性。

(三)中国企业绿色金融发展的机遇分析

1. 企业绿色金融是世界趋势

近年来,冰川融化、气候变暖、物种减少、水平面上升等环境问题不断涌现,中国的水污染问题、雾霾问题更是突出。环境问题已经受到越来越多的关注,转变经济增长方式、创新驱动发展已经是不可阻挡的趋势,金融业也开始意识到自身的使命,绿色金融应运而生。世界金融组织开始针对绿色金融展开深入的研究。在此绿色大潮中,对中国来说,也充满了机遇。一方面世界在绿色发展领域已经积累了一定的经验,这些成果可以被我国所借鉴;另一方面,世界各国逐渐加深对绿色金融的研究,在全球化的今天,国际交流合作频繁,可以极大地促进中国绿色金融的发展。

2. 国内政策的支持

目前,中国政府已经将环境保护提高到与经济发展同等重要的地位,并逐渐形成了一套完善的绿色法律法规体系。今后政府将出台更多的政策指引和法律法规,以确保绿色金融的稳步发展。

3. 低碳产业发展的投资机遇

伴随着中国经济的转型,中国产业从高污染、高能耗、低科技含量、低附加值的传统行业转向节能、环保、高科技含量、高附加值的现代产业。低碳产业低能耗和低污染的特点,与中国产业转型升级的方向不谋而合,具有很大的投资和发展的潜力,并将成为中国下一阶段重点扶持的产业。涉及低碳工业、低碳农业、低碳建筑业、低碳交通、低碳服务等诸多方面，其中节能环保、新能源、新材料、新兴信息产业、生物产业、新能源汽车、高端装备制造业已列为国家七大战略性新兴产业。低碳产业的兴起，对于中国金融业来说具有巨大的投资潜力。首先，低碳产业作为金融机构发展绿色金融的投资对象，在绿色金融的发展过程中，享有国家税收、贷款利率等多方面的政策优惠；其次，这些行业符合当代发展的潮流，发展势头良好，未来的经济效益十分可观，这也为金融机构在绿色金融的投资方面创造了潜在的机遇。

（四）中国企业绿色金融发展的挑战分析

1. 经营目标和社会责任的矛盾

金融机构是以营利为经营目标的企业法人，资产负债表作为企业经营成果的直接表现形式，资产、负债、所有者权益作为直接指标，追逐经济效益、股东收益和营业利润。目前中国经济效益比较稳定的行业很大部分是高污染、高能耗的行业，中国经济发展现状和金融行业的营利性决定了金融机构和"两高"行业之间"相濡以沫"的关系。从社会责任的角度来看，以银行为首的金融机构，既肩负着社会责任，又要追求经济利益，需要有长远的眼光，很好地协调近期经营目标和社会责任之间的关系。

在图4中，中国银行业对节能环保的投资额从2004年的885.28亿元增长到2010年的8706.84亿元，占贷款总额的比例由2004年的1.86%增长到2010年的10.64%，可以看出，虽然中国金融业对节能环保行业的投资处于递增状态，但所占比例仍然偏低。金融机构的投资仍以传统行业为主，对环保行业的投资有限。

2. 国内发展缓慢与国外竞争要求的矛盾

伴随着经济全球化，越来越多的国外金融机构进入中国，花旗、汇丰、摩根士丹利等30多家外商独资或中外合资的银行，以及美林、高盛等100多家证券机构和包括美亚、中意在内的50多家外资保险公司在中国境内设立了分支机构。金融市场的开放，是一把双刃剑，既伴随着合作的机遇，又带来激烈的竞争。

国际金融机构的起步比中国早，在理论、技术及管理制度等方面具有明

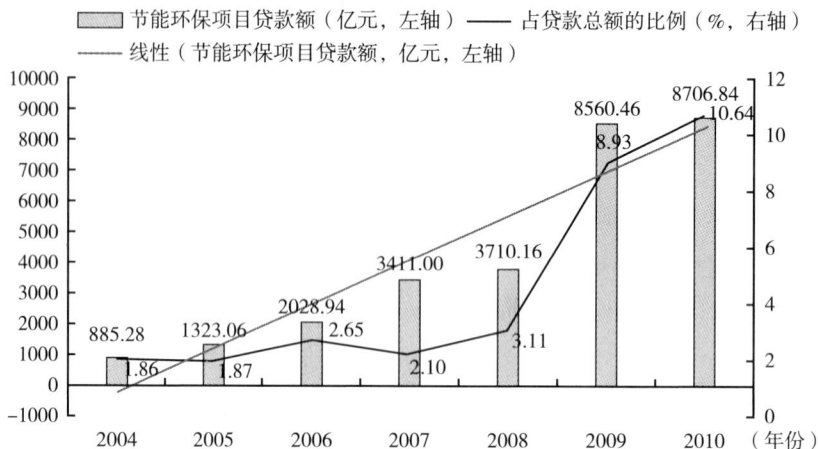

图 4　中国节能环保项目贷款额统计

资料来源：据《银行业社会责任报告 2004～2010》整理而得。

显优势。中国绿色金融市场一旦被国外金融机构占据，形成自然垄断，便就会对国内金融机构的绿色金融发展构成较大的威胁。面对激烈的国际竞争，国内金融机构应结合自身优势，一方面要学习国外的先进经验，另一方面要敢于与其展开良性竞争。

3. 风险评估技术不足制约绿色金融投资

目前中国的低碳、环保产业处于起步阶段，对于这类行业的风险评估技术还存在不确定性。环保行业具有初期投资金额大、获得利润的期限长等特点，这使金融机构的资金流动性受到影响，也增加了环保产业的风险，极大地制约了金融机构在绿色金融方面的投资。

四　企业绿色金融的国际经验

2007 年颁布的《关于落实环保政策法规防范信贷风险的意见》是中国目前最重要的绿色信贷文件，各大银行随即开始探索绿色金融，但与国际金融机构相比差距明显。分析国际金融机构的绿色金融发展情况，能使我们从中得到很多启发。

（一）共同规则与差别实践相结合

国际金融机构通常是在国际共同规则和共同标准的基础上，以自身的实际为基础，制定具有自身特色的绿色金融政策和法规。部分跨国金融机构的绿色投融资标准，也要综合自身实际情况、项目运营地司法管辖标准和被投资国为了依据国际法实施东道主义务而制定的法律。在具体实施过程中，需要针对被投资国家的具体情况，做适应性调整。

国际金融组织目前采取国家主权原则和各国共同但有区别原则。中国金融机构的绿色金融政策要在结合国际金融公司和世界银行等国际机构共同规则的基础上，制定出具有中国特色、具体明确、操作性强的绿色金融标准。在国内，也要根据各地特点和区域差异，进行适当的调整。

（二）多方协调与合作原则

借助国际组织的力量，为中国绿色金融在技术培训、系统建设、人才培养、产品创新、资源配置等方面提供支持，充分发挥政府、企业、金融机构和社会组织在绿色金融中的作用，实现多方面的协调与合作，努力实现在治理污染、节能环保、再生资源以及绿色服务等新型融资市场上的突破。

（三）可持续发展

处理好经济发展与保护环境之间的关系一直是西方国家乃至国际社会组织所面临和思考的重大问题。国际金融组织和银行业在绿色金融政策中，除体现生态环境保护外，还充分体现对社会和谐、科技创新、改善民生、消除贫困等的支持。环境保护的含义逐步宽泛，从原先狭义的生态环境保护渐渐发展为实现经济与环境保护协调发展、去除贫困和可持续增长协调发展，以及综合考虑社会、企业、民族、人文、历史、环境等全方位发展。目前中国银行业在绿色金融政策中还更多地体现为环境保护层面。在未来的绿色金融发展中，要更加注重广义的环境保护，融入社会、企业、民族、人文、历史、可持续发展等元素。

（四）绿色金融的宣传与教育

国际金融组织和银行业对客户环保意识的培养和引导高度重视，着力于提升客户和公众的环保意识。联合国、国际金融公司等国际组织要求实行公开报告、公众咨询和信息披露等制度，充分维护公民对环境保护现状的知情权和对环境保护活动的参与权。中国教育部门应该联合政府、金融监管部门、金融机构加强对公民环保意识的培养。

绿色金融是一种新兴的交叉行业，集经济、金融、信息、环境、工程、化工、建筑、法律于一体，具有很强的实践性、技能性和实效性，中国在绿色金融方面起步晚，人才十分紧缺。相较于传统行业，绿色金融人才的需求呈现高素质、高技能、复合型的特征，银行业要积极联合国内相关教育机构、环保部门，共同培养相关方面的专业型人才。要充分利用世界银行等国际金融机构在绿色金融人才培育方面的公共资源，引进和留住高素质、复合型员工，积极做好人才的储备工作。

（五）绿色金融产品借鉴

1. 绿色信贷

绿色信贷是指向对环保有正效应的行业提供优惠利率和其他支持条件，在对环保有负效应的行业实行利率上浮等贷款政策。绿色信贷包括个人的房屋贷款、汽车贷款等，以及针对企业的项目贷款、融资等。

中国出台了一些鼓励绿色信贷的法规和政策意见，如《关于落实环保政策法规防范信贷风险的意见》《绿色信贷指引》《节能减排授信工作指导意见》等，但大多数政策还停留在原则的层面上，旨在遏制"两高"企业的贷款，很少提及为环保行业提供贷款等促进类措施。

2. 绿色银行

绿色银行是由英国政府全资成立的，政府为该银行出资30亿英镑，在董事会拥有一个董事席位，其独立于政府运作。绿色银行的主旨是解决英国绿色环保基础设施项目融资的市场失灵问题。

英国绿色银行的项目评估基本标准是：稳健性、杠杆效应、绿色效应。投资的重点放在具有较强商业性的绿色基础项目建设上，包括绿色能源、废物回收、废物再生能源、海上风电等。

3. 绿色债券

绿色债券是指由一些国际组织和政府支持的金融机构发行的，由于发行者享受政府免税政策或信用级别较高，可以享受较低的利率来支持绿色项目的债券。

目前已经发行绿色债券的国际机构包括世界银行、亚洲发展银行、英国绿色投资银行、韩国进出口银行等。绿色债券一般是以国际主要投资银行为承销商，投资者既包括大型的机构投资者，又有部分高净值的个人投资者。发行的绿色债券平均期限为 5～6 年，自 2007 年开始，全球绿色债券的发行总市值已超过 50 亿美元，世界银行占比约为一半。

绿色债券能够吸引投资者的主要原因包括：①绿色背景。②期限短、流动性高。绿色债券的期限比其提供融资的项目要短，一般为 3～7 年。在二级市场上可以流动，方便投资者转让。③风险低。投资绿色债券是以一篮子投资为基础，避免了投资者单类环保项目的投资风险，并且世界银行及其他绿色债券的发行机构本身也会对所投资的目标项目进行系统、严格的筛选。④回报率相对较高。

4. 绿色保险

绿色保险也称生态保险，是在市场经济条件下对环境风险进行管控的一种手段。环境责任险是以被保险人因环境污染行为，依法应该承担的赔偿责任作为保险对象的保险。绿色保险的出现，使得许多企业在发生意外的污染事件之后，具备了赔偿和对环境进行修复的财务能力。另外，强制某些高污染的行业购买保险的措施使环境成本显性化，有助于将企业内生部分环境风险外部化，直接降低高环境风险的投资率。

欧盟始终坚持以立法的形式强调"污染者付费"，并于 2004 年发布了《欧盟环境责任指令》，强调污染追责制，相关保险业务在欧洲非常发达。德国政府在 1990 年通过 *Environmental Liability Act*，在法案的附件中规定了

10个大类96个小类行业必须参保，主要包括热电、各类采矿、石油等。英国保险业协会也组织全国保险公司推出类似的保险，一旦污染事故发生，赔付内容不仅包括清理污染的数额，还包括罚金、不动产价值损失、全部相关法律费用、医疗费用等。

中国从2007年开始试点环境污染责任保险。2013年1月，环保部和中国保监会联合发文，指导15个试点省份在涉重金属企业、石油化工等高环境风险行业推行环境污染强制责任保险，首次提出了"强制"概念，但现阶段仍为"指导意见"，并无法律效力。

5. 绿色ETF、共同基金

国外金融市场上出现了相当数量的、有较好流动性的绿色金融产品，其中以ETF指数和基金类产品为主，也包括碳排放类的衍生品等。这些产品吸引了包括个人投资者在内的更广泛的投资者群体。

目前，国际上绿色指数主要包括标准普尔全球清洁能源指数（包含全球30个主要清洁能源公司的股票）、纳斯达克美国清洁指数（跟踪50余家美国上市的清洁能源公司表现）、FTSE日本绿色35指数（环保相关业务的日本企业）。每个指数都相应地催生了其跟踪基金。

此外，特色指数和基金包括德意志银行x-trackers标普美国碳减排基金、巴克莱银行的"全球碳指数基金"（挂钩全球主要温室气体减排交易系统中碳信用交易情况的基金）等。中国在这方面起步较晚，目前在A股市场出现了部分基金产品，如A股富国低碳环保基金、中海环保新能源基金等，但规模不大，并且其投资并未严格限定在环保主题范围内。

6. 绿色私募股权和风险投资

1999年，世界资源所（World Resources Institute）成立了"新风险投资"（New Ventures）项目，并在资金方面得到花旗集团的支持。该项目专注于投资新兴市场环境行业中的中小企业。1999~2012年，该项目共帮助367家"产生明显环境效益"的中小企业获得风险投资总计3.7亿美元，累计减排二氧化碳330万吨、保护耕地450万公顷、节水净水57亿升。气候变化资本集团（Climate Change Capital）开展全方位的绿色产业投融资业务，其私募股权部门只投资规模在 500 万~2000 万欧元的公司，行业限制在清洁能源、绿色交通、能源效率、垃圾处理和水务。国际上其他专门开展绿色私募/风投股权的公司还有 Environmental Capital Partners 等。

2007 年至 2013 年上半年，中国的 VC/PE 总计完成了 694 笔在清洁能源领域的投资，总金额达到 82 亿美元，其中有多家公司成功在国内/海外上市。近两年由于 PE/VC 在中国遭遇到瓶颈，其直接投资于清洁能源的项目数量有所下降。这一趋势反映了中国清洁技术行业发展中的存在问题：第一，政策支持力度小，绿色产业项目回报率偏低，资金回收周期长；第二，国内市场化程度低，基础配套不全，一些主要产品出口过度依赖欧美地区，需求波动性大；第三，投资者和消费者还没有形成对清洁技术良好的认知及社会责任感。

五 中国企业绿色金融发展走势分析

在绿色产品方面，中国正积极开发绿色金融产品，以银行为首的金融业企业在绿色金融发展方面将重点放在绿色投资、绿色办公、绿色保险、减少营运碳排放等上，同时绿色基金和绿色风投也逐渐发展起来；在法律体系方面，中国正在完善绿色金融相关的法规和制度，以期在绿色金融方面建立一套完整的绿色金融法律体系；在创新方面，绿色金融的发展离不开创新，创新不仅是产品和制度的创新，而且是绿色金融各个方面的创新。目前我国的绿色金融主要是学习发达国家一些经验和模式，创新还很不足。

随着中国对绿色环保的逐渐重视，企业绿色金融将会有更大的发展空间，主要体现为：①绿色环保将不只是工业问题，绿色金融问题将会普及；②国家在绿色金融上的投资将会加大；③绿色金融的发展不局限在绿色信贷、绿色保险、绿色投资方面，会往更高层次的绿色业务发展，如绿色基金、绿色私募和绿色风投；④随着绿色私募、绿色风投的不断发展，国家在绿色金融上扮演的角色可能会发生变化，逐渐由投资者和监管者的双重身份向监管者倾斜，会有更多的民间资本投向绿色金融业务。

总体来看，中国的绿色金融发展和一些发达国家相比尚有很大的差距，中国也正在积极地向发达国家学习，借鉴其发展经验，但由于主流的发达国家都是资本主义国家，在制度、文化上与中国有差异，因此，中国不能照搬照抄其模式，要在学习中实践，并在不断的实践中，找到适合中国自身的绿色金融发展模式。

六 中国企业绿色金融发展的对策建议

（一）制度与法律法规的创新

在法制建设上，虽然中国出台了一些绿色金融相关的法规和制度，但没有形成一套完整的法律体系。中国应该以生态文明为战略基点，加强顶层设计，完善法律法规体系，确定立法的相关约束指标，做到让企业绿色金融有法可依，完善绿色金融的基本法律、业务实施、创新奖励、监管等方面的制度。

在政策支持上，国家可在已有的宏观经济发展政策和可持续发展原则的基础上，制定相关政策措施，为企业绿色金融发展创造良好的外部环境，激发有关方面发展绿色金融的积极性、主动性和创造性。比如，创建与环境相关的产业投资基金，以支持低碳经济项目和生态环境保护，在信贷投资方面对绿色金融企业和项目给予政策支持、税收优惠和财政补贴等。

（二）理念与意识的创新

首先，要倡导绿色金融理念，这不仅是科学发展观的客观要求，也是中国企业发展的必然选择。企业要不断深化对社会责任与自身可持续发展是辩证统一关系的认识。其次，要做好绿色金融的宣传工作，媒体和宣传机构应大力宣传绿色金融。银行业可以通过开展绿色金融业务，将绿色金融的重要意义传递给社会和公众。学术界要加强理论研究，为绿色金融的实践提供理论基础。最后，要坚持创新，努力探索绿色金融经营模式和建立节能环保金融服务体系，促进中国产业结构优化和社会可持续发展。

（三）金融市场体系的创新

绿色金融的市场体系包括绿色股票市场、绿色信贷市场、绿色保险市场、绿色基金市场、绿色金融服务市场等。

扩大绿色金融主体。充分调动证券、保险、投资银行等金融机构的积极性，鼓励其逐步介入绿色金融业务，构建平衡发展的绿色金融市场体系。

创建专门的政策性绿色金融机构，如环保产业银行，国家应该针对该类金融机构制定优惠政策，重点支持，先试行，再推广。

加快发展绿色中介机构。鼓励绿色信用评级等中介机构从事绿色项目开发咨询、信息披露、投融资服务等业务，并不断探索新的业务领域，以扩大绿色中介机构的市场。

在现有的基础上，丰富金融产品，特别是绿色金融衍生品的种类，如碳期货、碳期权、碳远期等，逐步构建中国绿色金融衍生品体系，增强金融市场的活跃性。

（四）人才和智力储备的创新

企业绿色金融的发展，有一定的技术门槛，加强人才队伍的建设必不可少。金融机构可从外部招聘熟悉绿色金融国际准则和有经验的专业人才对现有员工进行专门的培训，并积极与国内相关教育机构、环保部门联手打造专业人才。

建立一些绿色金融相关的专业机构组织。例如，成立专门从事绿色金融业务的部门，或者对现有绿色金融机构进行整合，以提供更好的绿色金融服务和培育高水平的专业绿色金融团队为宗旨，推进绿色金融的发展。

加强与国外的交流与合作。借鉴国外绿色金融机构的成功经验，有助于中国绿色金融的发展。

（五）管理与监督体制的创新

优化信息体系。环境保护部门要不断改进环保的指标体系，获取真实、全面、及时的环境信息，在环保信息的披露和核查上满足公众和社会对环保信息的需求；中国人民银行可以把企业环保信息纳入征信系统，将环保信息在《企业基本信用报告》或者相关的文件中加以披露，以便金融机构及时掌握各类环保信息；金融机构与环保部门之间要建立良好的环保信息共享体系。

完善监管制度。加强金融业对绿色企业信贷的指引和支持，为绿色金融开通适当的通道，对节能环保等绿色企业在 IPO 上市、中短期直接融资和间接融资上给予一定的政策倾斜。

加强运营风险管理。对绿色信贷的整个流程进行动态追踪，不仅要对环保信贷做到贷前风险防范和贷中风险控制，在贷后的环节也要加强风险的管理，建立信贷投资的评级系统，把环保指标纳入评级系统的参数，对企业进行评级，并以该评级作为贷款的依据。

参考文献

［1］董捷：《我国绿色金融发展的现状、问题和对策》，《工业技术经济》2013 年第 3 期。

［2］林啸：《低碳经济背景下我国绿色金融发展研究》，暨南大学论文，2011。

［3］谭太平：《国内外银行业绿色金融实践的比较研究》，《生态经济》2010 年第 6 期。

［4］汤伯虹：《我国发展绿色金融存在的问题及对策分析》，《长春大学学报》2009 年第 9 期。

［5］梅岩：《论绿色金融的法律规制》，吉林财经大学论文，2013。

B.5

中国企业绿色产品认证体系建设[*]

姚 芩 李永亮 白卫国 王健夫^{**}

摘 要： 对企业进行绿色产品认证是规范绿色市场秩序的重要环节。研究中国企业绿色产品认证体系，将有助于企业增强在绿色市场的核心竞争力，保护绿色消费行为。绿色产品认证是加强质量监督的有效途径、控制产品质量的必要方法、促进行业科技进步的重要措施和引导绿色消费的科学手段。中国自20世纪90年代起，相继推出了"中国十环环境标志""中标节能节水标志""CQC质量环保标志""HQC环保认证标志""绿色印刷标准"和"绿色之星"等绿色标志。经过20多年的发展，绿色产品认证事业欣欣向荣，覆盖范围涉及诸多类别，但也面临着绿色产品认证政策不完善、绿色认证监督脱节、企业未对绿色产品引起足够重视、消费者对绿色产品认知程度有限等问题。通过强化绿色产品认证体系政策保障、加强绿色产品认证体系管理、建立绿色产品标准信息平台、以绿色产品认证加大"绿色消费"理念引导力度等可以有效解决当前面临的问题。

关键词： 绿色产品 认证体系 绿色消费 中国企业

---

* 基金项目："十二五"国家科技支撑计划项目"我国化工行业碳排放核查关键技术研究与示范"（编号：2013BAK15B04）。

** 姚芩，北京中化联合认证有限公司高级工程师，研究领域为质量管理、认证；李永亮，中国石油和化学工业联合会工程师，研究领域为节能与低碳；白卫国，国瑞沃德（北京）低碳经济技术中心副研究员，研究方向为低碳经济学；王健夫，华中科技大学博士生，研究方向为节能与低碳。

全球一体化在推动生产要素优化配置的同时也造成了环境的持续恶化并成为威胁人类生存的全球性问题，由此引发的经济发展与环境保护的矛盾日益凸显。生态破坏、环境污染和资源短缺等问题成为各国政府、企业界、学术界和公众最为关注的焦点之一。为实现可持续发展，合理利用资源和能源，兼顾环境保护治理的绿色生产制造模式相继被提出，诸多国家都将其上升为国家战略，尤其是发达国家纷纷采取绿色行动。实施绿色产品认证是绿色行动的重要举措之一。

所谓"绿色产品"，是一个相对的概念，目前尚无公认的统一定义。从内涵来讲，绿色产品一般是指在不增加产品成本、不牺牲产品质量的前提下，在产品生命周期的全过程中采用先进的技术生产对生态环境无害或危害极小的、资源利用率较高的、能源消耗较低的产品。当然从操作程序来说，绿色产品也可指按照特定生产方式，经专门机构认证，许可使用绿色产品标志的产品。其核心为环境保护和节约资源，与传统的非绿色品牌相比，是更加环境友好、生态友好的产品。其具有五大基本特征：技术先进性是绿色产品设计制造和赢得市场竞争的前提，可以从技术上保证产品满足用户使用要求；环境保护性要求绿色产品从生产到使用乃至报废回收处理的各个环节都对环境无害或危害甚小；资源优化利用的特点可以有效减少绿色产品生命周期各个环节的原材料、资源的消耗量；经济性使得企业生产消费者能够买得起、用得起，甚至报废时扔得起的绿色产品；多生命周期性体现绿色产品报废或停止使用后，产品或部分配件在换代或以后各代产品中的循环使用及利用。

企业是重要的资源开发者、利用者和主要的污染物排放者，顺应各国可持续发展战略实施在生产和供给方面的环境规制，以及公众绿色消费理念的逐渐形成，积极开拓发展绿色市场成为必然。由此，绿色质量管理成为企业管理的新趋势之一。质量管理的内涵不断拓展，不仅包括传统的产品质量管理，也涵盖环境管理、绿色采购管理、绿色供应链管理等内容。欧盟、美国、日本的跨国公司，如IBM、BP、3M等，大力拓展绿色市场，积极参与绿色竞争，试图通过建立绿色供应链，推出绿色产品，争夺绿色发展先机，以占领并扩大其全球绿色消费市场份额。相对而言，中国企业起步较晚，绿色相关产业的竞争力较弱，绿色产品设计、研发、生产制造水平不高，整体实力及资金、技术水平和人才与欧盟、美国、日本的企业相比差距很大。但是中国企业，尤其是相当多的上市公司非常重视绿色市场，往往通过建立企业绿色联盟、按照环境标准进行生产、开展绿色认证等方式来实施企业绿色发展战略，并通过加大绿色产品宣传力度、树立绿色企业形象来增强企业的核心竞争力。

中国于1993年开始实行绿色标志认证制度，并制定了严格的绿色标志产品标准，经过20多年的发展，绿色产品及数量显著增加，绿色市场得到长足发展，绿色产品认证影响力持续加大，绿色产品认证机构和队伍不断扩大，绿色产品认证体系逐步完善。随着中国经济步入"新常态"，生态危机、环境保护等问题越来越受到重视，绿色发展作为解决问题的主要途径之一，将成为今后经济发展的重要战略之一，再加上因公众绿色消费理念的不断提高而引致的绿色消费需求，这些都将形成企业实施绿色发展战略的动力。面对国内外蓬勃发展的绿色市场，研究中国企业绿色产品认证体系，充分发挥绿色产品认证的功能及作用，将有助于促进企业在绿色市场上公开、公正和公平的竞争。

一 中国企业绿色产品认证体系建设的意义

（一）绿色产品认证是加强质量监督的有效途径

随着中国经济体制改革的不断深入，政府职能转变加快，市场发展管理中市场化手段的作用越来越重要，绿色产品认证等将得到强有力地推广运用。绿色产品认证作为管理市场秩序的手段之一，主要通过贯彻规范标准来控制绿色产品质量。这种科学的管理方法日益受到重视，成为加强市场绿色产品质量监督的有效途径。其是建立在独立的第三方机构对绿色产品认证的基础上，由专业人员依据相关技术规范和标准对产品、服务和管理体系进行综合评判，并以国际通行认证制度来监督和保证认证结果。这样一方面，可以为消费者、企业、投资商选购合格绿色产品提供足够精准的绿色信号，从而起到加强质量管理、规范绿色市场发展的重要作用；另一方面，通过国际间认证标志互认，突破国际间贸易的绿色壁垒，促进中国企业绿色产品顺畅出口。因此，绿色产品认证可以助力发挥市场调节作用，满足政府职能转变的要求，使政府相关职能部门从大量的行政审批、培训、考核、验收、发证等具体事务中解脱出来，有利于实现政府对社会经济事务的管理从具体到宏观的转变，以及避免寻租行为的发生，有效缓解政府行政管理的工作压力。

（二）绿色产品认证是控制产品质量的必要方法

绿色产品认证是授予企业绿色产品认证证书，允许产品使用绿色认证标志，有助于消费者便捷识别，提高经认证合格的企业的核心竞争力，以激励企业加强绿色产品质量管理，提高绿色产品质量水平。围绕绿色产品展开的绿色质量管理是企业绿色产品质量安全的重要环节。绿色产品是企业围绕着如何使其产品满足不断更新的绿色产品质量要求而进行的计划、组织、实施、生产、检查、控制、改进等所有生产经营活动的总和。同时，绿色产品由独立第三方机构认证，可以有效避免对企业生产经营能力、绿色产品质量的重复检验评定，既为企业生产经营过程中节省大量的人力、物力和财力成本，又保证认证结果客观公正。绿色产品认证可以向绿色市场有效传递绿色信号，还可以增强企业的知名度和美誉度。并且绿色产品认证可以帮助企业参考国际绿色标准，改进绿色质量体系，完善规范绿色质量体系，加强绿色质量管理，增强核心竞争力，使绿色产品有更多的机会参与国际竞争，以达到占领并扩大国际市场份额的目的。因此，绿色产品认证是企业控制绿色产品质量的必要方法。

（三）绿色产品认证是促进行业科技进步的重要措施

技术先进性是绿色产品的基本特征之一。绿色产品认证是科技成果转向规模化大生产的重要途径。政府通过大力实施绿色产品认证，积极培育绿色市场需求，严格规范绿色市场秩序，向消费者推广具备资源节约和环境友好型特点的绿色产品，必将促进企业为绿色产品的研发、设计、生产、销售投入大量的人力、物力和财力，从而促进技术进步，以及驱动产业优化升级和合理布局，最终达到有助于经济结构调整的效果。绿色产品认证国际间相互认证可以指引企业引进、消化、吸收国外先进技术，通过改进生产技术、优化工艺流程来进行技术革新，以提升企业技术水平，进而促进行业科技进步。绿色产品认证可以为政府的宏观决策提供依据，为政府绿色采购提供参考，对防止和打击假冒伪劣绿色产品起到积极的作用。同时为企业创造一个公平、有序的绿色市场起到积极的作用，引导和激励企业生产优质、高效的绿色产品，促进绿色产品质量提升及产业升级，进而推进中国绿色发展。因此，绿色产品认证是促进行业科技进步的重要措施。

（四）绿色产品认证是引导绿色消费的科学手段

绿色消费从保护人们赖以生存的环境出发，以有利于人们的身体健康和环境保护为目的，主要是指消费者具备绿色、环保、节能的意识，对绿色产品有购买、消费的需求，是一种理智的消费，属于高层次消费行为，体现了人们生活方式上新的道德观、价值观和人生观。绿色消费的主要内涵为：在消费中不仅满足当代人的需求，还要兼顾后代人的利益；不能只追求产品的使用效用而不顾及产品整个生命周期对环境的影响；不能只追求短期效益，而破坏了长期的环境资源优化利用。消费者作为产品或服务的最终使用者，可以通过行使选择权，选择资源节约和环境友好的绿色产品，实现绿色消费。这样，通过消费者购买行为引导企业生产适销对路的绿色产品。绿色产品认证可以在绿色市场上向消费者发出绿色信号，降低消费者的选择成本，起到规范市场秩序的作用。也就是说，消费者在购买决策、使用中往往很难判断是否是真实的绿色产品，通过专业、权威、独立的第三方认证机构认证的绿色产品，可以降低这种不确定性，引导消费者选购绿色产品。因此，绿色产品认证是引导绿色消费的科学手段。

二 中国企业绿色产品认证体系建设现状

（一）绿色产品认证事业发展

国内外绿色市场发展为中国绿色标志的产生创造了条件，推动了绿色产品认证事业发展，也为中国环境保护工作的展开带来了机遇。中国绿色产品认证起始于绿色食品认证。以发布中国环境标志为契机，成立中国环境管理体系认证指导委员会，将ISO14000环境管理体系内化为国内标准，以便于与国际标准接轨。国内相继推出"中国十环环境标志""中标节能节水标志""CQC质量环保标志""HQC环保认证标志""绿色印刷标准"和"绿色之星"等绿色标志。

表1 主要绿色标志一览

标志名称	年份	依据法规标准	认证机构	适用对象
中国十环环境标志	1993	《ISO14020系列标准》	中国环境标志产品认证委员会	家具、建筑材料、家用电器、日用品、纺织品、汽车、办公设备、油墨、再生鼓粉盒、生态住宅、太阳能等
中标节能节水标志	1998/2004	《中华人民共和国节约能源法》《中国节能产品认证管理办法》	中国节能产品认证中心	节能认证产品涵盖工业、农业、城镇生活、非传统水资源利用等14类领域，涉及家用电器、照明器具、办公设备、机电产品、电力设备、建筑产品等54项
CQC质量环保标志	2003	《ISO14024标准》	中国质量认证中心	家具产品、纺织产品、涂料产品、胶黏剂产品、复印机产品、家电产品、人造板及其制品、鞋类产品、陶瓷产品9类产品
HQC环保认证标志	2010	《ISO14024标准》《GB/T23349肥料中砷、镉、铅、铬、汞生态指标》	北京中化联合认证中心	肥料产品、工业用黏合剂、塑料皮革产品、农药添加剂产品、食品保鲜剂等6类产品

标志名称	年份	依据法规标准	认证机构	适用对象
绿色印刷标准	2011	《中华人民共和国环境保护法》	北京中化联合认证中心	绿色印刷
绿色之星	2014	《中华人民共和国环境保护法》	中国环境产业保护协会中环协（北京）认证中心	家居、建筑建材、办公用品、电器、包装印刷和乘用车等环境友好产品

目前，我国约有531项工业类国家和行业环境保护标准正在推广实施，其中能效限额标准137项，环境标志产品、环境保护产品和环境保护工程技术规范标准分别为86项、84项和46项，清洁生产标准58项，水污染控制排放标准49项，固体废物污染控制标准26项，大气污染控制排放标准45项，这为规范和有效地开展绿色认证提供了依据和保障。在节电、节水、节油、可再生能源和环保等领域有超过2000家的40000多个型号的产品获得认证证书，并被纳入政府采购目录；通过扩大能效标识管理范围、推动环境管理体系认证有效开展等工作，规范了节能环保和新能源产业的发展；结合国家产业发展规划，确定几十家试点认证机构，组织制定钢铁、有色金属等重点行业大力开展能源管理体系试点工作的《能源管理体系认证试点工作要求》；以实现国际互认为核心，打破绿色壁垒、服务国家外交外贸大局为目标，全方位开展国际交流与合作，扩大中国绿色认证的国际影响力，并且积极推动国际互认，促进中国绿色产品对外贸易发展。

（二）中国企业开展的绿色产品认证

当前，国内外绿色市场蓬勃发展，企业开展的绿色认证工作不断推进，这有利于产品差异化识别，提升了企业的形象和绿色产品的形象，使得绿色发展积极性高涨。

首先，各国政府出台的政策的重点都落在加强对企业的环境规制上，要求企业承担更多的社会责任，生产环境友好型、资源节约型的产品，或者采用环境友好型、资源节约型的技术。随着中国绿色环境保护标准工作的持续推进，同期有数百项工业类国家和行业环境保护标准正在推广实施，包括能效限额标准、清洁生产标准、水污染控制排放标准、固体废物污染控制标准及大气污染控制排放标准等。这些标准的实施，促使企业为获得政府、环保非政府组织、消费者、投资者的认可不得不大力推动绿色制造发展。

其次，随着消费者绿色消费理念的增强，越来越多的消费者倾向于消费绿色产品，由此出现的新市场或新机遇为企业展开竞争提供了新的平台。企业研发、设计、生产、销售符合环保要求的产品，并实施绿色认证成为必然。绿色产品可以为企业树立具有社会责任感的绿色形象，提升其美誉度和知名度，激发其实施绿色制造的内生动力。企业可以通过积极开展绿色经营，紧紧抓住经过绿色认证并加贴绿色标志产品这一策略开展营销活动，筹建绿色商店，有效引导各地顾客购买绿色产品的消费潮流。同时，企业应积极参与国际绿色认证，拿到国际市场的准入证，打破国际贸易中的绿色壁垒，增强国际市场竞争力。

最后，绿色认证通过建立和实施环境管理体系，采取生产技术改造、工艺流程优化及管理方式方法改变等举措，在不同程度上提高了资源利用率、产品生产率，降低了能源消耗率，减少了废弃物等排放，有效地降低了对环境所造成的负面影响，从而通过技术进步提高了生产率，有效降低了生产经营成本。并且良好的环境绩效能提高企业的能源效率、员工生产率，提高产品的市场占有率，树立企业勇于承担社会责任的良好形象，有利于提升企业的核心竞争力，实现可持续发展。

（三）公众绿色消费绿色认证发展

与西方发达国家相比，中国绿色消费起步较晚。严格来讲，中国绿色消费始于20世纪90年代，将以开辟绿色通道、培育绿色市场、提倡绿色消费为主要内容的"三绿工程"作为标志。随着中国经济发展，政府对民生的关注越来越多，对环境问题也越来越重视。并且公众素养水平的提高使"环境保护就是政府的责任"的这种观念也在转变，体现在消费行为中就是保护环境意识不断增强，消费偏好发生重大转变，出现公众对资源节约和环境友好型的绿色产品的需求快速增长的态势。这些都为绿色市场发展创造了有利条件。绿色产品认证作为规范绿色市场秩序的重要环节也得到了长足发展。经过20多年的发展，绿色产品认证遍及日常生活的各个方面，大体有环境标志产品、有机食品、节能产品和节水产品等绿色产品，范围涉及诸多类别，如食品、照明、建筑材料、机动车、化妆品、家电、肥料等。绿色产品认证为公众绿色消费提供了重要的制度保障，不断拓展为公众服务的空间及内容。

目前，绿色产品中，绿色食品最受关注、认证体系最完备。绿色食品创于1990年，目的是提高食品质量安全水平，提升消费者健康水平，保护农业生态环境，促进可持续发展。针对中国经济发展水平，借鉴国际经验，绿色食品认证工作开展"以技术标准为基础、质量认证为形式、商标管理为手段"的发展模式。绿色食品标志是由中国绿色食品发展中心在国家工商行政管理局正式注册的产品质量证明商标。绿色食品标志由三部分组成，即上方的太阳、下方的叶片和中心的蓓蕾，表征人与环境和谐发展。绿色食品可以分成农业产品、林业产品、畜牧业产品、渔业产品、加工食品、饮料和饲料七大类53类产品。绿色食品实施"从农田到餐桌"的全程质量控制。通过检测土壤是否污染、灌溉水是否污染和种子是否优质等手段，从源头就开始监控，直到施肥、收获等每个生产环节都要严格控制质量，以确保绿色产品质量，同时增加生产的技术含"金"量。

三 中国企业绿色产品认证体系建设面临的问题

（一）绿色产品认证政策不完善

中国政府为建设环境保护和资源节约型社会相继修订出台了《中华人民共和国环境保护法》《中华人民共和国节约能源法（修订）》和《中华人民共和国大气污染防治法》等法规政策。绿色产品认证作为重要措施，随之展开政策研究，并制定相关认证政策以引导认证工作顺利开展，促进绿色市场健康发展。绿色产品认证政策强有力地促进了绿色工作的开展，但是与一些发达国家相比仍有较大差距，突出表现为绿色认证政策不够完善。这种状况显得政策支撑作用不足，使得绿色市场秩序不够规范，导致国内绿色产品的质量和技术水平较低，绿色产品的品种也不够丰富，绿色市场上"鱼目混珠"的现象频繁出现，致使一些消费者失去购买绿色产品的信心。例如，《消费者权益保护法》的主要目的是维护消费者权益，内容有关于绿色消费的着力点。其中关于消费者九项权益中的第一条就是安全权益，凸显消费者健康权益的重要性；在新消费税中加大对一次性筷子、实木地板、大排量轿车的征税力度，旨在控制这类产品的消费量，鼓励消费转向绿色消费。其存在法律体系完整但不完备的弊端，主要表现为缺乏有效的违反环境管理的法律法规和处罚措施，同时在具体的处罚力度上明显不足。另外，绿色认证的不完善也体现为，国内与国外有关绿色产品的相互认证工作缺乏有效的沟通，这使得绿色壁垒给国内绿色产品出口制造了不小的障碍。

（二）绿色产品认证监督脱节

绿色产品认证主要涉及企业、第三方机构、质监部门三方组织机构。绿色产品认证一般规程：由企业委托第三方机构认证审核，第三方按照绿色产品认证规程展开认证工作，质监部门负责监督管理。其中，企业是绿色产品认证主体，第三方机构为市场经营活动的组织个体，质监部门属于行政机构。绿色市场快速发展，绿色企业及绿色产品大量涌现，绿色产品认证监督的重要保障作用凸显。绿色认证监督管理的主要内容为绿色认证市场的企业名目、绿色产品种类及数量、认证机构工作执行等。目前，绿色产品认证监督工作难以有效开展，究其原因主要为企业绿色产品认证时间、所委托第三方认证机构资料、项目及产品的认证材料都无需到质监部门报备，并且认证审核机构发证也不通报质监部门，造成质监部门基于人力、物力、财力的限制，未能及时全面督查，存在难以准确掌握实际情况的问题。主要绿色产品认证环节涉及的机构组织存在衔接上的脱节，使得绿色产品认证规程不完善，导致绿色产品认证监督不到位。此外，存在个别质监部认证执法监管人员业务能力欠缺或出于为个人谋利的目的，不贯彻执行或不正确执行法律法规及政策或规定、徇私舞弊、玩忽职守等情形，导致绿色产品认证监督不到位。

（三）企业未对绿色产品引起足够的重视

中国政府非常重视绿色认证及其制度建设，一直将其视为中国绿色发展市场建设的主要措施之一，对企业绿色发展战略和绿色产品认证加以积极引导。随着绿色市场的快速发展，中国企业对绿色认证的重要性有了深入的认知，也积极实施绿色发展战略，并投入资金、技术和人力，大力推行绿色质量管理，不断推出绿色产品，但是受限于实力的短板，以及绿色营销战略意识和战略眼光的缺乏，再加上企业追逐利润的本质特征，使得企业对绿色产品的重视程度没有达到应有的高度。以 ISO14000 认证为例，目前中国获此认证的企业相比欧盟、美国、日本等发达国家，所占的比例较低，并且获证的相当一部企业都有外资背景。由于企业绿色战略实施需要承担高昂的成本和一定的风险，为规避风险、避免"沉没成本"，相当多的企业都处于观望状态或浅尝辄止。更有甚者，存在"漂绿嫌疑"。这种情况主要是一些企业通过各种虚假宣传和假的绿色产品证书"忽悠"消费者，具体表现为：有的企业将非绿色产品起个绿色产品名称，冒充绿色产品；有的企业将部分绿色产品认证当作全部产品进行宣传，或将部分绿色生产环节当作全程绿色生产进行报道，导致过度绿色宣传。这种状况的出现也与第三方机构绿色认证繁杂的规程有关，使得企业不愿意花过多的精力进行绿色认证。

（四）消费者对绿色产品的认知程度有限

随着消费者绿色消费意识的提高，绿色消费群体不断增加，绿色消费逐渐得到认可，但是总体来讲消费者对绿色产品的认知程度有限，主要有以下三个原因。一是中国绿色消费理念起步较晚，并且消费者从建立起绿色消费理念认知到绿色消费行动实施，需要经历绿色产品选择、经济承受能力等的考量。展开绿色消费行动可能需要改变一些固有的生活方式和消费习惯，使得从思想认识到实际行动还有很大差距，需要有一个绿色消费行为逐渐形成的过程。二是环境保护和节能等科普知识的宣传力度亟待加强，加上各种形式关于绿色产品和绿色标志的通俗易懂的知识培训宣传欠缺，且绿色市场还在建立健全中，绿色标志使用率不高，实现绿色产品快速识别存在一定障碍。同时，绿色认证中假冒认证、不实认证、以部分代替全部等事件的发生，影响着消费者对绿色认证的信任和进行绿色消费的决心。消费者进行绿色消费时会疑虑重重，这极大地制约了绿色消费行为的发生。三是相对而言绿色产品成本高，导致销售价格偏高。中国目前仍属于发展中国家，且地区之间经济发展水平差异大，居民人均年收入差距较大。受限于收入水平，且环境保护意识淡薄，相当多的消费者尤其是中小城镇与广大农村地区的消费者仍愿意购买价格便宜的非绿色产品。

四 对于中国企业绿色产品认证体系建设的政策建议

（一）强化绿色产品认证体系政策保障

资源节约和环境友好型社会建设是当前实现生态文明建设的重要任务。绿色产品认证作为重要措施，加强绿色认证政策分析研究，充分发挥认证政策研究对决策及执行工作的支持和指导作用，使得绿色产品认证体系政策有一套完善的法律法规、制度与标准是非常必要的。其主要有以下两个方面的内容。一方面，修订出台中国环境保护和资源节约的相关法律法规。中国政府应以中国国情为前提，借鉴发达国家做法，修订出台中国环境保护和资源节约的相关法律法规，并制定绿色相关标准及政策，使得绿色认证工作有"章"可依、有"法"可循，以利于相关工作及时展开。另一方面，随着全球经济一体化迅速发展，加快向国际标准靠拢步伐，有利于第三方机构绿色认证工作和企业绿色产品积极参与国际竞争，具体为：密切关注国际标准化组织有关绿色管理标准的制定和推广，捕捉新动向；开展绿色认证研究，结合中国国情尽可能快地转化为适用于中国的国家标准，以期与发达国家的绿色认证制度接轨，为中国打破国际贸易中的绿色壁垒创造有利的条件；扩大国际合作交流，加强中国绿色认证事业发展，提高认证机构作为独立的第三方认证主体的服务功能的国际化水平，提升认证工作的国际影响力，强有力地推动国际绿色相关标准的互认。

（二）加强绿色产品认证体系管理

绿色产品认证体系管理主要包括认证监督管理和认证机构管理。一是加强对绿色认证活动的监督管理。严格把好绿色认证准入要则，大力依法查处绿色认证违法行为，建立健全统一管理、分级负责、分类监管的绿色认证行政执法监管模式，打造业务水平高、认真负责的绿色认证行政执法监管力量。同时，强化绿色认证执法管理，成立绿色认证领导小组，建立绿色认证行政执法机构，建立和充实绿色认证执法队伍，巩固和完善绿色认证执法培训制度，创新和改进培训模式，提高培训质量。二是加强对绿色认证机构的管理。一方面，推动认证机构建立合理的公司治理结构，引导认证机构以市场为导向，引进高层次人才，拓展认证服务，提升认证服务附加值，以培育核心竞争力，并且积极鼓励金融部门对有实力的认证机构给予财务支持。大力支持认证机构打破区域界限，实现认证机构跨地区、跨行业的合作，促进认证机构规模化经营。此外，可以着重培育具有一定国际知名度、较强市场竞争力和市场感召力的绿色认证机构，并为其搭建实施"走出去"战略的平台，倾力打造国际绿色认证品牌，努力拓展国际绿色市场认证业务。另一方面，严格管理认证机构及其分支机构、办事处，强化对虚假认证检测、买证卖证等的行政处罚力度，严厉打击假冒、伪造认证检测标志、证书等违法行为，完善从业机构退出机制。

（三）建立绿色产品标准信息平台

建立绿色产品标准信息共享平台，包括资源节约型和环境友好型领域国家标准、行业标准数据库、绿色企业名录、绿色产品目录等，为全社会及时提供信息咨询和查询平台、信息反馈渠道等多种信息服务方式。信息共享平台可以实现：企业通过查询可以了解绿色产品和技术标准，便于展开绿色质量管理，掌握绿色技术、绿色生产重要环节；政府通过查询可以进行绿色采购、政府工程招投标绿色企业选择，以及获得与绿色产品相关的决策参考；科研机构通过查询可以获得相关科研材料，有利于务实地开展研究；消费者通过查询可以进一步了解绿色产品、绿色技术、绿色生产和绿色企业等，为绿色消费决策提供参考。对于一些与公众日常生活息息相关的绿色技术标准，如家用电器、日常照明灯具、家用装饰材料等的标准，可以通过召集各利益攸关方举行听证会、座谈会，或者通过调查问卷等多种形式的信息交流，广泛征求各方意见，形成信息的有效互动，最大限度满足各方需求，使得标准受到各方一致认可。加强国外绿色认证信息收集、研究以及国内通报工作，进一步完善认证国际信息收集通报机制，积极筹建国际与绿色相关的标准数据库，帮助出口企业通过数据库查询目的国绿色壁垒的相关标准，以便于采取积极应对措施，提升绿色产品的市场竞争力，促进对外贸易的转型升级。

（四）以绿色产品认证加大"绿色消费"理念引导力度

受全球绿色消费浪潮影响，中国市场获得了快速发展，但与欧、美、日等发达国家和地区相比，消费者环保意识及绿色消费模式差距较大，远未成熟。随着中国绿色产品认证工作的不断深入，人们的绿色消费理念逐渐增强，绿色消费群体也在增加，加强绿色产品尤其是绿色食品的认证工作、加大对假冒伪劣的绿色食品的查处及惩罚力度、切实加大"绿色消费"理念引导力度成为重要举措，具体可从以下三个方面入手：一是积极引导绿色消费模式发展，建立相关绿色产品消费模式的综合评价体系，对绿色产品生产、流通、销售、消费的全过程予以监管，逐步建立健全绿色产品整个生命周期的监控，严惩有"漂绿"行为的企业，以震慑违法乱纪的不良企业，向消费者传导准确的绿色信号。二是切实维护消费者的合法权益，充分发挥行政管理部门、消费者协会的工作职能，尤其要重视绿色消费的投诉问题，并及时处理相关问题，严惩违法经营绿色产品行为，以规范绿色市场秩序，促使绿色消费理性发展。三是加强绿色消费的宣传工作。通过电视等传统媒体及微博、微信等新媒体大力倡导绿色生活，引导公众购买绿色产品、选择绿色出行，以及日常生活中节水、节电、节气的点点滴滴行为，使绿色消费理念真正融入每个人生活的各个角落。

参考文献

[1] 钱阳、林岗:《绿色产品评价体系与评价方法的研究》,《河海大学常州分校学报》2005 年第 19 期。

[2] 张建华、王述洋、李滨、陈爱军:《绿色产品的概念、基本特征及绿色设计理论体系》,《东北林业大学学报》2000 年第 28 期。

[3] 尤建新、张建同、杜学美:《质量管理学》(第二版),科学出版社,2008。

[4] 陈兰珠:《加强节水灌溉产品认证标准体系建设的研究》,《自主创新与持续增长——第十一届中国科协年会论文集》,2009。

[5] 邱亚明:《中国绿色消费的困境与路径选择》,《人民论坛》2014 年第 2 期。

[6] 李在卿:《中国环境标志认证》,中国环境科学出版社,2008。

[7] 余子英、朱培武、蒋建平、颜鹰:《我国绿色认证的现状分析及对策建议》,《产业与科技论坛》2011 年第 12 期。

[8] 袁志彬:《中国绿色消费的主要领域和对策探索》,《消费经济》2012 年第 28 期。

B.6
中国企业绿色管理状况

储诚山　于晓萍*

摘　要：　为顺应企业绿色发展的国际大趋势，满足国内经济社会发展的硬要求，中国企业在绿色战略、绿色设计与制造、绿色营销、绿色财务和绿色企业文化等方面采取措施，积极践行绿色管理，覆盖了环保业、清洁能源业、房地产业、制造业、金融业等几乎所有行业领域，形成了一些较为成熟的模式。由于面临体制性障碍、财政支持力度不够、企业重视程度不够、资源投入不足等问题，中国企业还需要进一步加强绿色管理。中国政府应努力营造有利于企业绿色管理的政策环境，同时企业应借鉴国外先进企业及国内标杆行业绿色管理的经验，在保障企业效益的同时不断提高社会环保水平。

关键词：　中国企业　绿色管理　绿色战略

一　中国企业绿色管理的背景

近年来，中国企业积极实施绿色管理，主要是基于以下两个背景：一方面是顺应国际潮流，国际社会正大力倡导经济可持续发展、绿色低碳增长的

---

* 储诚山，天津社会科学院城市经济研究所副研究员，博士，主要研究方向为企业节能减排、低碳经济；于晓萍，北京交通大学经济管理学院博士生。

理念；另一方面是立足基本国情，应对国内经济社会发展面临的日益严峻的生态环境挑战。

（一）国际社会掀起企业绿色发展的大潮流

当前，国际社会正大力倡导经济可持续发展、绿色低碳增长的发展理念。企业作为经济增长的重要支柱，成为各国研发绿色技术、实施绿色管理、壮大绿色产业、发展绿色经济的急先锋和主力军。以世界财富500强的头号企业美国沃尔玛公司为例，早在2005年沃尔玛公司就明确提出其环保目标：100%使用可再生能源、实现零浪费、出售对资源和环境有利的产品，并在2008年与美国环保协会共同实施了"绿色供应链行动"，引发了众多企业对绿色管理的关注。美国戴尔公司强化绿色认证管理，根据全球各地不同的自然环境，提供TCO（欧洲）认证、中国环境认证、台湾GreenMark、韩国生态标签和日本绿色PC认证的产品。2001年日本索尼公司建立了绿色合作伙伴标准，对供货商产品进行严格的质量和环保考核标准，向通过者授予绿色合作伙伴证书。从2008年开始韩国现代公司加大对环保车型的投入，经美国"忧思科学家联盟"报告评定，其成为2014年美国市场上"最绿色"的汽车制造公司。从全球范围来看，几乎所有行业都在积极推进绿色发展，每一个致力于可持续发展的企业均将绿色管理作为生产经营的一个内在要求，作为承担社会责任的重要工作。

（二）国内形势对企业绿色发展提出硬要求

当前，中国经济社会发展面临着日益严峻的生态环境的挑战。2015年环境保护部发布的《2014中国环境状况公报》显示，尽管我国高度重视环境质量问题，主要污染物总量减排情况也在不断改善，但是环保形势依然严峻，尤其是大气污染、饮用水安全及土壤污染等方面的形势严峻。该公报的相关数据显示，新标准检测下的161个城市中，有145个城市的空气质量超标。

目前中国正处于工业化和城镇化加速发展的阶段，"三期叠加"矛盾，资源环境约束加大，如果仍坚持粗放型发展模式，生态环境将进一步恶化。

2014 年 5 月，国务院印发的《2014～2015 年节能减排低碳发展行动方案》提出，"2014～2015 年，单位 GDP 能耗、化学需氧量、二氧化硫、氨氮、氮氧化物排放量分别逐年下降 3.9%、2%、2%、2%、5% 以上，单位 GDP 二氧化碳排放量两年分别下降 4%、3.5% 以上"。李克强总理在 2015 年政府工作报告中也明确指出，"今年，二氧化碳排放强度要降低 3.1% 以上，化学需氧量、氨氮排放都要减少 2% 左右，二氧化硫、氮氧化物排放要分别减少 3% 左右和 5% 左右"。要实现上述目标，除了政府、个人要注重节能减排之外，很大程度上必须依靠产业转型升级、提质增效才能实现经济社会的持续健康发展，这必然对相关企业的绿色管理提出更高的要求。

二　中国企业绿色管理现状

近年来，为应对国内经济社会发展面临的日益严峻的生态环境挑战，国家大力倡导可持续发展理念，很多企业都积极响应号召，在企业战略、营销方式、财务和企业文化等方面践行绿色管理理念，大力推进生态文明建设。

（一）企业绿色战略

绿色战略是指企业在绿色经营观指导下，对企业进行绿色开发，在生产、营销和企业文化建设等方面践行绿色发展理念的总体规划方式。中种集团作为我国唯一一家以农作物种子为主营业务的育、繁、推一体化中央企业，制定了以"绿色战略"为核心的中长期科技发展规划，开发推广绿色品种，以品种引领种植模式升级、种植结构改善。该公司 2012～2014 年每年都将销售收入占比超过 10% 的当期利润投入长周期的育种研发中，2014 年新申请 7 项科研成果专利和 24 项新品种权，实现了自主育种的新突破；育种研发能力得到国家的进一步肯定，中种集团技术中心被认定为国家认定企业技术中心[1]。作为老牌国有企业，中国石油化工集团公司于 2011 年 8

---

[1]　赵钧：《2012 国内社会责任十大事件》，《WTO 经济导刊》2013 年第 1 期。

月将绿色低碳发展理念纳入公司的发展战略，强调通过技术创新和技术改造升级与应用，降低生产过程中的能源消耗和温室气体排放，减少环境污染，同时提供绿色、环保、安全、无污染的产品。与此同时，中石化还将持续推进能源结构调整，大力提高能效，发展地热、生物柴油、生物燃料乙醇等低碳能源，优化能源结构，积极研发低碳技术，转变生产、生活和消费方式，践行低碳发展。2012 年 11 月，中国企业发布的首个环境保护白皮书《中国石油化工集团公司环境保护白皮书》由中石化正式发布，宣布其将实施绿色低碳战略，推行节能减排和清洁能源生产。很多外资企业也制定了绿色战略①。例如，2008 年，中国三星宣布其"绿色经营"目标，通过经营绿色化、产品绿色化、工厂绿色化和社区绿色化，在 2020 年将各法人工厂单位产值二氧化碳排放量在 2007 年的基础上削减 50%，使废弃资源的再利用率达到 95% 以上，在原材料获取、生产、运输、使用和废弃物处理等环节，直至产品功能、价格、质量和设计等方面，中国三星综合考虑环保因素，使环保成为产品开发的核心要素②。

（二）企业绿色设计与制造

绿色设计也称为生态设计、环境设计，是指在产品及其寿命周期全过程的设计中，要充分考虑对资源和环境的影响，在充分考虑产品的功能、质量、开发周期和成本的同时，要优化各种相关因素，将产品及其制造过程中对环境的总体负影响减到最小，使产品的各项指标符合绿色环保的要求。绿色制造是指在保证产品的功能、质量、成本的前提下，综合考虑环境影响和资源效率的现代制造模式。中联重科在绿色设计与制造方面走在国内行业前列。2014 年 11 月，中联重科的革命性新能源产品——CIFAENERGYA 系列混合动力绿色搅拌车，获得世界工业设计领域"红点设计大奖"，这是中国工程机械行业首次获得该项殊荣。2015 年 3 月，中联重科推出转型工业 4.0

---

① 王澎：《"绿色战略"引领综合服务》，《农民日报》2015 年 2 月 16 日。
② 任小璋：《三星电子："绿色经营"进入企业管理词典》，《企业家日报》2015 年 3 月 11 日。

智能制造的首个颠覆性成果——"三位一体/二位一体"系统解决方案，通过智能化控制技术，发挥系统内部协同作用，通过 PLC 智能操控、ERP 数据管理，实现数字化作业和数字化管理，节省人工成本。

（三）企业绿色营销

绿色营销是指企业将环境保护和绿色发展作为营销指导思想和企业价值理念，引导消费者进行绿色消费的营销策略和营销方式。近年来，作为全球白色家电第一品牌，海尔开创的绿色发展模式成功获得了全球用户的认可，2014 年海尔公司大型家电销售量第六次蝉联全球首位，在 2014 年德国柏林国际消费类电子展上海尔推出的博观智慧窗冰箱一举刷新了欧洲市场能效最低、容积最大的对开门冰箱纪录，引领了行业的节能趋势；在 2015 年中国家电博览会上海尔推出的节能冷柜更是比欧洲现行最高节能标准 A+++ 标准还要节能 20%，成为行业首台节能标准无法定义的冷柜。凭借绿色营销手段，海尔不断推出节能产品，为全球消费者提供最领先的绿色生活解决方案。

（四）企业绿色财务

从绿色管理的角度来看，普通企业实行绿色财务，与其相对应的就是绿色金融。所谓绿色金融，是指在进行投融资决策过程中，应充分考虑可能产生的环境影响，将金融活动中与环境相关的风险和成本融入日常业务，重视环境保护与环境治理，通过相关手段引导社会经济资源的合理配置，促进社会经济可持续发展。绿色金融包括绿色保险、绿色证券、绿色信贷等。自2013 年开始，国务院发展研究中心金融研究所与国际可持续发展研究院合作开展"绿化中国金融体系"课题研究，认为中国的经济和金融体系急需向绿色可持续经济发展的"新常态"和绿色金融转型。在绿色信贷领域，银行业金融机构支持节能环保项目的个数从 2007 年的约 2700 个上升到 2013年的约 1.4 万个，贷款余额从 2007 年的约 3400 亿元上升到 2013 年的约 1.6万亿元。在绿色保险方面，根据人保财险和清华大学环境学院联合发布的

《2014 年度中国企业环境风险报告——基于环境污染责任保险视角》，2011
年以来，扬州在全市推广"绿色保险"，共计承保重点环境风险企业 180 家
（次），累计承担环境风险责任 236.7 亿元。近年来，交通银行浙江省分行
把绿色经营作为转型发展的重中之重，从资本消耗、运营成本、资产风险、
综合收益和团队面貌等方面入手，潜心梳理当前业务中低耗高效的品种，形
成以托管、按揭、POS 收单等为代表的低资本消耗绿色产品，以线上交易、
E 贷链、银卫安康为代表的电子化运营绿色渠道，以代理企业财险、国债等
为代表的零风险运作绿色代理，以产业链客户、家庭基本账户等为代表的绿
色客户，以实现三项达标升级、支行综合竞争力强等为重点的绿色网点。[①]

（五）绿色企业文化

绿色企业文化涉及企业及其员工在长期的生产经营实践中逐渐形成的为
全体职工所认同遵循、具有本企业特色的、对企业成长产生重要影响的、对
节约资源和保护环境及其与企业成长关系的看法和认识。海尔将低碳、循
环、节能、减排等理念融入企业的生产实践，要求夏天控制室内空调温度不
低于 26 度，倡导员工购买低能耗车，改造办公照明设施，实施小功率照明
控制，实现"人来灯亮，人走灯灭"的智能控制，举办员工"画与话"等
活动，展现了企业文化的绿色元素。[②]

三　中国企业绿色管理的典型模式

当前，绿色管理已经成为中国企业经营的重要组成部分，基本已覆盖到
所有行业领域，无论是生态环保行业还是非生态环保行业，都大力践行绿色
发展理念，下面以环保业、清洁能源业、房地产业、制造业、金融业为例来
考察中国企业绿色管理的典型模式。

[①] 《浙江交行持续推进绿色经营活动》，新华网浙江频道，2015 年 3 月 9 日。
[②] 《绿色战略打造更强海尔——海尔集团品牌运营总监张铁燕专访》，《消费电子》2011 年第
1 期。

（一）环保业

桑德集团有限公司是中国著名的大型专业性环保、新能源企业，是国家重点骨干环保企业、国家重大专项研究课题的承担企业、全联环境商会会长单位、中国环保机械协会副会长单位，业务覆盖水务、固废处理、环卫、再生资源、新能源、生态农业等领域。根据桑德集团的报道，其绿色管理措施主要体现在以下几个方面。

一是构建覆盖全产业链的综合环境服务。桑德将技术创新能力、工程实施能力、运营管理能力、设备制造能力、资本运作能力融合为综合能力，提供资本运作、投资并购、工程总承包、运营服务、设备制造与成套完整产业链的综合环境服务，经营范围可覆盖到城市、乡（村）镇、工业园区、河湖流域的供水、污水处理、海水淡化、废水资源化等领域。

二是重点推进环保项目投资。作为桑德水务板块的重点领域，小城镇污水处理市场2014年共完成177个乡镇污水处理项目，占据该领域市场份额的一半左右，遥遥领先于国内同类企业。至此，桑德小城镇项目现已布局到全国13个省、直辖市。小城镇项目地域布局增长翻倍，成绩显著，在东部地区、中部地区、西部地区都有收获，其中西部地区占领份额大、珠三角地区有较大突破。商务模式上，包含框架协议、特许经营、总承包、设备销售等，其中以投资为主，投资项目乡镇个数占95%以上，把握了目前国内县级财政资金紧张，国家推广PPP、新型城镇化、重视环境任务的形势。

三是适用绿色技术应用推广。桑德针对村镇水务领域开发的SMART系列技术和设备已被科技部、环保部、商务部、国家工商总局认定为国家新产品，并被相关部委和省市列入重点推荐的技术产品名录，成为国内主流、成熟的村镇水务技术，得到了较大范围的推广应用。

（二）清洁能源业

新奥集团是一家以清洁能源开发利用为主要事业领域的综合性企业集

团，业务板块包括新奥能源、太阳能源、新奥科技、能源化工、智能能源、文化健康、海洋旅游等。新奥集团重视生态环保，践行"创新清洁能源、改善生存环境、提高生活品质"的企业使命。根据新奥集团的报道，其绿色管理措施主要体现在以下几个方面。①

一是加强清洁能源技术创新。新奥集团立足清洁能源领域，积极研发、生产和推广清洁能源相关产品，探寻有利于环境可持续发展的能源解决方案，其核心技术包括煤催化气化制天然气技术、煤加氢气化联产芳烃和甲烷技术、地下气化采煤技术、超临界气化/氧化技术、微藻生物固碳技术、太阳能技术、焦炉煤气制 LNG 技术等。

二是积极推广清洁能源。新奥通过城市燃气分销网络的建设，积极推广天然气汽车加气业务，为城市交通提供清洁能源。1999～2013 年，新奥推广天然气使用累计约 286 亿立方米，已实现节约（替代）3514 万吨标准煤，减排二氧化碳 3387 万吨、二氧化硫 76 万吨、氮氧化物 49 万吨。截至 2014 年 6 月底，新奥在全国 15 个省、直辖市、自治区成功运营近 150 个城市燃气项目，市场覆盖国内城区人口 6160 万，为 300 多个园区、城市综合体提供清洁能源整体解决方案服务。

三是大力实施 HSE 管理体系。新奥集团的 HSE 管理体系是指以"健康、安全、环境"（HSE）为基础的管理体系，强调在工程建设和生产过程中企业要重视环境保护。为更好地践行环保责任，新奥集团在安全管理、职责分工、风险控制、事故治理、应急处置等方面建立了完善的管理机制，并逐步提高管理水平和对重大风险的控制能力，提高员工的风险辨别意识和能力，从而降低事故率。

新奥集团十分注重在自身的工程建设和生产过程中履行环境责任，实施推广以"健康、安全、环境"（HSE）为基础的管理体系，形成了安全管理网络机制、职责分工管理机制、风险管理机制、事故和隐患治理机制、应急管理机制和三级监控机制，并将促成领导负责向领导承诺转变、事后治理向

---

① 《新奥理念》，新奥集团官网，2015。

预防为主转变；通过风险辨识、法律法规识别与评价，控制重大风险，提高员工意识，极大地降低事故率，新奥集团的健康安全环境管理迈入新的发展阶段。

（三）房地产业

万科作为中国最大的房地产开发企业，在绿色管理方面具有成熟的经验，根据《万科 2014 企业社会责任报告》，万科绿色管理具有以下几个特点。①

一是重视绿色技术创新。万科致力于以绿色技术为突破推动行业技术升级。2014 年，万科集团参与国家、行业和地方标准编制共计 12 项；万科建筑研究中心成功申请发明专利 13 项，实用新型专利 86 项，外观专利 16 项，合计授权专利 115 项，另成功申请著作权 3 项。

二是严格推行绿色采购。万科持续开展负责任的采购，通过集中采购更好地帮扶和支持重点供应商的健康发展，通过绿色采购推动供应链逐步迈向低碳环保。万科持续推动供应商加入全球森林贸易网络 GFTN。根据 WWF 委托的第三方机构对万科的审核，2014 年万科采用的木地板 84% 为合法源木材，剩下 16% 为已知源木材，未采购未知源木材。2014 年，全年实现新项目采购无濒危、高风险、高保护价值的森林树种。

三是坚持营造绿色企业文化。万科致力于建设绿色企业文化。"让建筑赞美生命"的企业宗旨是万科秉持的核心理念。万科始终不懈地致力于为各种类型的消费者提供展现自我、绿色环保、和谐共生的理想生活空间，促进人、建筑与自然共同实现可持续发展；其企业愿景为"成为中国房地产行业持续领跑者、卓越的绿色企业"。

四是认真贯彻国家绿色认证。根据国家绿色建筑认证标准，2014 年万科完成绿色建筑认证面积 880.2 万平方米，绿色一星、二星项目面积 674.9 万平方米，绿色三星项目面积 205.3 万平方米。其中，绿色三星公建面积

---

① 万科企业股份有限公司：《2014 企业社会责任报告》，2015 年 3 月 31 日。

41 万平方米，绿色三星住宅面积 164 万平方米。

五是加强碳排放管理。万科在内外部持续推进节能减排工作，倡导绿色办公，并根据国际标准组织对温室气体管制的发展趋势及未来温室气体减量要求进行碳排放审查工作，在住宅项目中持续推广应用 LED 灯，进一步推动万科实践绿色低碳运营。2013～2014 年的碳盘查结果显示，万科自身办公运营产生的碳排放很少，占排放总量的比重小于 0.1%；主要的碳排放来自于建筑施工和使用过程。2014 年万科加入 WWF 碳减排先锋项目，在控制自身碳排放的同时，制定了建筑施工和使用过程中大幅减排的目标。

（四）制造业

宝钢是目前国内现代化程度最高、最具竞争力的钢铁联合企业之一。宝钢以钢铁为主业，形成普碳钢、不锈钢、特钢三大产品系列，应用于汽车、家电、石油化工、机械制造、能源交通、金属制品、航天航空、核电、电子仪表等行业。根据宝钢集团《CSR 2013 社会责任报告》，其绿色管理措施主要体现在以下几个方面。①

一是培育绿色企业文化。宝钢集团的公司愿景——"成为钢铁技术的领先者，成为绿色产业链的驱动者，成为员工与企业共同发展的公司典范"。

二是实施环境管理体系认证。从 1998 年起，宝钢股份率先在国内钢铁业中开展 ISO14001 环境管理体系贯标认证工作，并且成为第一家通过认证企业。到 2013 年底，除 2011 年进入宝钢集团的宝钢不锈下属的宝钢德盛外，宝钢集团所属其余钢铁生产企业全部通过了 ISO14001 环境管理体系认证。宝钢集团多元产业中大部分工业企业都通过了 ISO14001 环境管理体系认证。

三是推行清洁生产审核。清洁生产推进与审核工作是宝钢集团的重点管

---

① 宝钢集团：《CSR2013 社会责任报告》，宝钢集团官网。

理项目之一。2013年，宝钢组织和推进开展清洁生产审核工作。八一钢铁、韶关钢铁、宝钢工程、宝钢金属和宝钢发展等都组织开展并完成了部分工业企业的清洁生产审核工作。

四是开展能源管理体系贯标认证。2013年，宝钢在推进能源管理体系建设的基础上，重点推进韶关钢铁能源管理体系建设工作。通过加强培训、建章立制、理顺管理，韶关钢铁能源管理体系能力迅速提高，于年底前通过了能源管理体系现场审核。宝钢股份直属厂部在学习消化《能源管理体系》2012版新标准的同时，制定完善了能源管理绩效评价办法，完成新增、更换国家法律法规、标准的识别56条，规范体系运行检查，并对116条重要能耗源及50项关键能效因子落实措施，关键能效因子进步率达到66%，使能源管理从目标管理转为目标管理和过程管理双控制的管理方式。

（五）金融业

2011年，浦发银行提出要打造中国金融业"低碳银行"、培育绿色文化、倡导绿色环保的工作方式和经营之道。作为进入"中国上市公司100强"（《亚洲周刊》榜单）、"全球银行品牌500强"（英国《银行家》杂志榜单）、"全球企业500强"（《福布斯》杂志榜单）的银行企业，2014年6月浦发银行获评中国银行业协会"2013年度社会责任最佳绿色金融奖"。根据浦发银行的报道及其《2013企业社会责任报告》，其绿色管理措施主要体现在以下几个方面。

一是发展绿色信贷。针对能效融资（工业和建筑能效）、清洁能源融资、环保金融、碳金融和绿色装备供应链融资五大板块的客户特点，浦发银行设计了十大绿色信贷创新产品——IFC（国际金融公司）能效贷款、AFD（法国开发署）绿色中间信贷、ADB（亚洲开发银行）建筑节能贷款、合同能源管理未来收益权质押融资、合同能源管理保理融资、碳交易（CDM）财务顾问、国际碳（CDM）保理融资、排污权抵押融资、绿色股权融资和绿色固定收益融资。2008年至今，浦发银行累计投放绿色信贷超过3000亿元，并通过自主创新与国际合作，形成了业内较为领先的绿色信贷产品和服务体系。①

二是发行绿色债券。2014年5月，浦发银行推出国内首单与碳市场紧密相关的绿色债券，填补了国内与碳市场相关的直接融资产品的空白，充分体现了金融市场对发展国内低碳金融的支持，实现了推进国内碳交易市场发展和跨要素市场债券品种创新的双赢。

三是加强电子银行建设。浦发银行继续加强电子银行建设，通过网上银行、手机银行、呼叫中心、电子对账单等电子服务渠道，发挥金融资源优势，构建绿色渠道。2013年电子渠道交易量替代率达到79.56%，显著降低了环境及能源成本。

四是强化绿色金融培训。2008年至今，浦发银行每年组织两次以上全行性绿色金融专题培训和研讨，总分行超过4000位各级管理干部、产品经理、风险经理、合规经理和客户经理都参加了培训②。目前，总分行均组建了绿色金融团队，实施专业服务，较好地支撑了绿色金融业务的快速发展。同时，浦发银行通过举办各类论坛、研讨会等方式，增进与企业的交流，以更好地解读相关环保政策和节能信息，为相关企业提供更多的绿色金融工具，引导企业开展更多的环保活动。

五是积极回应国际标准。浦发银行积极参与各级环境组织，加强与世界银行、国际金融公司（IFC）、法国开发署（AFD）的合作；与国际金融公司（IFC）损失分担机制下的能效贷款合作，用于支持国内中小能效项目的建设，要求所有合格项目必须节约10%的能源，并符合中国国家环境、安全和社会的保障法律，为企业逐步在生产过程中建立起节约能耗、注重环保的理念起到了引导作用；亚洲开发银行（ADB）建筑节能贷款是浦发银行在国内同业中首个推出的建筑节能融资特色金融产品；世界银行建筑节能转贷项目通过提供低息贷款，致力于打造全国低碳节能示范区。通过与AFD、IFC等国际机构的合作，

---

① 《浦发银行获2013年度社会责任最佳绿色金融奖》，中国经济网，2014年7月10日。
② 杨斌：《打造有社会责任的低碳银行》，《中国金融》，2012年5月16日。

共向 53 个绿色信贷项目提供融资，其中 AFD 绿色中间信贷 19 个，IFC 能效贷款 34 个。

四 中国企业绿色管理存在的问题

中国企业实施绿色管理存在两个方面的问题，一方面是来自于外部，体制性障碍没有得到根本改变，体现为政府环境监管不力，且激励不足，补贴、税收优惠等政策的支持力度不够；另一方面是来自于内部，仍有部分企业缺乏绿色管理的意识，同时企业尤其是中小企业缺乏足够的资源投入，在面临生存危机的情况下自然难以投入绿色管理。

（一）体制性障碍仍没有根本改变

生态环境问题并不是一个新的问题，各级政府早已意识到其严峻性，但由于种种原因，体制性障碍一直未得到根本性解决，导致环境污染问题没有得到有效缓解。2014 年 3 月，环境保护部副部长吴晓青在十二届全国人大二次会议的记者会上指出，"近年来，环保部按照中央的有关精神，会同有关部门，在积极地推进生态文明建设和刚才提到的生态环保体制改革等方面做了大量的工作，也取得了一定的成效。但是也应该看到，生态文明建设面临的体制性障碍尚未得到根本改变，现行的生态管理体制权威性和有效性还不够，部门职能分散交叉较为突出，政出多门、权责脱节、力量分散、重复建设等问题突出，影响了行政效能，削弱了环境监管的合力，基层的监管能力薄弱，甚至还存在'小马拉大车'的现象"[①]。2015 年 3 月，环保部副部长潘岳通报了新《环境保护法》生效以来的执行情况，指出"两高"环境犯罪司法解释出台至今，仍有八九个省区没有查处一起环境犯罪案件，这些地方实际上都存在比较严重的环境违法现象。

---

① 《加强环境保护 建设美丽中国》，《中国环境报》2014 年 3 月 10 日。

（二）政府财政支持力度还不够

发达国家往往通过财政补贴或制定绿色税收政策来鼓励企业实施绿色管理，如鼓励绿色采购、推动绿色认证标识和绿色审计等。例如，日本对落实环保政策的企业有一些经济性奖励措施，对于节能和环保设备的投资，可享受国家、地方政府补贴或国税、地方税优惠等；对于企业在环保科研、设备方面的投入，政府给予一定的补贴①；在引导消费者进行绿色消费方面，日本政府通过绿色环保标志将环保产品进行差异化销售。对比发达国家的做法，我国政府对企业实施绿色管理的支持力度还很不够，有待于进一步加强与完善。

（三）部分企业没有给予高度重视

上市企业作为备受关注的环境责任主体，在国家的强烈要求下，也开始实施绿色管理，但从目前来看，其对绿色管理还没有给予足够的重视。根据2015年1月中国环境新闻工作者协会发布的《中国上市公司环境责任信息披露评价报告（2013年)》，中国上市企业环境信息披露总体水平偏低，尚处于起步阶段，2013年现有上市公司中，属于国家级的重点监控企业约为287家，其中只有61家企业发布了相关环境信息报告，占21.3%，仅有4家发布了环境报告，仅占1.4%②。这也从侧面反映出，中国上市企业仍在规避披露环境方面的负面信息，并没有直面应对生态环境问题。除此之外，中小企业作为中国国民经济中不可或缺的一部分，在拉动经济发展的同时造成的环境污染问题也在不断升级。近年来，点多面广的中小企业偷排偷放现象普遍，成为各地污染的重要"元凶"，一些恶性环境污染事件不断被媒体曝光，令人触目惊心。根据媒体报道，2013年，云南省昆明

---

① 陆彩荣：《环境保护需要全社会参与——日本环境考察及其思考》，《学习时报》2015年4月15日。

② 陈冬生、刘学之：《中国上市公司环境责任信息披露评价报告（2013年)》，中国环境出版社，2015。

市东川区出现了一条"牛奶河",这是由于小江沿岸大大小小数十家矿业企业多年来将尾矿水直接注入这条河流中,使其变成了牛奶般的白色,当地村民从被污染的小江中挑回的水,需要沉淀 3 天以上才能勉强使用。2014 年,内蒙古腾格里工业园和宁夏中卫工业园区的大量化工企业将未经处理的污水排入沙漠,造成数个足球场大小的长方形排污池并排于沙漠中,在社会上引起了强烈反响。

(四)中小企业缺乏足够的资源投入

企业绿色管理的实施需要有与之匹配的资源支持,这些资源包括资金、技术、人员和其他部门的战略支持①。目前,资金和技术的缺乏是中国企业,尤其是中小企业,实施绿色管理的瓶颈。对于中小企业而言,受经济效益影响,自身生存发展面临挑战,难以再投入绿色管理。根据中国中小企业协会政策研究部的研究,2014 年第四季度中国中小企业发展指数为 92.8,预计 2015 年第一季度中小企业发展指数转降为升面临的难度仍然不小。在这样的形势下,中小企业不可能有大量的资金用于购买先进设备、开发绿色技术、培训员工等。

五 中国企业绿色管理对策建议

党的十八大首次把"美丽中国"作为生态文明建设的宏伟目标,把生态文明建设摆上了中国特色社会主义"五位一体"总体布局的战略位置。因此,面向未来,绿色发展是中国经济社会发展的重要方向,实施绿色管理是中国政府对企业发展的必然要求。为建设"美丽中国"的美好蓝图,政府和企业需要共同发力,形成企业与社会和谐发展的新格局。

一是相关政府部门要加快制定相关监管、激励政策措施。推进环境标志

---

① 张艳清、林野:《企业绿色管理障碍分析与绿色战略联盟的构建》,《企业经济》2012 年第 1 期。

产品认证制度，建立与国际接轨的绿色产品标准体系，以标准为基础建立绿色商品的监督管理制度。将涉及绿色会计的内容列入会计要素，依据会计准则所规定的有关绿色会计原则进行核算，并强制企业在财务报告中披露绿色会计的相关内容，增加与绿色管理相关的指标体系。[①] 对符合条件的企业，在投融资、信贷、税收、补贴等方面给予大力支持。

二是企业要加快建立完善绿色管理体系。目前，国内一部分注重绿色发展的企业已构建起比较完善的绿色管理体系，积极践行可持续发展；但大部分企业对绿色管理体系还没有予以足够重视，只是在某些方面采取了适当的绿色管理措施。中国企业要积极借鉴国外先进企业及国内行业标杆实施绿色管理的经验，将绿色管理的理念贯穿在战略规划、产品设计与制造、营销、财务、文化建设等企业经营的各个环节。

参考文献

［1］赵钧：《2012 国内社会责任十大事件》，《WTO 经济导刊》2013 年第 1 期。

［2］王澎：《"绿色战略"引领综合服务》，《农民日报》2015 年 2 月 16 日。

［3］任小璋：《三星电子："绿色经营"进入企业管理词典》，《企业家日报》2015 年 3 月 11 日。

［4］《浙江交行持续推进绿色经营活动》，新华网浙江频道，2015 年 3 月 9 日。

［5］《绿色战略打造更强海尔——海尔集团品牌运营总监张铁燕专访》，《消费电子》2011 年第 1 期。

［6］《新奥理念》，新奥集团官网，2015。

［7］万科企业股份有限公司：《2014 企业社会责任报告》，2015 年 3 月 31 日。

［8］宝钢集团：《CSR 2013 社会责任报告》，宝钢集团官网，2014。

［9］《浦发银行获 2013 年度社会责任最佳绿色金融奖》，中国经济网，2014 年 7 月 10 日。

［10］杨斌：《打造有社会责任的低碳银行》，《中国金融》2012 年 5 月 16 日。

［11］《加强环境保护建设美丽中国》，《中国环境报》2014 年 3 月 10 日。

---

① 王姣姣：《绿色会计在我国的运用》，《现代经济信息》2009 年第 4 期。

［12］陆彩荣：《环境保护需要全社会参与——日本环境考察及其思考》，《学习时报》2015 年 4 月 15 日。

［13］陈冬生、刘学之：《中国上市公司环境责任信息披露评价报告（2013 年）》，中国环境出版社，2015。

［14］张艳清、林野：《企业绿色管理障碍分析与绿色战略联盟的构建》，《企业经济》2012 年第 1 期。

［15］王姣姣：《绿色会计在我国的运用》，《现代经济信息》2009 年第 4 期。

［16］《中国石化绿色低碳发展战略介绍》，中国石化官网，2014 年 9 月 25 日。

［17］张晨强：《企业绿色管理对策研究》，《中共太原市委党校学报》2009 年第 4 期。

［18］张艳清、林野：《企业绿色管理障碍分析与绿色战略联盟的构建》，《企业经济》2012 年第 1 期。

B.7

信息化与中国企业绿色发展

吴 涛 李晓东*

摘　要：伴随着我国经济的高速发展，中国企业不断发展壮大，在此过程中信息化技术的应用在企业发展中所起到的作用无法替代。现阶段我国能源需求呈刚性增长，资源环境约束日趋强化，因此，运用最新的信息化技术，提高核心竞争力，实现持续健康发展，是摆在中国企业面前的一项迫切任务。本文分析了"十二五"以来我国信息化基础环境的建设和信息化技术发展状况、国内企业信息化应用现状，以及我国企业信息化建设及应用过程中所取得的成绩和存在的问题，并对未来如何通过信息化建设、应用信息技术帮助企业实现绿色发展做出贡献进行了展望。

关键词：企业信息化　绿色发展　物联网　云计算　大数据

一　当前面临的形势

随着经济社会的高速发展，人口数量的增长、工业化进程的加快，能源的消费量越来越大，经济在高速发展中所面临的能源制约问题与大量能源消耗所产生的严重的环境问题也越来越突出，能源紧缺和环境污染已经成为制

---

* 吴涛，北京天大天科科技发展有限公司研发管理中心副总经理，高级工程师；李晓东，北京天大天科科技发展有限公司研发管理中心业务顾问。

约我国发展的主要矛盾之一。

国家在"十二五"规划中，重点提出了绿色发展和建设资源节约型、环境友好型社会的倡议，要大力发展循环经济，积极应对全球气候变化，同时加强资源节约和管理，加大环境保护力度。当前，能源问题已成为我国经济社会发展的瓶颈，影响到各个领域，能源消耗量的急剧增长，将会给我国能源供应体系带来巨大的挑战。

在此背景下，国内众多企业开始着手通过运用新的科技手段，对传统工艺流程进行技术改造，降低能源消耗，加强资源综合利用，并在推行绿色生产、提供绿色产品，实施绿色营销战略、塑造绿色企业文化等方面做出了积极的探索和深入的实践。

为帮助企业推动绿色发展进程，2011 年 5 月 27 日工信部印发了《关于推荐两化融合促进节能减排重点推进项目的通知》。十八届三中全会明确提出，生态文明建设作为"五位一体"总布局中的重要一环，是重要的改革议题之一，这为企业绿色发展带来了巨大的利好。同年 5 月，工业和信息化部节能减排综合利用司在《关于建设工业节能减排信息监测系统的通知》中指出，为及时跟踪了解工业节能减排进展情况，准确把握和分析发展趋势，提供基础数据支撑，工业和信息化部决定组织工业和信息化系统建设工业节能减排信息监测系统。2012 年 3 月，工业和信息化部发布了《关于加强工业节能减排信息监测系统建设工作的通知》，指出节能减排信息监测是重要的基础性工作，对于把握分析节能减排形势、研究提出有关政策措施具有重要意义。《科学技术部、工业和信息化部关于印发 2014～2015 年节能减排科技专项行动方案的通知》明确了在工业领域、能源领域、交通领域、农业领域、绿色建筑领域、资源环境领域节能减排工作的指导方针与工作重点。大力推广重点行业节能减排技术示范工程、重大节能减排技术产业化示范工程、区域节能减排综合示范工程。

以上配套政策的有效落实，需要企业在以往对信息技术应用的基础上，将以"云计算""大数据""物联网""移动应用"等为代表的最新技术和以"智慧城市""互联网＋"为代表的最新发展模式在产品设计、原材料采购、生产过程组织、产品包装、仓储、运输、销售、产品使用及企业文化建设等各相关环节中不断深度融合、充分应用，运用科技手段，开创企业绿色发展的新模式。

二　发展现状及存在的问题

（一）发展现状

1. 整体发展状态

中国电子信息产业发展研究院的统计数据显示，2012 年信息化发展指数（Ⅱ）达到 0.756（见表 1）。在全国 31 个省（自治区、直辖市）中，北京和上海依然居于前两位，信息化发展指数分别达到 1.105 和 1.008，京沪两地信息化水平的差距较上年略有扩大；天津、浙江、广东、江苏分别居于全国第三位至第六位，信息化发展指数分别为 0.874、0.855、0.847 和0.844。与 2011 年相比，天津上升 0.017 个点，增长 5.69%；浙江上升0.027 个点，增长 8.24%；广东上升 0.024 个点，增长 6.56%；江苏上升0.029 个点，增长 9.92%。

表 1　2010～2012 年中国信息化发展指数（Ⅱ）与分类指数

年　份	2010	2011	2012
总指数	0.707	0.732	0.756
基础设施指数	0.417	0.450	0.479
产业技术指数	0.941	0.980	1.009
应用消费指数	0.644	0.677	0.707
知识支撑指数	0.822	0.831	0.840
发展效果指数	0.711	0.723	0.744

信息化发展指数（Ⅱ）的 5 个分类指数值都较 2011 年有所上升，各分类指数的情况如下。

产业技术指数最高，2012 年为 1.009，比 2011 年提高 0.029 个点。从构成指标看，2012 年，每百万人发明专利申请量为 395.35 个，比 2011 年增长 28%；人均电信产值为 794.87 元，比 2011 年增长 8%。

知识支撑指数居于其次，2012 年为 0.840，比 2011 年提高 0.009 个点。从构成指标看，2012 年教育指数为 0.831，比 2011 年提高了 0.009 个点；第三产业从业人员的比重达到 36.1%，比 2011 年提高 0.4 个百分点，其中北京已达 75.6%。

发展效果指数居于第三，2012 年为 0.744，比 2011 年提高 0.021 个点。从构成指标看，人均国内生产总值为 38420 元，比 2011 年增长 9.21%；第三产业增加值比重为 44.6%，比 2011 年提高 1.2 个百分点；全社会研发经费比重为 1.98%，只比 2011 年提高 0.14 个百分点。

应用消费指数居于第四，2012 年为 0.707，比 2011 年提高 0.030 个点。从构成指标看，人均信息消费额为 1303.38 元，比 2011 年增长 12.46%，扣除价格因素后，实际增长 9.86%；互联网普及率为每百人 41.65 户，比 2011 年增加 3.57 户。

基础设施指数最低，2012 年为 0.479，比 2011 年提高 0.029 个点。从构成指标看，电话拥有率为每百人 103.3 部，比 2011 年增加 8.4 部；电视机拥有率为每百人 39.47 台，比 2011 年增加 0.69 台；计算机拥有率为每百人 18.61 台，比 2011 年增加 1.74 台。

2014 年全国信息化发展指数为 66.56，比 2013 年增长 5.86 个点。其中，网络就绪度指数为 60.94，增长了 10.05 个点；信息通信技术应用指数为 69.38，增长了 3.05 个点；应用效益指数为 72.19，增长了 3.11 个点。

通过对发展指数的比较发现，在"十二五"期间，尤其是 2013~2014 年，我国信息化发展呈现以下特点。

第一，信息化发展指数保持快速增长态势。

2014 年全国信息化发展指数比 2013 年增长了 9.65%，高于同期 GDP 增速。其中增长幅度超过 8 个点的有 4 个省份，分别为贵州、重庆、湖南、浙江；增长幅度在 5 个点以上的有 20 个省份；增长幅度超过全国平均增长水平的有 14 个省份。

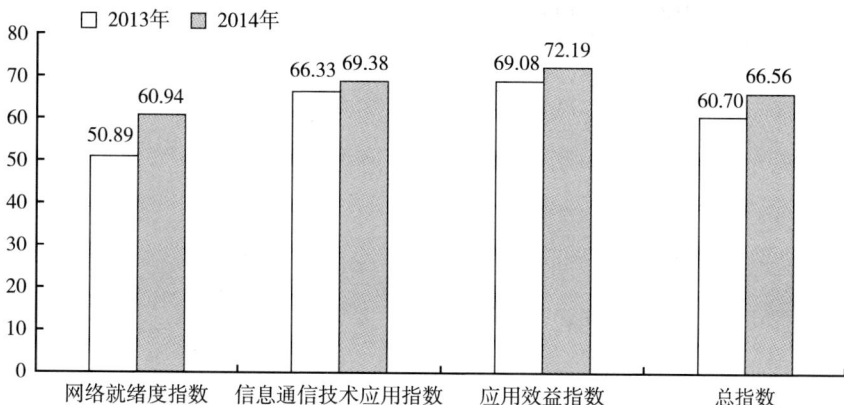

图1 2013~2014年全国信息化发展指数情况比较

资料来源：中国电子信息产业发展研究院。

第二，信息网络建设受政策驱动影响明显。

在网络就绪度、信息通信技术应用、应用效益三个分指数中，网络就绪度指数增长最快，2014年比2013年增长了10.05个点，增长率达到19.75%，31个省份的网络就绪度指数增长幅度超过7个点。这主要得益于国家政策强力支持宽带网络建设。2013年，国家发布了《关于促进信息消费扩大内需的若干意见》《"宽带中国"战略及实施方案》；工信部制定了《信息化和工业化深度融合专项行动计划（2013~2018年）》，组织实施了"宽带中国2013专项行动"；住建部组织开展193个智慧城市试点。这些政策有力地促进了各地信息网络基础设施的演进升级。

第三，东部和中部地区之间信息化发展水平差距基本保持不变，东部、中部地区与西部地区之间的差距小幅缩小。

2014年，东部和中部地区的信息化发展指数增长幅度均为5.6个点，西部地区增长幅度达6.26个点，明显高于东部和中部地区。这主要得益于国家大力支持西部地区开发建设，加大了对西部地区的财政转移支付力度，促使西部地区网络基础设施建设和信息通信技术应用水平大幅提升。

以上统计数据表明，"十二五"期间我国各地区、各行业的信息化发展进入快速增长阶段，各项发展指数较"十一五"期间均有大幅增长。基础设施建设已日趋完善，网络建设及应用得到全面普及，信息化的发展及应用全面进入互联网时代。

在此期间，以通信技术和互联网为基础，将信息技术和商业模式进行结合发展应用的实践活动尤为突出，形成了以"移动互联网"为代表的全新发展应用模式。"移动互联网"综合运用"物联网""大数据""云计算"等最新技术，为传统行业的信息化应用和发展构建了全新的模式，为企业绿色发展提供了新的发展途径。

2. 信息化基础环境

企业信息化的建设和发展离不开网络、服务器硬件等基础设施和配套资金政策等的支撑，这些因素构成了企业信息化发展的基础环境。中国电子信息产业发展研究院在《2014年中国信息化与工业化融合发展水平评估报告》中对全国各地区在"十二五"期间两化融合基础环境方面做出了评估，其结果如表2所示。

表2　2014年全国两化融合发展水平评估基础环境类评估结果

区　域	城（省）域网出口带宽	固定宽带普及率	固定宽带端口平均速率	移动电话普及率	互联网普及率	两化融合专项引导资金	中小企业信息化服务平台数	重点行业典型企业信息化专项规划	基础环境指数
浙　江	141.91	97.71	72.2	79.43	74.93	100	150	78.77	93.01
上　海	113.11	92.9	79.56	81.46	82.15	100	120.75	77.48	90.08
广　东	148.7	90.37	71.35	83	78.81	100	150	50.44	89.77
北　京	74.16	97.71	76.58	91.21	85.21	100	108.5	72.85	88.84
福　建	76.19	95.34	74.04	73.93	77.42	100	150	70.03	88.77
江　苏	140.8	85.02	73.1	67.8	67.6	100	145.34	68.93	86.31
辽　宁	75.32	82.19	68.31	69.58	71.08	100	150	58.14	82.58
山　东	56.74	76.18	70.48	61.3	61.4	100	150	66.53	79.35
吉　林	49.32	72.97	70.02	61.39	59.14	100	145.34	59.13	76.67
天　津	73.81	69.62	69.84	64.94	75.32	100	98.48	74.43	76.46
陕　西	87.43	69.62	67.77	64.81	61.67	100	138.63	39.42	75.08
黑龙江	58.15	66.1	69.55	57.71	56.42	100	132.19	64.92	73.94
河　北	83.72	72.97	70.6	59.55	63.04	0	150	78.66	73.37
河　南	51.49	62.4	68.31	56.59	51.71	100	150	45.22	71.73

续表

区 域	城（省）域网出口带宽	固定宽带普及率	固定宽带端口平均速率	移动电话普及率	互联网普及率	两化融合专项引导资金	中小企业信息化服务平台数	重点行业典型企业信息化专项规划	基础环境指数
湖 北	95.16	72.97	69.2	56.54	59.9	100	81.22	67.11	70.98
青 海	12.46	58.5	64.7	65.31	64.21	100	150	31.49	70.71
湖 南	71.56	58.5	70.19	52.54	53.18	100	112.4	73.49	70.67
四 川	94.32	58.5	72.42	57.2	51.92	100	108.5	61.12	70.53
江 西	58.37	54.37	69.08	48.87	49.24	100	148.48	57.27	70.47
新 疆	29.38	69.62	65.57	65.71	65.27	100	90.37	48.45	68.42
重 庆	22.42	76.18	67.89	58.76	60.65	100	61.12	67.14	66.44
广 西	57.73	66.1	69.61	53.24	54.82	100	58.5	74.97	65.33
海 南	10.09	66.1	65.57	66.3	62.95	0	141.22	48.9	64.97
内蒙古	47.01	62.4	68.43	71.14	60.65	100	72.97	35.49	64.91
山 西	30.26	72.97	66.86	61.25	64.92	100	33.15	63.44	63.36
安 徽	76.01	54.37	70.6	51	52.76	100	55.77	74.12	63.22
贵 州	29.29	50	65.14	56.49	49.57	100	102.94	47.22	62.58
甘 肃	35.31	45.34	68.66	56.64	51.5	100	105.77	32.8	61.58
宁 夏	11.99	62.4	66.8	66.3	60.47	100	40.37	42.72	59.41
云 南	50.45	54.37	68.01	54.67	49.46	0	36.85	26.75	45.89
西 藏	3.26	40.37	65.63	61.49	54.31	0	0	15.21	37.44
全国均值	63.42	69.49	69.55	63.75	62.31	—	107.71	57.18	71.71

资料来源：中国电子信息产业发展研究院。

2013 年全国两化融合发展水平评估基础环境类指标情况如表 3 所示。

表 3　2013 年全国两化融合发展水平评估基础环境类指标情况

区 域	城（省）域网出口带宽	固定宽带普及率	固定宽带端口平均速率	移动电话普及率	互联网普及率	两化融合专项引导资金	中小企业信息化服务平台数	重点行业典型企业信息化专项规划	基础环境指数
上 海	113.11	97.71	67.71	79.14	80.54	100	93.72	75.05	84.79
广 东	148.70	85.02	58.68	75.45	76.68	100	150	36.32	83.64
福 建	76.19	90.37	60.50	71.48	75.32	100	125.13	78.37	83.09
江 苏	140.80	82.19	59.97	65.26	66.14	100	142.90	68.15	82.73

续表

区　　域	城(省)域网出口带宽	固定宽带普及率	固定宽带端口平均速率	移动电话普及率	互联网普及率	两化融合专项引导资金	中小企业信息化服务平台数	重点行业典型企业信息化专项规划	基础环境指数
北　京	74.16	97.71	54.54	89.22	83.18	100	70.75	69.93	79.79
浙　江	141.91	92.90	54.90	75.17	73.54	100	77.22	72.21	79.05
辽　宁	75.32	79.25	49.69	66.74	66.31	100	150	64.21	78.64
山　东	56.74	72.97	56.40	57.71	57.01	100	150	61.54	74.71
陕　西	87.43	66.10	56.75	61.82	58.38	100	134.09	47.83	72.22
重　庆	22.42	69.62	49.46	53.66	57.79	100	150	63.64	71.42
天　津	73.81	72.97	53.82	66.83	73.15	100	75.13	68.11	70.82
黑龙江	58.15	62.40	60.50	52.86	51.50	100	132.19	68.84	70.81
吉　林	49.32	69.62	53.23	59.35	55.52	100	137.74	37.32	69.02
湖　北	95.16	66.10	55.41	57.86	57.01	100	75.13	71.57	67.23
河　南	51.49	58.50	55.05	48.47	46.79	100	136.85	41.53	64.87
四　川	94.32	58.50	56.47	52.21	48.36	100	98.48	53.9	64.54
湖　南	71.56	54.37	53.67	50.17	50	100	93.72	73.17	64.2
新　疆	29.38	62.40	51.9	63.65	60.37	100	92.07	47.66	64.07
河　北	83.72	69.62	58.41	56.38	58.38	0	79.25	75.12	60.72
海　南	10.09	62.40	51.75	62.44	60.47	0	140.37	38.82	59.84
山　西	30.26	72.97	50.31	56.79	60.93	100	25.13	60.66	58.07
江　西	58.37	50	53.96	46.02	44.60	0	147.71	57.09	58.04
广　西	57.73	62.40	50.99	48.76	50.97	100	36.85	74.74	57.80
内蒙古	47.01	62.40	54.26	68.89	55.82	100	29.25	37.63	56.53
安　徽	76.01	50	52.79	47.84	47.80	100	40.37	59.99	54.83
甘　肃	35.31	40.37	55.97	52.48	47.46	100	75.13	34	53.91
青　海	12.46	54.37	43.99	65.26	58.76	0	118.46	22.86	53.04
贵　州	29.29	45.34	46.70	51.44	44.72	100	55.77	41.11	50.91
宁　夏	11.99	54.37	53.89	64.3	57.21	0	55.77	36.61	48.33
云　南	50.45	50	55.90	49.04	44.60	0	11.12	37.59	39.79
西　藏	3.26	40.37	45.56	57.15	50	0	0	20.61	33.50
全国均值	63.42	66.24	54.29	60.45	58.69	—	93.56	54.72	64.87

资料来源：中国电子信息产业发展研究院。

通过数据对比，全国两化融合基础环境指数呈现大幅上升态势。上海、广东、福建、江苏、北京、浙江、辽宁、山东、陕西的基础环境明显优于全国平均水平，这主要是因为这些省份的网络基础设施建设水平、宽带网络基础设施覆盖率均明显高于全国平均水平，中小企业信息化服务平台数量较多，政府对信息化建设的资金支持力度较大，企业普遍较为重视信息化建设。贵州、甘肃、宁夏、云南、西藏的基础环境较差，主要原因是这些省份网络基础设施建设水平低于全国平均水平，政府对信息化发展建设的财政支持力度较小。总体来看，全国信息化建设的基础环境基本能够满足信息化发展的需要。

3. 信息化技术发展

"十二五"期间，随着"云计算""物联网""大数据"等最新信息化技术的不断发展成熟，在互联网基础上将上述技术同企业发展相结合进行整合应用，构建了全新的商业发展模式。这种模式通过不断地深化调整，其成熟度不断提高，呈现集群化的技术综合应用发展态势，目前已经充分在服务业、轻工行业等领域内体现出巨大的效益，使企业乃至整个行业的发展模式产生了重大的变革，主要从以下技术环节得以表现。

（1）物联网应用方面

物联网是在互联网基础上的延伸和扩展的网络，通过射频识别（RFID）、红外感应器、全球定位系统、激光扫描器等信息传感设备，按约定的协议，把任何物体与互联网相连接，进行信息交换和通信，以实现对物体的智能化识别、定位、跟踪、监控和管理的一种网络。

截至 2013 年，中国物联网产业规模突破 6000 亿元，传感技术、云计算、大数据、移动互联网的融合发展进入了实质性推进阶段，形成了较为完整的物联网产业体系，覆盖了从传感器、控制器到云计算的各种应用，其服务领域涉及智能家居、交通物流、环境保护、公共安全、智能消防、工业监测、节能减排、个人健康、智慧城市等，与人们的日常生活紧密结合。

物联网技术在绿色节能发展中起到的作用越来越明显。采用基于无线传感器技术的温度、压力、温控系统，彻底改变了人工监控的传统方式，使得对数据的监测及时、准确，能耗大幅降低，其已在各行业中普遍应用，并用于全方位监控企业的污染排放状况和水、空气质量监测等领域。

2014 年工业和信息化部电信研究院的《物联网白皮书》显示，在物联网制造业中，我国感知制造与国外的差距在逐步缩小，光纤传感器在高温传感器和光纤光栅传感器方面获得了重大突破，在石油、钢铁、运输、国防等行业实现了批量应用，产品质量达到国际先进水平。在 RFID 领域，我国中高频 RFID 技术产品在安全防护、可靠性、数据处理能力等方面接近国际先进水平，产业链业已成熟，在国内市场占据 90% 的份额。我国已成功研发出自主的超高频产品并打进了国际市场。在工业物联网领域成功研制了面向工业过程自动化的工业无线通信芯片。

总体来看，在政策层面，物联网发展环境日趋完善；从应用角度来讲，国内物联网应用在各行业均进入了实质性推进阶段。我国正在积极推进物联网自主技术标准的建设工作，强化共性基础能力研究及深度应用，物联网产业体系已经相对完善。

（2）云计算

自 SaaS 在 20 世纪 90 年代末出现以来，云计算服务经历了十多年的发展历程，其发展历程如图 2 所示。

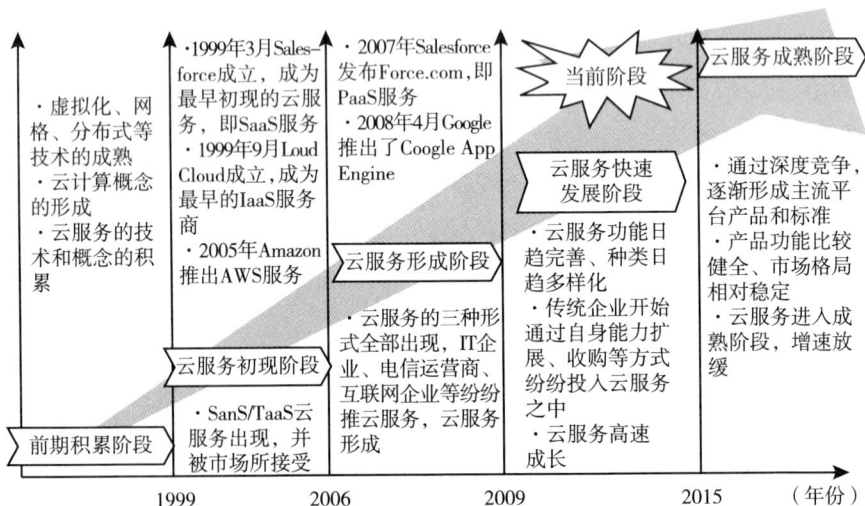

图 2　国际公共云服务发展历程示意

云计算服务真正受到重视始于 2005 年。目前，云计算已经不再像前些年那样火热，这意味着云计算的发展应用进入了相对成熟稳定的时期。

据估计，2013 年我国公共云服务市场规模约为 47.6 亿元，增速较 2012 年有所放缓，但仍达到 36%，远高于全球平均水平。

2013 年，我国 IaaS 市场规模约为 10.5 亿元，增速达到 105%，显示出旺盛的生机。IaaS 相关企业不仅在规模、数量上有了大幅提升，而且吸引了资本市场的关注，UCloud、青云等 IaaS 初创企业分别获得了千万美元级别的融资。

近年来，以 BAT（百度、阿里、腾讯）为代表的巨头企业都推出了自己的云服务平台，在众多互联网巨头的介入和推动下，我国 PaaS 市场得到了迅速发展，2013 年市场规模增长近 20%。

现阶段，国内各类云服务基本采用免费或低收费的策略来为开发者和产业生态提供基础环境。2013 年，工信部电信研究院对云计算企业和用户的调查显示，在接受在线调查的 1328 家企业中，云计算的认知水平和应用程度均比 2012 年调查时有显著提高。其中，对云计算有一定了解的占受访企业的 95.5%（2012 年为 79%）；38% 的受访企业已经有云计算应用（2012 年为 37.5%），其中公共云服务占 29.1%，私有云占 2.9%，混合云占 6%。在已有云计算应用的企业中，76.8% 的受访企业表示更多的业务开始向云环境迁移。

以上数据表明，云计算在信息化发展中所起到的基础性作用不容置疑，现阶段其应用形式还是以提供虚拟主机、虚拟化的存储资源为主，云服务企业的服务能力仍有待提高。

（3）大数据

在技术层面来讲，大数据的应用无法通过单台计算机的处理进行，其必须利用虚拟化技术，依托于分布式架构对海量数据进行分布式数据挖掘。

目前，大数据的应用对于全球来讲处于发展初期，国内大数据应用才刚刚起步，还没有完全融入企业信息化发展中。目前，大数据的应用在各行各业的情况参差不齐，在互联网行业大数据的应用相对广泛，在金融、零售、电信、公共管理、医疗卫生等领域大数据的应用正处于积极尝阶段，而在制造业、重工业等领域大数据的应用相对比较滞后，处于刚刚起步阶段。

不同行业企业在对外开放和交易数据上仍然持谨慎态度。Gartner 的一项调查表明，在全球，各行业应用最多的仍然是企业内部的交易数据（应用比例普遍超过 50%，多数行业应用比例超过 80%）和日志数据。大部分企业对数据的需求及应用还相对封闭，基本停留在掌握了解本企业内的各类数据并进行有限的应用，并没有同产业链上下游环节进行相关数据的相互应用，为产业链中各相关环节提供服务和帮助。

对于企业来讲，应用大数据构建企业乃至整合行业内的数据中心，形成产业化发展是必然趋势。

通过对近年来信息化技术发展情况的分析，信息化技术自身的发展基本上具备了在互联网时代下，为企业发展提供技术支撑的条件。如何快速地将不断涌现出的技术同企业自身管理发展相互融合，为企业的绿色发展提供帮助，真正起到"助力器"的作用，将是国内企业面临的重要问题。

4. 企业信息化应用现状

我国的企业信息化发展经过了从简单的 MIS 到财务电算化、从 MRP 到 MRP-Ⅱ、从 ERP 到 SCM 等一系列历程。

中国电子信息产业发展研究院在《2014 年中国信息化与工业化融合发展水平评估报告》中对 2013～2014 年全国企业信息化应用指数进行了统计，其中，2014 年全国企业信息化应用指数为 65.08，2013 年全国企业信息化应用指数为 57.91。这表明 2013～2014 年我国企业信息化的应用程度有了大幅提高。从企业信息化应用效果来看，应用效益指数从 2013 年的 69.08 增长到 2014 年的 72.19，增长了 3.11 个点。

信息化对企业的管理发展所起到的作用不容置疑，信息化技术的应用已经渗透到企业经营发展中的各个环节中。

（1）企业信息化应用的主要特点

①对于信息化的重要性和意义已达成共识

意识决定行动，意识是行动的先导。对信息化的认识水平决定着信息化的建设层次。长久以来，人们普遍认为，影响信息化发展的主要障碍是资金不到位、领导不重视、业务人员不支持。但在"十二五"期间，这种形势已发生重大转变。目前，大多数领导已经开始高度重视信息化建设，认识到信息化是实现深化改革、业务创新的重要手段，纷纷强化组织领导、完善管理制度、加大资金投入、开展重大信息化项目建设，各业务部门也积极参与、出谋划策，人们对信息化寄予的期望值越来越高，重视程度与日俱增。

②信息化应用呈由"点"到"线"的趋势

无论是政府还是企业，信息化都首先在局部和部门内部开展，被称为"点上的应用"，随着网络的发展，逐步建立各种业务信息系统，即"线上的应用"，这种应用方式贯穿了企业内部的各业务环节。从"点"到"线"的趋势已经在大中型企业对 ERP 的建设应用中得到了体现。

随着互联网技术的迅速发展，为了实现信息资源共享和业务工作协同，在"点"和"线"的基础上，部分企业开始着手建立"面"上的应用。

③信息化从技术驱动开始向业务和战略驱动转化

信息化建设初期，由于组织对信息化的认识不足，信息化发展模式是技术驱动，发展的动力主要来自于 IT 技术厂商。随着信息化效益的初步显现，组织的信息化意识逐步增强，信息化逐步向业务驱动转化，业务和 IT 部门在业务与管理创新方面的合作日趋紧密，IT 与业务的一致性大大提升。伴随着外部环境的深度变革和信息化的创新应用，信息化建设在某些行业正逐步迈入战略驱动模式阶段，业务和 IT 深度融合、深度协同，在信息技术的支撑下，将实现跨组织、跨行业、跨地区的全社会协同，形成工业化、信息化、城镇化、农业现代化同步发展的格局。

（2）企业绿色发展中信息化技术的应用方式

在企业实施绿色发展的过程中，对信息化技术的应用体现在以下几个方面。

①企业重点能耗实施装备数控管理

长久以来，国内以制造企业为代表的装备落后成为企业节能减排道路上的重要制约因素。通过将企业主要能耗设备进行信息化改造，实现可数控管理，不仅可以有效监控设备本身的消耗，而且是企业实现能耗管理信息化的基础条件。

中国电子信息产业发展研究院的《2014 年中国信息化与工业化融合发展水平评估报告》对我国重点行业典型企业装备数控化率指数进行了统计，2014 年全国重点行业典型企业装备数控化率指数为 48.36，各省份具体情况如图 3 所示。

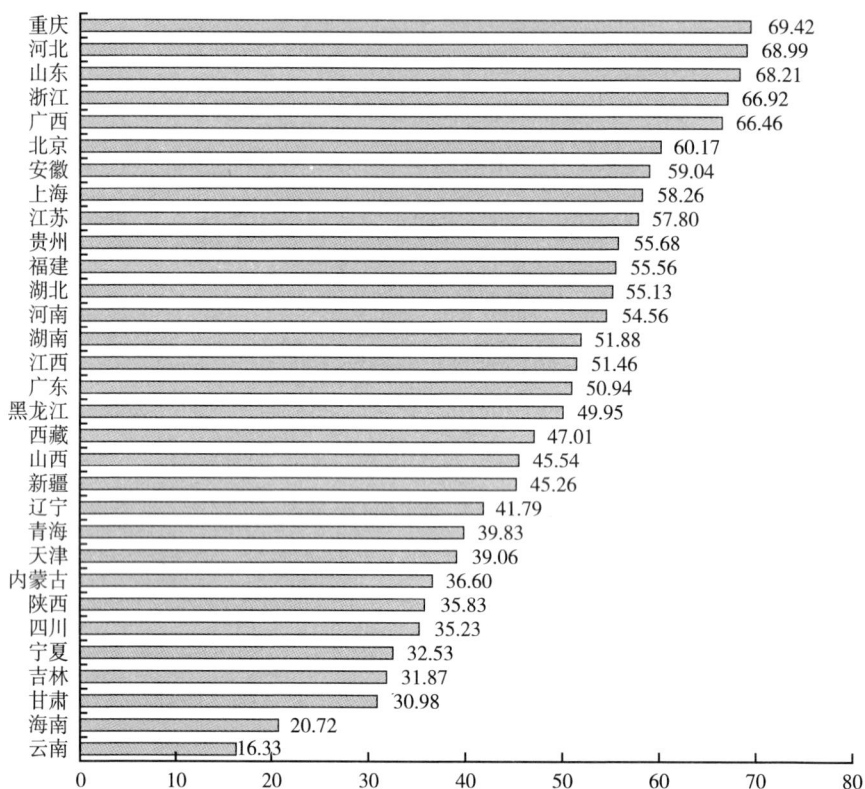

图 3   2014 年重点行业典型企业装备数控化率指数情况

资料来源：中国电子信息产业发展研究院。

2013 年全国重点行业典型企业装备数控化率指数为 47.02，各省份具体情况如图 4 所示。

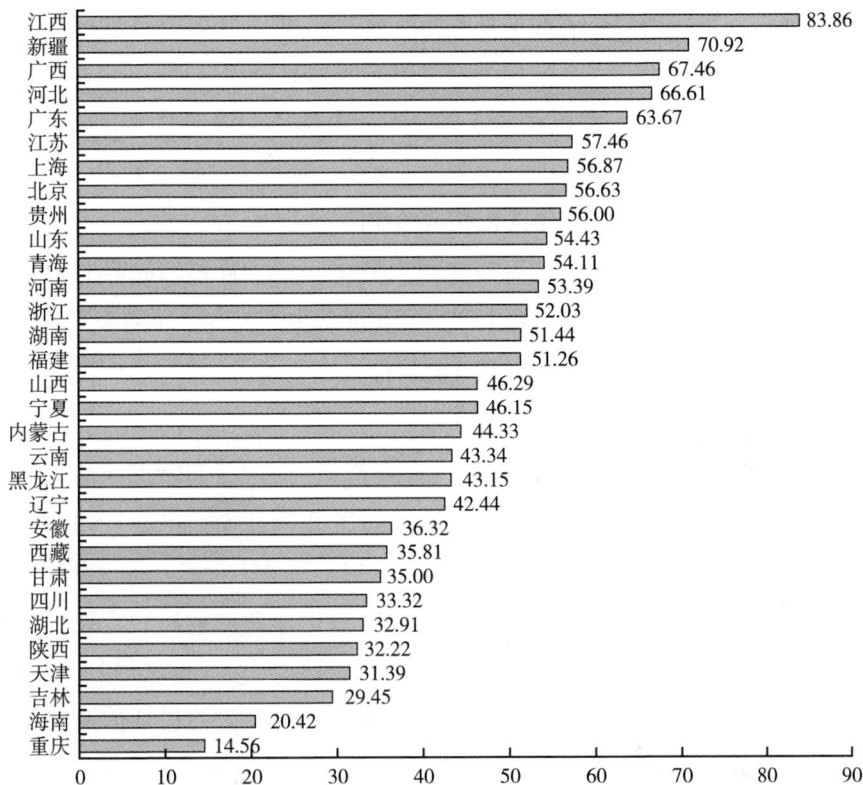

图4 2013年重点行业典型企业装备数控化率指数情况

资料来源：中国电子信息产业发展研究院。

统计表明，我国重点企业的装备数控化率总体呈现逐步提高趋势，部分地区的企业装备数控化率相当高。这种整体发展态势为我国企业实施节能减排工作和能源管理的信息化发展奠定了基础。

②通过信息系统管控企业生产过程和优化、控制工艺流程

当前企业普遍通过 MES 系统对生产过程进行控制管理，目的在于促进企业生产工艺的优化，降低企业生产能耗，提升产量，从而实现生产环节的降本增效、节能减排。一些企业采用 DCS 系统进行生产过程控制，减少污染排放，提高能源利用率。

利用 MES 系统可以将企业 ERP 系统中的生产指标和生产计划逐层落实

到作业计划、作业标准、工艺指标和生产指令，并最终下达给自动控制系统，再通过数据采集，将自动控制系统的实时信息逐级反馈、汇总、分析，最终返回 ERP 系统中。通过这一流程，MES 系统将 ERP 系统和自动控制系统连接为一个有机的整体，进一步提高了下达、执行、反馈、分析能力，有利于促进企业生产流程的整体优化和全面控制。

MES 系统的调度决策功能直接作用于 DCS 系统，能够对物料和能量提供最佳控制策略，不仅能够提高生产效率和降低生产成本，还能够实现节省能源和减少污染的目标，真正实现节能减排。

③应用 ERP 系统为企业管理服务

当前节能减排逐渐成为企业生产工作重点之一，而节能减排工作必然会占用企业自身有限的资源。企业可以根据 ERP 系统强调其事先计划和事中控制的管理思想，合理利用企业的人、财、物、信息等资源，将企业的生产经营计划同节能减排目标相结合，通过 ERP 系统辅助决策层和管理者对其进行平衡下达与落实，对指标进行有效监管。

在企业内部，将节能减排指标纳入企业 KPI 体系，并与具体业务相结合，实现管理信息系统对节能减排指标和能耗指标的能动监控，帮助企业管理者和基层工作人员及时把握节能减排工作的进展情况、发现存在的问题、纠正缺点与不足，最终提高节能减排的绩效，确保企业的生产目标和节能减排目标均得以实现。

④在能源管理中心应用信息化系统

对于企业来讲，在实施节能减排的过程中应建立能源管理体系，设置能源管理中心，通过统一能源的管理体系进行节能管控、优化调、挖掘潜力，引导企业能源消费，实现企业低碳、节能、环保的目标。目前，众多规模以上企业建立了企业能管中心，但是其中只有一些管理制度比较完善、信息化应用程度较高的大中型企业，将信息化技术应用于企业能管中心。

从信息技术本身来讲，实现企业能源信息化是对物联网、企业管理信息系统、大数据、云计算等技术手段的综合应用。目前这些支撑技术已经成熟，在应用过程中有的企业能源管理系统已经历了多次升级、完善和优化，在总体技术上达到了较高的水平，积累了丰富的经验。

目前企业能管中心对信息化的应用大致可以分为以下两种情况。

第一种是综合应用信息技术，将数据采集、处理和分析、控制和调度、平衡预测和能源管理等功能进行有机的、一体化的集成，实现了管控一体化，系统和应用功能比较完善，同时配备了经过专业培训的技术和管理人员。总体来看，取得了良好的使用效果，为企业的节能减排工作做出了突出的贡献。

第二种是通过信息系统对能源使用进行统计的基础应用，其主要功能是采集动力计量信息，并对此进行管理，通过软件实现编制能源管理报表、能耗分析、数据显示等功能，与真正意义上的企业能源管理信息化还有差距。

（二）存在问题

企业信息化建设是一项艰巨复杂的工作，是没有止境的，在大量信息系统得到应用的同时，目前仍存在很多的问题。

1. 机制完善滞后于系统建设，深层次问题仍然突出

对于企业而言，有效的 IT 治理机制是信息化建设成功的制度保障。在进行信息系统建设的同时，许多组织也在同步完善治理机制，优化制度和流程，但到"十二五"末期，IT 治理体系仍然存在很多共性问题，包括：IT 组织结构不健全、地位仍然较低；IT 与企业发展战略、业务的一致性不够；IT 投资的业务价值难以衡量；IT 需求难以在整个组织内统一管控；IT 成本难以持续降低；难以全面保障信息安全；IT 风险控制机制不健全等。不解决这些制度层面的问题，信息化应用就难以持续深入。

2. 缺乏总体架构设计，信息化建设没有统一规划

中国企业信息化经历了近 30 年的历程，这既是快速发展的 30 年，也是无序探索的 30 年。普遍存在的最主要问题可以概括为：条块分割、孤岛丛生、重复投资、低水平重复建设等问题在不同行业、不同组织中不断上演。出现这种问题与信息化的建设模式息息相关，信息化一般会经历从分散到集中、从构建满足部门需求的孤立系统到整合的过程。这个过程造成的一个严重后果就是"信息孤岛"，经过若干年建设了一堆仅能满足部门任务的孤立系

统，虽然实现了部门效率的提高，但组织的整体效率并没有随着 IT 投资的增加而同步提高，既不能保证数据的有效共享，又不能支持业务运营的一体化。

3. 普遍存在重硬件和应用系统建设、轻数据利用和分析现象

从信息技术自身来看，IT 大致可以分为硬件基础设施、应用系统和信息资源三部分。信息化建设初期，人们更加重视有形的硬件，更多的人力、物力投资到网络、服务器等硬件设备上，而对软件等相对忽视，出现了"重硬轻软"的现象；"十二五"时期，这种现象在绝大多数组织内已不存在，人们对软件的重视程度越来越高，软件与业务的融合越来越紧密。但此期间出现了"重系统、轻数据"的问题，对数据的分析、利用重视不足。在许多人眼中，信息化建设与系统实施可以直接画等号，反倒忽视了最宝贵的信息资源的开发和利用，信息化仅能满足最基本的业务流程电子化需求，难以满足领导层的决策需求，完全没有起到辅助领导决策的作用，总体的效益和效果仍不尽如人意。

4. 新技术没有得到充分应用，不能完全满足企业发展需要

随着市场竞争的加剧，市场要求组织能够随着外部环境的变化而迅速变化，但现有的信息系统建设成为业务变革的障碍。现有的信息系统建设方式成本高、周期长，难以适应业务的快速变革需要；系统架构缺乏灵活性、变更困难、可扩展性差，导致在业务发生变化时系统难以随之优化。

企业信息化的发展没有及时地将物联网、大数据、云计算等最新技术加以全面应用。大部分企业还没有适应互联网时代的特点，无法运用互联网及信息技术构建新的发展模式以顺应企业绿色发展的趋势。

三　国内外经验

（一）国外经验

在国外，经历了工业时代的人们有着更强的意识，将信息技术同企业发展方向相结合，顺应低碳绿色发展的趋势。

美国福特公司很早就在各大分厂建立了能耗信息体系，以改善能耗监管水平，通过加强管理与能源审计，提高能源利用率，进而增强公司的综合竞争实力，提高产品的市场竞争力。

美国 RT 工钢材公司最早于 1999 年采用了新的电力信息系统，通过系统的部署应用，企业电力能源得到了合理的优化，大大降低了能耗成本。

法国最大制药公司的生产车间、德国斯派克、西班牙铝轮箍厂、印度汽油裂解厂等都通过采用先进的 EMS 系统来加强能耗的信息化管理，降低企业能耗值，增加单位能耗的产值，提高企业的综合竞争实力。

德国 HIMA 作为全球唯一一家专业供应安全控制系统的企业，也是第一家研发 SIS 厂级监控信息系统的公司（Supervisory Information System in plant level，SIS）。该系统的主要功能是进行生产过程实时信息采集、处理和监视，计算分析和操作指导，并实时运行调度，优化运行和操作指导，设备状态监测及故障诊断，机组的相关试验、性能计算、机组经济性指标分析，仿真及状态预测等，该系统还具备远程功能和其他管理辅助功能。企业通过采用 SIS，可方便实现机组性能在线监测、能损分析、机组运行方式优化、机组间经济负荷调度、发电成本核算、设备动态管理等业务，从而降低发电企业的火电煤耗、实现科学分配机组负荷、延长设备使用寿命，减少重大事故的发生，最终获取最大的经济效益。同时为企业进行信息化建设，真正实现"管、控、营"一体化提供强有力的支撑，达到节能减排的目的。

日本的 azbil 集团是楼宇能源管理、暖通空调控制、建筑节能应用领域的市场领导者。该集团的建筑能源管理系统在日本占据 70% 以上的市场份额。由 azbil 集团研发的建筑能源管理系统（BEMS），是对建筑物或者建筑群内的变配电、照明、电梯、空调、供热、给排水等能源使用状况实行集中监视、管理和分散控制的管理与控制系统，是实现建筑能耗在线监测和动态分析功能的硬件系统和软件系统的统称。它由各计量装置、数据采集器和能耗数据管理软件系统组成。BEMS 通过实时的在线监控和分析管理实现以下效果：对设备能耗情况进行监视，提高整体管理水平；低效率运转的设备；

发现能源消耗异常；降低峰值用电水平。BEMS 的最终目的是降低能源消耗，节省费用。2015 年 3 月 27 日，中国节能环保集团公司正式与 azbil 集团进行合作并将此项技术引入中国，以快速提升中国建筑节能产业的技术水平和集成能力。

（二）国内经验

在国内，信息化同企业绿色发展相结合起步较晚，最早开始能源系统应用的是宝钢，该企业在一期工程的建设中，从日本引进了当时很先进的第一代集中式能源管理系统，通过不断地改进与完善，在三期工程的建设中，采用了更为先进的信息系统。通过学习借鉴宝钢的能源管理经验，国内多家大型钢材企业也开始加强自身能源管理系统的研发，以此来提高综合竞争实力，如鞍钢、梅钢等。随着计算机技术的普及和企业对信息化能源管理的日益重视，各大行业都开始了能源管理系统的研究与应用，包括电力、纺织等行业，能耗管理与节能减排意识得到不断的加强。

通过能耗信息系统的广泛应用，提高了企业的能耗监控信息化水平，不仅为企业减少了人力成本开销，带来了巨大的经济效益，也积极响应了国家节能减排政策的号召，为国家、社会做出了巨大的贡献。

2006 年 10 月至 2007 年 10 月哈尔滨通过建设信息化系统实现了对水、气、声、环境质量的在线自动监测，对水、气、声污染源和危险放射源的在线自动监测，以及对尾气、气象、污染治理设施的在线自动监控等。其中，基础地图、专题地图、大气质量、流域质量、噪声环境质量、气污染源、水污染源、噪声污染源、气象监测、用户管理等功能已经开发并投入使用，危险放射源、尾气监测等有些功能尚待完善。有些分析算法和扩散模型有待更加深入的研究后才能组织开发。目前，哈尔滨市环境在线自动监测地理信息系统平台已具备数据采集、信息管理的基本功能，达到运行条件。该平台是传感器、无线网络、电子政务网络、互联网络的典型应用，是传感器、通信、数据库、计算机处理、环境数学模型分析、WEBGIS 等多项先进技术的综合应用。

哈尔滨市大气环境质量在线实时监测数据、噪声环境质量在线实时监测数据、大气污染源在线监测实时数据、废水污染源在线监测实时数据、污染治理设施在线实时监控数据已经可以传回至环境在线监控系统中。通过该系统，环保部门的管理者可以实时查看在线监测数据，并针对实时数据进行统计分析，完成数据统计报表、专题图谱分析。该系统提供一般办公自动化系统难以具备的从宏观到微观的空间数据管理、空间分析和环境模型应用功能，由此既可支持环境综合分析、环境预测、环境评价和环境规划，又可从现有的环境数据的基本要素和空间关系中挖掘和产生新的信息，引导各级环境管理者产生形象思维、拓宽思路，发现和解决新问题，对环境管理问题决策和突发环境污染事件应急提供强有力的数据支撑。

北京油气调控中心于2006年成立，通过数据采集、能耗分析、优化管理，在全国管网开展设备耗能实时采集、创建动态能耗分析EA软件平台等工作，先后完成了油气管道能耗现状分析、能耗测算方法研究、能耗指标体系研究、管道运输成本对比分析、管道气电动力费用对比分析等8项分析研究工作，统一了各地区公司管道能耗管理与评价办法。中心组织开展了"油气管道能耗数据采集与应用"项目，运用光缆、卫星等远程通信手段，将现场燃油、燃气、耗电计量数据实时采集到北京主控制室，由节能专业人员进行动态分析，并在每个调度操作台上显示能耗分析结果。涉及10条油气管道、61个站场、6000余个数据点，现场跨越17个省、直辖市、自治区，管道总里程达12000余公里，完成了数据采集、分析评价、挖潜预测等，改变了西部原油管道耗能高的情况，节能效果显著。

四 未来展望

（一）信息技术改变企业信息化建设、应用模式

随着云计算应用的不断普及，云服务企业的服务能力将会有大幅提高。越来越多的企业会在进行企业信息化建设的过程中，通过云服务企业所提供的硬件平台和信息系统服务来构建自身的信息化体系。在这种模式下，企业

只需要向专业信息化服务机构租赁硬件资源及信息系统即可，传统的购买建设模式变为租赁服务模式。这种建设模式将充分利用虚拟化技术，提高硬件设备的使用率，并且信息系统也不需要完全定制开发或者采购，大大降低了企业投资建设信息系统的成本和信息系统日常运营所产生的能源消耗。

（二）信息技术在企业发展中充分得到整合应用

企业的信息化拓展应用涉及深度和广度两个维度。在深度上，基于云计算的大数据分析处理将沿着事务处理、分析处理和商务智能的轨迹不断进行深入的挖掘，为各级政府、节能服务机构、企业提供更为全面、精准的能源管理决策信息。以逐步回答管理决策者在经营运作中提出的问题。

在广度上，拓宽企业内部业务信息化的领域，并进行必要的集成；向企业外延展信息化的触角，以支撑与客户和供应商的业务活动。特别需要重视企业外数据的分析与处理，如用户生成的数据（评论、口碑等）、社交网络和媒体的反馈等，以开发应用相关的商誉、企业舆情、开源数据分析技术。

走绿色信息化道路是企业科学发展的内在要求，信息化作为现代经济社会发展的动力，在淘汰落后生产方式、支撑企业转型升级、促进技术创新的同时，也在消耗能源、产生代谢。在信息化过程中，除了相关设备和技术的采纳、制造和应用要注意绿色环保之外，在信息化项目规划中也应进行综合环境和能耗评估，使信息化与工业化、城镇化、农业现代化同步融合推进。只有将信息技术逐步运用到工业生产的各个环节中，从根本上实现全面信息化管理，才能为实现生态经济发展保驾护航，达到监督、监控、监管的目的，为企业绿色发展做出贡献。

参考文献

［1］中国电子信息产业发展研究院（赛迪工业和信息化研究院）：《2014年中国信息化发展水平评估报告》，2014。

［2］中国电子信息产业发展研究院：《2014 年中国信息化与工业化融合发展水平评估报告》，2014。

［3］工业和信息化部电信研究院：《物联网白皮书》，2014。

［4］工业和信息化部电信研究院：《云计算白皮书》，2014。

［5］Gartner：《调查分析：大肆宣传下的 2013 年大数据应用程序》，2013 年 9 月。

B.8

中国企业绿色发展政策分析

朱光辉 张志忠 苏 芮 曹玫玉*

摘 要： 随着工业化和城市化进程加快，中国作为世界第一制造大国，环境污染问题日趋严重。企业作为社会经济活动的基本单元、环境污染的制造者和节能减排的实施者，必须肩负起改善生态环境的责任。本文系统分析了中国企业实施绿色发展战略的背景、国外企业绿色发展的经验、中国支持企业绿色发展的宏观政策以及各类企业绿色发展的实践，认为中国在促进企业绿色发展中存在法律体系不健全、激励机制不完善、监督机制有缺陷等问题，为建设"美丽中国"，亟须构建促进企业绿色发展的政策体系。

关键词： 中国企业 绿色发展 绿色法规 节能减排

一 中国企业实施绿色发展战略的背景

环境是人类赖以生存的外部空间，随着工业化、城镇化进程加快，环境污染问题日益严重，成为制约经济发展的瓶颈，更直接威胁着人类的生命安全。如何使环境保护与经济社会协调发展已成为人类亟须解决的重大课题。

---

* 朱光辉，高级规划师、国家注册规划师，现任中社科（北京）城乡规划设计研究院院长；张志忠，副研究员，中社科（北京）城乡规划设计研究院区域所所长；苏芮，中社科（北京）城乡规划设计研究院中级规划师；曹玫玉，中社科（北京）城乡规划设计研究院规划师。

企业作为经济活动的基本单位，也是环境污染的主要制造者，要实现经济社会的可持续发展，企业绿色发展迫在眉睫。

（一）政策意义

1. 实施绿色发展有利于改善生态环境

改革开放 30 多年来，中国在经济上取得巨大成功的同时，也付出了巨大的环境代价。发展是解决一切问题的重要前提，但发展不等于简单的增长，在实现高质量增长的同时，更需要宝贵的环境，否则人们将无法栖息。企业作为社会经济活动的基本单元、环境污染的主要制造者，必须肩负起改善生态环境的责任，如此才能实现永续发展。

2. 实施绿色发展有利于增强企业竞争力

现代企业间的竞争越来越激烈，没有"绿色"的企业将难以生存。这迫使企业不得不充分考虑环境因素，实施绿色发展。因此，企业的竞争力愈加体现在绿色低碳上，要求企业在绿色发展中通过制定绿色发展战略，将绿色、环保、生态、低碳概念引入产品和服务的设计、生产、加工、销售等一系列环节中，更好的处理企业利润和环境保护之间的关系，赢得消费市场和政府支持，树立良好的形象，从而增强自身的竞争力。

3. 实施绿色发展有利于实现企业可持续发展

企业通过绿色发展，将以"高投入、高消耗、低效益、低产出"为主要特征的"资源型经济"转变为以"低投入、高效能"为主要特征的"节约型、循环型经济"，创造更多的商业机会、加速企业技术创新、生产更多的绿色产品，实现企业的可持续发展。

4. 实施绿色发展有利于企业适应和引领新常态

中国经济发展进入新常态，经济正从高速增长转为中高速增长，企业转型升级势在必行。企业绿色创新驱动成为经济增长的新引擎，特别是以新能源技术、绿色环保技术、信息技术等为核心的绿色技术成为推进企业转型升级的有力手段。企业绿色发展就是推动新常态下企业发展不竭的动力，为其打开了巨大的市场空间。

（二）发展历程

中国企业绿色发展经历了一个较长的过程，从初步认识、具体实践、深化发展到探索创新，逐步形成了独具特色的发展模式。

1. 以控制企业生产环节的污染为主的阶段（1972～1983年）

20世纪70年代初期，中国经济社会发展缓慢，且处于工业化初期，一些企业虽然对环境具有负面影响，但整体上对环境造成的污染总量较小。1973年8月，为积极响应联合国首次人类环境会议的号召，国务院召开第一次全国环境保护会议，制定了《关于保护和改善环境的若干规定》（以下简称《规定》）。《规定》要求，企业综合利用生产过程中排放的"三废"，特别是含氟、含硫等物质；强调防治污染项目的重要性，要求一切新建、改扩建企业的防治污染项目，必须和企业主体工程同时设计及交付使用，没有防治措施的，必须补上；革新生产技术，降低"三废"的排放量。这是中国首次提出的环境保护政策方针，总体上以控制企业生产环节的污染为主。

2. 引导企业向清洁生产发展阶段（1984～1995年）

随着改革开放的推进，环境问题开始显现。1983年在第二次全国环境保护会议上将保护环境确立为中国的一项基本国策。随后，《国务院关于环境保护工作的决定》明确提出，对于高污染、经营状况较差的企业，应采取全面整治或必要时关停的措施；工矿企业因环境污染而搬迁新建的项目及企业治污项目，均免征建筑税，企业还可申请优惠贷款用作"三废"治理专项资金。此后，随着中国经济步入"过热"态势，污染问题也日益凸显。1989年在国务院召开的第三次全国环境保护会议上特别指出，"在压缩基本建设、克服经济过热、调整产业结构的过程中，对污染环境的企事业单位，不论是全民的还是集体的，或者个体的，都要逐个清理，列出清单，坚决整顿。对那些布局不合理、污染严重的项目，已建成的，要限期治理，或者令其停严、关闭。要坚决禁止建设严重破坏生态环境的新企业。引导和鼓励工业建设向不污染环境的方向发展"。这表明中国环境保护工作逐步步入正轨，对企业绿色发展提出了更高的、可考核的要求。

3. 企业开始淘汰落后产能阶段（1996～2006年）

随着中国社会主义市场经济体制的确立，各类企业飞速发展，环境污染问题日益突出。1996年在第四次全国环境保护会议上规定企业应对所有新建、改建、扩建等项目采用清洁生产工艺，严格遵循环境影响评价及"三同时"等制度，并在高污染地区，实行"以新代老"，降低环境污染总量。21世纪以来，针对中国进入重化工业的新阶段和新情况，高投入、高产出的粗放型经济增长方式已难以适应中国的经济发展，先后于2002年、2006年召开的第五、第六次全国环境保护会议指出对落后产能进行淘汰。随后财政部发布《淘汰落后产能中央财政奖励资金管理暂行办法》（财建〔2007〕873号），指出"优先支持淘汰落后产能任务重、困难大的企业，主要是整体淘汰的企业；优先支持淘汰合规审批的落后产能；优先支持在国家产业政策规定期限内淘汰的落后产能；优先支持没有享受国家其他相关政策的企业"。随后提出量化指标，国家"十一五"规划纲要指出，"主要污染物排放总量减少10%"，主要污染物减排作为经济社会发展的约束性指标对企业的发展影响深远。

这一时期，环保政策日益完善。国家为鼓励企业绿色发展，国家发改委、中国人民银行、中国银监会于2004年发布《关于进一步加强产业政策和信贷政策协调配合控制信贷风险有关问题的通知》（发改产业〔2004〕746号），要求"对鼓励类项目在风险可控的前提下，积极给予信贷支持；对限制和淘汰类新建项目，不得提供信贷支持；对属于限制类的现有生产能力，且国家允许企业在一定期限内采取措施升级的，可按信贷原则继续给予信贷支持；对于淘汰类项目，应停止各类形式的新增授信支持，并采取措施收回已发放的贷款"，这体现了国家的政策导向。由于我国不少企业环境意识增强，加之许多消费者要求提供健康、绿色、环保的产品，倒逼企业将生产绿色产品作为提升自身竞争力的手段。

4. 推动企业发展环保型、循环产业阶段（2007年至今）

随着中国制造大国地位的确立，产能过剩问题日趋突出，为转变经济发展方式、走中国特色新型工业化道路、实现工业由大变强的目的，2007年开始，抑制过剩产能、鼓励企业兼并重组，以及发展节能环保型、循环产业成为企业绿色发展的主基调，且惩处力度强大。此阶段国家发布了《国务院关于加快发展循环经济的若干意见》（国发〔2005〕22号）、《国务院关于发布实施〈促进产业结构调整暂行规定〉的决定》（国发〔2005〕40号）、《国务院关于印发节能减排综合性工作方案的通知》（国发〔2007〕15号）、《产业结构调整指导目录》、《国务院关于进一步加强淘汰落后产能工作的通知》（国发〔2010〕7号）、《国务院关于化解产能严重过剩矛盾的指导意见》（国发〔2013〕41号）、《国务院关于加快发展节能环保产业的意见》（国发〔2013〕30号）等文件。《国务院批转发展改革委等部门关于抑制部分行业产能过剩和重复建设引导产业健康发展若干意见的通知》（国发〔2009〕38号）规定，"对未按规定期限淘汰落后产能的企业吊销排污许可证，银行业金融机构不得提供任何形式的新增授信支持，投资管理部门不予审批和核准新的投资项目，国土资源管理部门不予批准新增用地，相关管理部门不予办理生产许可。对未按规定淘汰落后产能、被地方政府责令关闭或撤销的企业，限期办理工商注销登记，或者依法吊销工商营业执照。必要时，政府相关部门可要求电力供应企业依法对落后产能企业停止供电"。对于节能环保型产业，则要求推进重点行业企业采用清洁生产等，并"鼓励建立以企业为主体、市场为导向、多种形式的产学研战略联盟，引导企业加大节能减排技术研发投入"。此阶段，随着"生态文明"的概念在2007年党的十七大上被首次提及，企业绿色发展也在生态文明的理念下不断探索与创新，向绿色、循环、低碳方向改进，积极探索环境代价小、社会效益好、污染排放低、企业可持续发展的新道路，实现经济效益、社会效益、资源环境效益的多方共赢。同时，许多企业的社会责任意识增强，并逐渐承担起可持续发展的社会责任。

二 企业绿色发展的国际政策及实践经验

工业化在给人类带来巨大物质财富的同时，也使其付出了沉重的资源环境代价。20世纪70年代至80年代，西方发达国家相继出现了严重的环境污染事件，特别是有名的八大环境公害事件，引发了人类对工业文明弊端的反思，企业"污染式"的发展受到来自政府、社会、市场等各方的质疑。从1972 年斯德哥尔摩人类环境会议上环境意识的觉醒开始，1992 年里约热内卢环境与发展大会上可持续发展战略提出的《21 世纪议程》中有 8 条涉及企业，2005 年 2 月的《京都议定书》对企业行为也有所约束。总之，各国为了实现可持续发展，都积极采取政策措施，推进企业寻求绿色转型发展之路。

（一）传统工业企业

传统工业企业在促进西方国家现代化的过程中发挥了重要作用。传统工业企业又是资源、能源密集型产业，能源消耗大、造成的生态破坏及环境污染问题较严重，绿色发展势在必行。

日本是较早推动传统工业企业绿色发展的国家之一。1993 年 11 月 19 号日本颁布第 91 号《环境基本法》，明确产生废物的传统工业企业的责任和回收义务，"国家或地方公共团体可根据企业引起公害等问题的程度，以及构成公害等问题原因的程度，为迅速防止发生公害等问题所需采取措施的费用，适当而公平地分担给企业一部分或全部（受益者负担）"。为促进传统工业企业节能减排，日本政府出台了特别折旧制度、补助金制度、特别会计制度等多项财税优惠措施加以引导，鼓励企业开发节能技术、使用节能设备，同时，积极推行碳排放权交易制度，"国内企业可以按照自愿制定减排目标的原则，自行设定排放总量。如果企业减排至排放上限以下，可将剩余部分作为排放权出售，而对于没有达到减排目标的企业，可以从其他企业那里购买排放权进行弥补"。为促进煤炭企业节能降耗、减少污染，日本政府制定了《煤炭工业合理化临时措施法》等，对关闭煤矿给予一定的补偿；同时积极引进和研发高新技术，引导煤炭企业朝集约化方向发展。2011 年，日本政府发布《绿色经济与社会变革》，提议通过征收企业环境税等形式，降低传统工业企业的温室气体排放量，提高经济的绿色发展水平。

二战后，德国主要通过发展重工业和制造业来带动经济恢复，这不可避免地给河流、空气等造成严重污染。80 年代末，德国政府对采取环保措施的企业，给予国家担保贷款或低息优惠。"德国政府对环保的新技术、新设备、新产品的开发和应用，给予 20% 以上的税收优惠。对于安装环保设施的企业，所需土地享受低价优惠，免征三年环保设施的固定资产税，并允许企业每年度环境保护设施所提折旧比例超过正常折旧比例。对于实施环保项目的研发，允许企业将研发费用计入税前生产成本"。

同时，德国积极推进传统工业循环发展，1996 年颁布的《循环经济和废物管理法》规定，当年新增投资的 70% 用于发展各种可生物降解或易于再循环的新产品。通过采取税费减免的方式来鼓励企业用可燃废弃物生产 ECO-CEMENT（生态水泥）。近年来，德国为了发展绿色经济，鼓励开发可再生能源，对开发可再生能源的企业每年补贴 160 亿美元，对传统工业使用的能源征收 40% 的税收，高居欧盟各国榜首。德国有 1/4 的重工业企业正在考虑减产。

（二）战略性新兴产业企业

国际金融危机爆发后，各国将促进战略性新兴产业企业发展作为重振经济、提升产业层次的有力手段。

2008 年 7 月，日本政府出台了《构建低碳社会行动计划》，"鼓励和支持开发太阳能、风能、核能等新能源，主张有效利用生物发电、垃圾发电、地热发电以及制作燃料电池"，并利用财税政策加以引导。此外，日本新能源汽车等领域的大型企业集团实行"领跑者"制度，建立了绿色节能产品的参考标准。

为鼓励战略性新兴产业企业发展，美国以绿色低碳为导向，利用财税的形式，针对鼓励投资、研发、使用可再生能源出台了相关的优惠政策，主要包括生产退税（PTC）、投资退税（ITC）和国家财政补贴计划。生产退税方面，规定对风能、生物质能等发电企业调整退税额达 2.2 美分/千瓦时；投资退税方面，规定大型企业的太阳能等项目可按立项成本的 30% 获得退税；2009 年出台的可再生能源现金返还补贴政策规定，待可再生能源项目结束后，企业可按项目 30% 的比例获得现金补偿，鼓励企业科研创新，减少政府对企业的干预。2010 年美国的能源预算达到 264 亿美元，主要用于促进再生能源的使用。

为促进清洁环保的新能源乙醇企业发展，巴西建立了能源有保障、环境无污染的双赢环保体系。政府强制规定企业需要利用甘蔗提炼乙醇等生物质能源作为汽车燃料的替代品，并强制规定乙醇在化石燃料中的比例，对不执行者予以相应的处罚。同时，政府通过一些政策措施，如购买补贴、财税减免、促进生物质能源汽车的普及等，着力促进乙醇企业的发展。

（三）现代服务业企业

随着全球产业结构的深入调整，欧美等国均出台了相关政策，为规范现代服务业企业向绿色方向发展提供了政策导向。

2012年，欧洲会议通过一项旨在要求现代服务业企业循环发展的方案。要求IBM、HP等企业在产品设计之初，便将可回收性融入其中，为企业实现可持续发展奠定了资源基础。此外，很多发达国家引入具备专业化水平的第三方，由其管理产品的后续服务，大大提高了企业的绿色发展水平。

美国为促进现代服务业企业的绿色发展，采取了各项税收优惠政策，尤其是在现代服务业企业的研究和开发（以下简称R&D）方面。一是投资抵免，企业可以把与贸易、商业活动或高新技术有关的R&D支出不作为资本性支出，直接作为当前费用在税前扣除。美国《经济复兴税收法》规定，企业在R&D方面超过三年平均水平的开支增加额可享受25%的税收抵免，该项抵免可以向前结转3年、后结转15年。二是加速折旧，美国政府对现代服务业私立企业用于R&D的仪器设备实行加速折旧，规定折旧年限为3年，低于所有固定资产的折旧年限，以促进其对现代服务业的投资。

韩国服务业发达，为促进现代服务业企业特别是中小型企业绿色转型发展，韩国政府建立了适当的融资市场和机制，积极为绿色中小企业建立资金"输血"管道，设立绿色中小企业专用基金，制定绿色技术与产品的认证制度，为绿色增长的投资者提供足够的税收激励，通过金融市场创新促进现代服务业企业发展。

（四）现代农业企业

20 世纪中叶以来，西方发达国家以科技创新为动力，以绿色、环保为目的，实现了传统农业企业向现代农业企业的跨越。

美国为提高现代农业企业的国际竞争力，采取财税补贴等措施，促进农业企业技术创新和绿色发展。2008 年美国发布的《保护管理计划》指出，美国对于农场企业一系列环境友好行为采取的分摊成本资助或现金奖励，仅 2005 年就有 2.02 亿美元预算用于 CSP。在具体实施过程中，政府与农业企业签订 5 ～ 10 年合同，每年划拨经费 20000 ～ 45000 美元，鼓励发展低碳农业，提升其竞争力。比如，国际著名的农业企业 ADM（Archer Daniels Midland），非常重视研发创新和绿色环保，企业通过不断创新来支撑其绿色发展。除了谷物与油籽处理、黄豆压碎处理厂外，ADM 还进入生物燃料行业，用玉米制取生物燃料，目前其已成为世界上最大的生物燃料生产商。

由于国土面积限制，以色列走的是一条低投入、高产出的绿色农业之路。以色列政府通过低息贷款和设立碳信托基金会的方式鼓励优质绿色农产品的出口，旨在开发扶持农业龙头企业。比如，农业企业安格罗特普（Agrotop）运用先进的科学技术，如水肥一体化技术等，促进作物与气候、土壤、营养、科技等之间的融合关系，实现精确化的绿色低碳农业，生产出高品质的农产品，实现以色列沙漠绿洲农业的腾飞。

日本的农业企业走的是一条高科技绿农之路。日本通过建立由中央、县和市町村组成的三级农业科研发展体系，帮助农业企业尽可能减少以石油制品为原料的化肥和农药投入，并通过立法规定了废弃物的排除、污泥用作肥料、防止施肥过量等，达到保护环境的目的。日本知名的农业企业卡美柯公司采用最先进的电子遥控技术、新能源技术和自动化管理系统，优化组合农作物生产所需要的光、水、土和肥料，批量生产各种农产品，走出了一条经济效益好、绿色低碳的现代农业之路。新潟玉木农园公司运用科学技术，通过对土壤进行科学处理，将旱田改为水田，其种植的大米富含各种人体所需的微量元素，在市场上极具竞争力。

总之，各国为促进企业绿色发展出台的政策措施及其实践经验，值得我国借鉴。

三 中国支持企业绿色发展的宏观政策

企业实施绿色发展，既是企业不断适应市场的自我选择过程，又受到宏观环境和政府政策的引导。21 世纪以来，特别是 2010 年以来，国家为促进经济发展和产业结构转型升级出台了一系列政策措施，对企业实施绿色发展起到了重要的推动作用。

（一）产业政策

改革开放以来，特别是 21 世纪以来，为实现可持续发展，中国出台了一系列产业政策，推进企业实施绿色发展。

2003 年开始，中国进入重化工业阶段。此阶段钢铁、电力、水泥、建材、煤炭等资源型行业加速发展由此引发了煤炭私采滥挖严重、安全事故多发、资源浪费严重、环境治理滞后等问题，为此，2005 年 6 月 7 日《国务院关于促进煤炭工业健康发展的若干意见》（国发〔2005〕18 号）发布，随后《国务院关于加快发展循环经济的若干意见》（国发〔2005〕22 号）、《国务院关于发布实施〈促进产业结构调整暂行规定〉的决定》（国发〔2005〕40 号）等相继发布，要求企业在生产过程中全面推行清洁生产，并最大限度提高资源的再利用价值，对破坏环境的企业予以关闭。2008 年国际金融危机后，为提振信心，拉动经济增长，我国投资 4 万亿元，对一些行业实施了振兴政策，但是随着产能释放、国际市场持续低迷，国内需求增速趋缓，产能过剩呈加剧之势，而资源消耗、环境污染问题又日趋严重，加之国际上要求我国碳减排的呼声日渐高涨，淘汰落后产能、节能减排、绿色发展成为企业发展的主基调。《国务院批转发展改革委等部门关于抑制部分行业产能过剩和重复建设引导产业健康发展若干意见的通知》（国发〔2009〕

38 号)、《国务院关于进一步加强淘汰落后产能工作的通知》(国发〔2010〕7 号)、《国务院办公厅关于进一步加大节能减排力度加快钢铁工业结构调整的若干意见》(国办发〔2010〕34 号)等,要求企业切实承担起淘汰落后产能的主体责任,限制企业投资两类"两高"项目,加强资源循环利用,培育"两型"(资源节约型、环境友好型)示范企业,促进企业向绿色化方向发展。

2012 年以来,在国家政策引导下,企业向绿色发展趋势明显,《国务院关于印发"十二五"节能环保产业发展规划的通知》(国发〔2012〕19号)、《国务院关于印发生物产业发展规划的通知》(国发〔2012〕65 号)、《国务院办公厅关于转发发展改革委、住房城乡建设部绿色建筑行动方案的通知》(国办发〔2013〕1 号)、《2013 年工业节能与绿色发展专项行动实施方案》(工信部节〔2013〕95 号)、《国务院关于加快发展节能环保产业的意见》(国发〔2013〕30 号)、《国务院办公厅关于印发 2014～2015年节能减排低碳发展行动方案的通知》(国办发〔2014〕23 号)等相继发布,对企业生产绿色产品、提高资源利用效率、减少污染排放等实施了一定的财税激励和信贷引导,要求吸引企业参与到节能环保建设中来。

企业是技术创新的主体,为促进以绿色发展为核心的新能源技术、绿色环保技术、信息技术的发展,2013 年《国务院关于加快发展节能环保产业的意见》(国发〔2013〕30 号)发布,要求强化企业技术创新主体地位,支持企业牵头承担节能环保国家科技计划项目,同时一些国家重点建设的节能环保技术研究中心和实验室优先在骨干企业布局。2014 年 10 月《国务院办公厅关于印发能源发展战略行动计划(2014～2020 年)的通知》(国办发〔2014〕31 号)要求,企业加大科技创新力度,大力推进传统与新兴行业能源的绿色化发展。

总之,在各类产业政策的推动下,企业绿色发展倾向愈加明显,但是由于企业,特别是"三高"企业体量大、涉及面广、产业链条长,许多政策没有完全达到预期的效果,企业绿色发展还任重道远。

表1　我国发布的针对企业绿色发展的产业政策

日期	名称	措施
2005 年 6 月 7 日	《国务院关于促进煤炭工业健康发展的若干意见》（国发〔2005〕18号）	积极推进煤炭企业按照高效、清洁等原则开展资源的综合利用，明确企业在矿区生态环境治理中的责任
2005 年 6 月 27 日	《国务院关于做好建设节约型社会近期重点工作的通知》（国发〔2005〕21 号）	提出对高耗能企业进行节能改造，并以1000 家高耗能单位为重点，提出节能降耗的具体措施
2005 年 7 月 2 日	《国务院关于加快发展循环经济的若干意见》（国发〔2005〕22 号）	要求企业在生产过程中全面推行清洁生产，并最大限度地提高资源的再利用价值
2005 年 12 月 2 日	《国务院关于发布实施〈促进产业结构调整暂行规定〉的决定》（国发〔2005〕40 号）	重点推进钢铁、石化等行业企业的节能技术改造，淘汰落后的生产工艺及产品，对破坏环境的企业应予以关闭
2009 年 3 月	《钢铁产业调整和振兴规划(2009～2011 年)》	对重点大中型企业吨钢能耗及污染物排放量给出新指标
2009 年 9 月 26 日	《国务院批转发展改革委等部门关于抑制部分行业产能过剩和重复建设引导产业健康发展若干意见的通知》（国发〔2009〕38 号）	定期发布环保达标的生产企业名单，增强对排污企业的清洁生产审核
2010 年 2 月 6 日	《国务院关于进一步加强淘汰落后产能工作的通知》（国发〔2010〕7号）	规定近期电力、钢铁等重点行业淘汰落后产能的具体目标和任务，强化企业要切实承担起淘汰落后产能的主体责任
2010 年 6 月 4 日	《国务院办公厅关于进一步加大节能减排力度加快钢铁工业结构调整的若干意见》（国办发〔2010〕34号）	为抑制钢铁产能的过快增长，规定 2011年底前，不再核准、备案任何扩大产能的钢铁项目
2011 年 5 月 10 日	《国务院关于促进稀土行业持续健康发展的若干意见》（国发〔2011〕12 号）	从事稀土开采及冶炼的企业，未经环评审批的项目，一律停产停建；缺乏防污设施、超标排放的项目，依法责令停产或吊销相关证照
2011 年 12 月 1 日	《国务院关于印发"十二五"控制温室气体排放工作方案的通知》（国发〔2011〕41 号）	推进重点用能企业的节能管理及节能技术改造，控制畜牧业等行业的甲烷等温室气体的排放
2011 年 12 月 30 日	《国务院关于印发工业转型升级规划(2011～2015 年)的通知》（国发〔2011〕47 号）	鼓励企业运用清洁生产技术，提升企业在生产源头、过程和产品三个重点阶段的能效，构建企业能源管理体系

日期	名称	措施
2012 年 3 月 6 日	《国务院关于支持农业产业化龙头企业发展的意见》(国发〔2012〕10号)	鼓励农业循环经济的发展。发挥龙头企业在循环经济产业中的示范带动作用,加强农林废弃物的资源再利用能力,并加强对畜禽粪便进行资源化处理
2012 年 4 月 27 日	《关于加快推动我国绿色建筑发展的实施意见》(财建〔167〕号)	以优惠的政策激励、调动企事业单位建设的积极性,提高绿色建筑标准执行率
2012 年 6 月 16 日	《国务院关于印发"十二五"节能环保产业发展规划的通知》(国发〔2012〕19号)	要求企业加强资源的循环利用,推进汽车零部件等再制造
2012 年 6 月 28 日	《国务院关于印发节能与新能源汽车产业发展规划(2012~2020年)的通知》(国发〔2012〕22号)	引导企业将节能纳入新能源汽车研发体系,鼓励跨行业的节能技术与新能源汽车技术相结合
2012 年 9 月 1 日	《国务院关于促进企业技术改造的指导意见》(国发〔2012〕44号)	培育"两型"(资源节约型、环境友好型)示范企业,促进企业向绿色化方向发展。技术方面,引进和吸收国内外先进的"四节一环保"的技术和工艺,推广已成功使用的清洁生产技术等;生产方面,提高工业废弃物的回收再利用率;产品方面,加强绿色产品的设计研发等
2012 年 12 月 29 日	《国务院关于印发生物产业发展规划的通知》(国发〔2012〕65号)	加强生物产业先进技术工艺的研发,如生物印染等,积极推进绿色生物工艺在医药、化工等领域的发展与应用,并构建生物法绿色工艺体系,促进生物产业相关企业经济绿色化水平的提高
2013 年 1 月 1 日	《国务院办公厅关于转发发展改革委、住房城乡建设部绿色建筑行动方案的通知》(国办发〔2013〕1号)	鼓励房地产开发企业按照绿色建筑标准,建设绿色居住小区
2013 年 1 月 1 日	《国务院关于印发能源发展"十二五"规划的通知》(国发〔2013〕2号)	要求煤炭、炼油等行业企业积极推进能源高效清洁,按照节水降耗等要求,改革完善生产工艺
2013 年 1 月 14 日	《国务院办公厅关于印发促进民航业发展重点工作分工方案的通知》(国办函〔2013〕4号)	推进航空公司的飞机节油改造,淘汰高能耗的飞机机型;围绕建设绿色机场制定相关标准,加大节能环保材料、新能源等的应用范围;加强噪音检测系统等环保基础设施的建设

日期	名称	措施
2013 年 3 月 21 日	《2013 年工业节能与绿色发展专项行动实施方案》(工信部节〔2013〕95 号)	列入国家节能低碳行动名单的万家企业,应制定淘汰落后电机的具体方案,支持企业选用高效能的电机
2013 年 7 月 31 日	《国务院关于印发船舶工业加快结构调整促进转型升级实施方案(2013～2015 年)的通知》(国发〔2013〕29 号)	鼓励高能耗等远洋船舶提前报废,并加强符合行业标准的绿色环保型船舶的建造力度
2013 年 8 月 1 日	《国务院关于加快发展节能环保产业的意见》(国发〔2013〕30 号)	促进园区(开发区)内的项目、企业、产业的有效融合,鼓励采取水循环、废物交换利用等方式,引导企业对园区的循环化改造
2013 年 10 月 6 日	《国务院关于化解产能严重过剩矛盾的指导意见》(国发〔2013〕41 号)	强化企业的责任意识,充分发挥企业在化解产能过剩矛盾中的主体作用
2013 年 11 月 18 日	《国务院办公厅关于促进煤炭行业平稳运行的意见》(国办发〔2013〕104 号)	积极鼓励煤炭企业兼并重组,有条件的企业可发展现代化煤矿,促进煤炭实现集约化生产
2013 年 11 月	《全国资源型城市可持续发展规划(2013～2020 年)》	树立绿色矿业的理念,提高矿业企业的矿产资源环保加工水平,实现经济利益和生态效益的和谐统一
2014 年 2 月 12 日	《工信部 2014 年工业节能与综合利用工作要点》	积极推进企业向能源管理智能化方向发展,并编制在重点企业的实施方案;推进节水等技术装备在企业中的广泛运用等
2014 年 5 月 15 日	《国务院办公厅关于印发 2014～2015 年节能减排低碳发展行动方案的通知》(国办发〔2014〕23 号)	以万家企业为单元,积极开展企业节能低碳行动,推动能源的规范化管理;建立企事业单位的碳排放的报告监测制度;明确企业碳排放的考核标准及奖惩措施等
2014 年 5 月 21 日	《关于印发〈绿色建材评价标识管理办法〉的通知》(建科〔2014〕75 号)	鼓励企业在设计、生产、推广中使用绿色建材,同时鼓励新建、改建、扩建的建设项目优先使用具有绿色标识的建材
2014 年 6 月 7 日	《国务院办公厅关于印发能源发展战略行动计划(2014～2020 年)的通知》(国办发〔2014〕31 号)	利用余热余压等方式,提升工业企业的能源利用率,并制定节能行动计划
2014 年 7 月 14 日	《国务院办公厅关于加快新能源汽车推广应用的指导意见》(国办发〔2014〕35 号)	制定基于企业的平均燃料消耗量管理制度,并出台奖惩办法,对使用新能源汽车的企业,在进行平均燃料消耗量考核时给予优惠

续表

日期	名称	措施
2014 年 7 月 28 日	《国务院关于加快发展生产性服务业促进产业结构调整升级的指导意见》（国发〔2014〕26 号）	加强冶金、能源等企业共同对排放的废弃物进行资源再利用的处理，提高资源的综合利用率
2014 年 8 月 15 日	《国务院关于促进海运业健康发展的若干意见》（国发〔2014〕32 号）	鼓励支持节能减排技术在本行业中的广泛运用，通过用能方式的调整，降低船舶能耗及污染物的排放
2014 年 9 月 12 日	《国务院关于印发物流业发展中长期规划（2014～2020 年）的通知》（国发〔2014〕42 号）	鼓励从事物流业的企业建立再生资源的回收体系，特别是废旧电子元器件、包装物等产品，同时提高回收管理水平，促进废弃物的无害化处理

资料来源：根据各类资料整理。

（二）金融政策

可持续发展的核心问题是投资问题和资金供给问题。自 2007 年首个绿色信贷政策颁发以来，中国金融政策在促进企业绿色发展方面做了大量实践和应用，并取得了良好的效果。

目前，中国已经出台部分鼓励绿色信贷的规定和政策意见，如《关于落实环保政策法规防范信贷风险的意见》（环发〔2007〕108 号）、《节能减排授信工作指导意见》（银监发〔2007〕83 号）、《绿色信贷环保指南》、《绿色信贷指引》（银监发〔2012〕4 号）、《关于开展环境污染强制责任保险试点工作的指导意见》（环发〔2013〕10 号）等，对企业的融资、保险和发债等环节进行了规范和约束。比如，2013 年 1 月环境保护部和保监会联手发布的《关于开展环境污染强制责任保险试点工作的指导意见》鼓励和督促高环境风险企业投保，从企业范围、强制责任保险条款和保险费率、环境风险评估和投保程序、污染事故理赔机制等方面进行了详细的描述，规范了高风险企业的生产，客观上督促企业将环境保护因素纳入其发展中。特别是 2014 年 10 月环保部发布的《关于改革调整上市环保核查工作制度的通知》（环发〔2014〕149 号），宣告不再对中国企业进行环保核查，进一步提升了企业在环境保护中的主体能动性。

总之，金融政策以市场因素为导向，对企业减少环境污染、增强可持续发展能力发挥了重要作用。

表 2 支持企业绿色发展的金融政策

时间	发布单位及名称	措施
1995 年 2 月	中国人民银行《关于贯彻信贷政策与加强环境保护工作有关问题的通知》(银发〔1995〕24 号)	国家鼓励银行向那些有利于环境保护或者改善环境的行业提供贷款支持
2004 年	国家发改委、中国人民银行、中国银监会《关于进一步加强产业政策和信贷政策协调配合控制信贷风险有关问题的通知》(发改产业〔2004〕746 号)	对鼓励类项目在风险可控的前提下，积极给予信贷支持；对限制和淘汰类新建项目，不得提供信贷支持；对属于限制类的现有生产能力，且国家允许企业在一定期限内采取措施升级的，可按信贷原则继续给予信贷支持；对于淘汰类项目，应停止各类形式的新增授信支持，并采取措施收回已发放的贷款
2006 年 12 月	中国人民银行、国家环境保护总局《关于共享企业环保信息有关问题的通知》(银发〔2006〕450 号)	要求从企业环境违法信息起步，逐步将环保审批、环保认证、清洁生产审计、环保先进奖励等其他企业环保信息纳入企业征信系统
2007 年	中国人民银行《关于改进和加强节能环保领域金融服务工作的指导意见》(银发〔2007〕215 号)	对属于限制类的投资项目，要区别对待存量项目和增量项目，对于限制类的增量项目，不提供信贷支持，对限制类的存量项目，若国家允许企业在一定时期内整改，可按照信贷原则给予必要的信贷支持；从企业环境违法信息起步，逐步将企业环保审批、环保认证、清洁生产审计、环保先进奖励等信息纳入企业征信系统
2007 年 7 月	国家环境保护总局、中国银监会和中国人民银行《关于落实环保政策法规防范信贷风险的意见》(环发〔2007〕108 号)	一定期限内采取措施升级的，可按信贷原则继续给予信贷支持；对于淘汰类项目，应停止各类形式的新增授信支持，并采取措施收回已发放的贷款
2007 年 8 月	国家环境保护总局《关于进一步规范重污染行业生产经营公司申请上市或再融资环境保护核查工作的通知》(环办〔2007〕105 号)	核查内容包括主要污染物排放是否达标、工业固体废物和危险废物是否实现 100% 安全处置、环境影响评价是否合格等

时间	发布单位及名称	措施
2007 年	中国银监会《关于防范和控制高耗能高污染行业贷款风险的通知》（银监办发〔2007〕161 号）	对那些能耗、排污不达标，或违反国家有关规定的贷款企业，要坚决收回贷款；对那些能耗、排污虽然达标但不稳定或节能减排目标责任不明确、管理措施不到位的贷款企业，要调整贷款期限，压缩贷款规模，提高专项准备，从严评定贷款等级
2007 年 11 月	中国银监会《节能减排授信工作指导意见》（银监发〔2007〕83 号）	银行业金融机构应加强涉及耗能、污染风险的企业和项目的授信合同管理，在授信合同中订立与耗能、污染风险有关的条款
2007 年 12 月	国家环境保护总局《关于环境污染责任保险工作的指导意见》（环发〔2007〕189 号）	要根据本地区环境状况和企业特点，以生产、经营、储存、运输、使用危险化学品企业，易发生污染事故的石油化工企业，危险废物处置企业等为对象开展试点
2008 年 3 月	环境保护部、中国人民银行《关于规范向中国人民银行征信系统提供企业环境违法信息工作的通知》（环办〔2008〕33 号）	企业依法履行行政处罚决定、按照要求完成整改任务的，环保部门应及时将相关信息更新。更新或修改企业环境违法信息应有相关的证明材料。同时要注意跟踪信息的使用，及时掌握违法企业在被立案查处或行政处罚后信贷受限的情况
2009 年 3 月	中国人民银行、中国银监会《关于进一步加强信贷结构调整促进国民经济平稳较快发展的指导意见》（银发〔2009〕92 号）	对于不符合国家产业政策规定、市场准入标准、达不到国家环评标准和排放标准的企业项目，要严格限制任何形式的新增授信支持，并依法加强监督检查，切实防止低水平重复建设
2009 年 5 月	环境保护部、中国人民银行《关于全面落实信贷政策进一步完善信息共享工作的通知》（环办〔2009〕77 号）	要求各级环保部门、中国人民银行地区分行之间加强对企业环境违法信息、环保审批、环保认证、清洁生产等企业环境信息的报送与交换，并形成定期交换机制
2009 年 12 月	中国人民银行、银监会、证监会《关于进一步做好金融服务支持重点产业调整振兴和抑制部分行业产能过剩的指导意见》（银发〔2009〕386 号）	对产业链中辐射拉动作用强的骨干重点产业企业，鼓励银行业金融机构采取银团贷款模式加大信贷支持。对符合条件的、有竞争力的重点产业的中小企业，鼓励中小银行业金融机构与国有大型银行差异化竞争，合理确定贷款的期限、利率和偿还方式

续表

时间	发布单位及名称	措施
2010 年 5 月	中国人民银行、银监会《关于进一步做好支持节能减排和淘汰落后产能金融服务工作的意见》（银发〔2010〕170 号）	对国家已明确的限批区域、限贷企业或限贷项目，实施行业名单制管理制度，将存在重大违法违规行为、存在节能减排和安全等重大潜在风险、国家和各地重点监控的企业（项目）列入名单，实行严格的信贷管理
2010 年 6 月	中国人民银行、银监会、证监会、保监会《关于进一步做好中小企业金融服务工作的若干意见》（银发〔2010〕193 号）	严格控制过剩产能和"两高一资"行业贷款，鼓励对纳入环境保护、节能节水企业所得税优惠目录投资项目的支持，促进中小企业节能减排和清洁生产
2012 年 2 月	中国银监会《绿色信贷指引》（银监发〔2012〕4 号）	银行业金融机构应当对存在重大环境和社会风险的客户实行名单制管理，要求其采取风险缓释措施，包括制定并落实重大风险应对预案，建立充分、有效的利益相关方沟通机制，寻求第三方分担环境和社会风险等
2013 年 1 月	环境保护部、保监会《关于开展环境污染强制责任保险试点工作的指导意见》（环发〔2013〕10 号）	将企业是否投保与建设项目环境影响评价文件审批、建设项目竣工环保验收、排污许可证核发、清洁生产审核及上市环保核查等制度的执行紧密结合。将投保企业投保信息及时通报银行业金融机构，推动金融机构综合考虑投保企业的信贷风险评估、成本补偿和政府扶持政策等因素，按照风险可控、商业可持续原则优先给予信贷支持
2013 年 7 月	国务院办公厅《关于金融支持经济结构调整和转型升级的指导意见》（国办发〔2013〕67 号）	对进行产能整合的企业，采用适当延长贷款期限等方式，促进企业间的兼并与重组；对面临淘汰的落后产能企业，采取保全资产等方式鼓励其退市。此外，禁止对产能过剩行业进行直接融资等
2013 年 8 月	中国保监会《关于保险业支持经济结构调整和转型升级的指导意见》（保监发〔2013〕69 号）	积极推进环境污染责任保险试点，健全我国环境污染风险管理体系，充分利用保险费率杠杆机制引导企业加强节能减排工作，促进低碳经济发展
2015 年 1 月	中国银监会国家发展改革委《能效信贷指引》（银监发〔2015〕2 号）	符合国家规划的重点节能工程或列入国家重点节能低碳技术推广目录的能效项目及合同能源管理项目，效益突出、信用良好、能源管理体系健全的"万家企业"中的节能技改工程等，银行业金融机构应在有效控制风险和商业可持续的前提下，加大重点能效项目的信贷支持力度

资料来源：根据中国人民银行、中国银监会、中国保监会、中国证监会网站相关资料整理。

（三）财税政策

财税政策是国家调节经济运行的手段。绿色财税一方面通过对具有污染特征的企业及产品征收税费，限制高污染、高排放、高耗能企业的发展；另一方面通过财税激励，促进企业采用绿色技术，实现绿色发展、低碳发展，同时引导消费者选择更加环保的产品和消费模式，减少对环境的污染和破坏。

自 2007 年财政部发布《淘汰落后产能中央财政奖励资金管理暂行办法》（财建〔2007〕873 号）以来，中央政府为促进企业绿色发展出台了一系列政策措施，如《高效节能产品推广财政补助资金管理暂行办法》（财建〔2009〕213 号）、《中央财政关闭小企业补助资金管理办法》（财企〔2010〕231 号）、《关于财政奖励合同能源管理项目有关事项的补充通知》（发改办环资〔2010〕2528 号）、《淘汰落后产能中央财政奖励资金管理办法》（财建〔2011〕180 号）等，从财政补助、税收减免、增值税即征即退等方面，推进企业绿色发展，为中国转变经济发展方式和节能减排、低碳发展做出了积极的贡献。

虽然中国当前并未开征环境保护税，但中国现行开征的与保护环境、绿色发展有关的税种包括流转税、消费税、所得税、资源税、车辆购置税、城市建设维护税等。对于企业绿色发展的税收政策主要有以下内容。

对于流转税，国家对实行垃圾发电、风力发电等节能环保企业全部执行增值税即征即退或减征政策，对于生产车用燃料乙醇的企业执行免征消费税。

对于所得税，国家也加大了支持力度，低碳环保高新技术企业新技艺开发的科研经费，若形成科研成果并有效带动企业经济增长的，则按照研发费用成本的 150% 予以补贴；对从事太阳能发电等新能源项目的企业税收，按照"三免三减半"的政策予以执行。

可以说，中国当前的绿色财税对约束和支持企业绿色发展、更为有效地保护环境、促进社会经济可持续发展发挥了积极作用，但受有效性和执行力等因素的影响，政策措施仍需要进一步完善。

表 3　支持企业绿色发展的财税政策

时间	名称	措施
2007 年 12 月 11 日	《淘汰落后产能中央财政奖励资金管理暂行办法》（财建〔2007〕873 号）	优先支持淘汰落后产能任务重、困难大的企业，主要是整体淘汰的企业；优先支持淘汰合规审批的落后产能；优先支持在国家产业政策规定期限内淘汰的落后产能；优先支持没有享受国家其他相关政策的企业
2008 年 1 月 1 日	《中华人民共和国企业所得税暂行条例》（国务院令第 137 号）	企业从事规定的符合条件的环境保护、节能节水项目的所得，自项目取得第一笔生产经营收入所属纳税年度起，第一年至第三年免征企业所得税，第四年至第六年减半征收企业所得税。企业综合利用资源、生产符合国家产业政策规定的产品所取得的收入，可以在计算应纳税所得额时减计收入。对企业购置环境保护、节能节水、安全生产等专用设备实行投资抵免
2009 年 5 月 22 日	《高效节能产品推广财政补助资金管理暂行办法》（财建〔2009〕213 号）	对于生产高效节能产品的企业，中央应给予相应的财政补助，在补助的基础上再对产品进行定价销售
2010 年 9 月 17 日	《中央财政关闭小企业补助资金管理办法》（财企〔2010〕231 号）	为进一步落实推进节能减排、淘汰落后产能、治理安全隐患等工作，决定关闭高污染、高能耗、存在安全隐患的小型化工、建材等企业
2010 年 10 月 19 日	《关于财政奖励合同能源管理项目有关事项的补充通知》（发改办环资〔2010〕2528 号）	对建设投产日期晚于 2007 年 1 月 1 日的钢铁企业，尤其是采用高炉煤气等发电的项目财政资金不予支持
2011 年 4 月 20 日	《淘汰落后产能中央财政奖励资金管理办法》（财建〔2011〕180 号）	优先支持淘汰落后产能的企业职工安置，优先支持淘汰有难度的企业，优先支持产能重组的淘汰落后产能企业
2013 年 1 月 17 日	《关于印发中央财政促进服务业发展专项资金管理办法的通知》（财建〔2013〕4 号）	对节能减排、环保等项目加大财政支持力度，包括再生资源回收利用、报废汽车回收拆解、绿色流通低碳体系建设等
2013 年 4 月 1 日	《关于享受资源综合利用增值税优惠政策的纳税人执行污染物排放标准有关问题的通知》（财税〔2013〕23 号）	对超标排放污染物的企业，应取消其享受资源综合利用产品及劳务增值税退税、免税政策的资格，规定三年之内不能第二次申请，并向已申请免税的违规排放企业追缴相关费用

时间	发布单位及名称	措施
2013 年 9 月 23 日	《关于光伏发电增值税政策的通知》（财税〔2013〕66 号）	为推进太阳能发电事业的发展，从 2013 年 10 月 1 日至 2015 年 12 月 31 日，对纳税人销售自产的利用太阳能生产的电力产品，实行增值税即征即退 50% 的政策
2013 年 9 月 30 日	《关于开展 1.6 升及以下节能环保汽车推广工作的通知》（财建〔2013〕644 号）	要求相关企业做好宣传工作，购置 1.6 升以下节能环保汽车给予 3000 元的补贴由生产企业在购买时兑现给消费者
2013 年 12 月 2 日	《关于完善废弃电器电子产品处理基金等政策的通知》（财综〔2013〕110 号）	基金补贴规划：将违反环保要求、生产技术落后、资源循环利用率低的废弃电子处理企业予以淘汰
2014 年 11 月 16 日	《国务院关于创新重点领域投融资机制鼓励社会投资的指导意见》（国发〔2014〕60 号）	在电力、钢铁等领域，鼓励实行环境污染第三方治理。由排污企业支付给专业的环境服务公司环境治理费用，从而提高企业治污的专业化水平
2014 年 12 月 22 日	《商务部 环境保护部 工业和信息化部关于印发〈企业绿色采购指南（试行）〉的通知》	鼓励企业构建绿色供应链管理体系，要求企业主动承担环境保护等社会责任，对企业的采购行为作出绿色化指引

资料来源：根据财政部、国家税务总局、中央人民政府网站等相关资料整理。

（四）绿色法规

法律法规是推动绿色经济活动开展的支撑与保障。近年来，国家颁布了有关绿色发展的相关制度，为促进企业绿色发展提供了法律依据。

2007 年 4 月，环境保护部发布《环境信息公开办法（试行）》（国家环境保护总局令第 35 号），要求企业主动公布经济发展中的环境信息。2008 年 8 月，《中华人民共和国循环经济促进法》（中华人民共和国主席令第 4 号）发布，要求企业用"3R"原则优化资源配置、提高资源使用效率。此法在提升企业环境形象的同时，从法律角度为促进循环经济发展提供了依据。

同时，为促进节能减排，2014 年 4 月，住房和城乡建设部发布了《绿色建筑评价标准 GB/T50378 - 2014》，要求企业在建筑活动中使用各类绿色环保型产品，引领建筑业向绿色化方向发展。

为有效调节企业的生产行为，引导企业选择更为绿色的生产方式，减少对环境污染，2014 年 12 月，环境保护部、商务部、工业和信息化部三部委共同联合发布了《企业绿色采购指南（试行）》（商流通函〔2014〕973号），目的在于通过引导、激励企业实施绿色采购，推动原材料、产品和服务的供应商（企业）不断提高绿色发展水平，促进企业绿色生产，带动全社会绿色消费。

此外，国家环保部门根据形势变化特别是环境变化，适时对现行法律法规进行修订或出台新政策，以达到约束企业不良行为、鼓励企业创新行为、刺激企业绿色生产行为之目的，包括《中华人民共和国节约能源法》（中华人民共和国主席令第 77 号）、《环境监测管理办法》（国家环境保护总局令第 39 号）、《关于加强重金属污染防治工作的指导意见》（国办发〔2009〕61 号）等。2015 年，新修订的《环境保护法》已经通过，这是一部"长出牙齿"的法律，中国进入了污染要付出"血的代价"的新常态，希望在此方面能够配合国家新的《环境保护法》出台更严格的措施。

总之，各项法律法规为促进企业绿色发展、监督企业绿色行为、营造企业绿色发展环境做了大量的工作，当然也存在亟须改进的地方。

表 4　支持企业绿色发展的法律法规

时间	名称及出处	措施
2001 年 12 月 27 日	《建设项目竣工环境保护验收管理办法》(国家环境保护总局令第 13 号)	对环境易产生污染的建设项目,项目承建企业应提交环境保护验收监测报告
2003 年 1 月 2 日	《排污费征收使用管理条例》(中华人民共和国国务院令第 369 号)	排污企业应按照本条例缴纳排污费,已缴纳污水处理费的,不再缴纳排污费
2006 年 9 月 7 日	《国家发展和改革委员会、财政部、国家税务总局关于印发〈国家鼓励的资源综合利用认定管理办法〉的通知》(发改环资〔2006〕第 1864 号)	鼓励企业积极开展资源综合利用,丰富了资源综合利用单位的申报条件及认定程序,特别提出了发电单位的申报条件
2007 年 4 月 11 日	《环境信息公开办法(试行)》(国家环境保护总局令第 35 号)	企业应当按照自愿公开与强制性公开相结合的原则,及时、准确地公开企业环境信息

续表

时间	名称及出处	措施
2007年10月28日	《中华人民共和国节约能源法》（中华人民共和国主席令第77号）	对高能耗产品执行单位产品能耗限额标准,鼓励工业企业采用高效节能的设备
2008年8月29日	《中华人民共和国循环经济促进法》（中华人民共和国主席令第4号）	工业企业应加强节水管理,并对水资源进行综合利用;企业生产、使用国家鼓励的清洁产品的,可享受相关优惠政策
2013年9月10日	《国务院关于印发大气污染防治行动计划的通知》（国发〔2013〕37号）	加强重点行业的脱硫、除尘改造建设。拥有烧结机、球团生产设备、催化裂化装置的企业应安装脱硫设施,特别是超过20蒸吨/时的燃煤锅炉要进行脱硫处理
2013年10月2日	《城镇排水与污水处理条例》（中华人民共和国国务院令第641号）	向城镇排放污水的企事业单位、个体工商户,应申请污水排入排水管网许可证
2013年12月18日	《企业环境信用评价办法（试行）》（环发〔2013〕150号）	环境信用评价的重点对象为高污染、高环境风险、高生态环境影响的企业;构建企业环境信用评价指标和等级;采取"一票否决"制,对不落实环保行动的企业,直接评定为"环保不良企业"
2014年4月	《中华人民共和国环境保护法（2014年修订）》	明确规定企业应承担保护环境的责任,即排放污染物的企业事业单位,应当建立环境保护责任制度,明确单位负责人和相关人员的责任
2014年8月6日	《国务院办公厅关于进一步推进排污权有偿使用和交易试点工作的指导意见》（国办发〔2014〕38号）	在试点地区,对新建、改建、扩建项目推行排污权有偿使用制度,但不免除其应依法缴纳的相关其他税费
2014年11月12日	《国务院办公厅关于加强环境监管执法的通知》（国办发〔2014〕56号）	制定环境信用评价制度,向社会公开失信企业黑名单,限制失信企业的社会经济活动
2014年12月19日	《环境保护主管部门实施限制生产、停产整治办法》（环保部令第30号）	环境主管部门应对污染物超标排放的企业采取限制生产的措施
2014年12月19日	《企业事业单位环境信息公开办法》（环境保护部令第31号）	企事业单位应完善自身环境信息公开制度,重点排污单位应通过网站等媒体手段及时、准确的公开企业的环境信息
2014年12月27日	《国务院办公厅关于推行环境污染第三方治理的意见》（国办发〔2014〕69号）	鼓励企业培育多样化的污染治理方式。在工业集聚区内,建议引入第三方环境服务公司进行专业化治理;鼓励高能耗企业与第三方签订环境绩效合同服务
2015年	《国务院关于印发水污染防治行动计划的通知》（国发〔2015〕17号）	推动污染企业退出。城市建成区内现有钢铁、有色金属、造纸、印染、原料药制造、化工等污染较重的企业应有序搬迁改造或依法关闭

资料来源：根据中央人民政府、环保部等各网站整理。

总体而言，近年来我国围绕经济发展方式转变，从产业政策、财税政策、金融政策、绿色法规等方面出台了多种政策措施，这些措施有力地促进了国民经济平稳运行，为企业绿色发展和转型升级创造了良好的外部环境，不少政策甚至直接引导和推动了企业的绿色发展，但是总体来看，仍有许多需要改进的地方，应在今后的发展中加以总结。

四　分类型中国企业绿色发展政策实践

（一）传统工业企业

传统工业企业大都是高能耗、高污染、高排放企业，自 2008 年国际金融危机以来，经过几轮过剩产能削减和兼并重组，传统工业企业对节能减排、生态环保的重视程度得到明显提升，特别是国资委推动企业社会责任报告的公布，使得企业环境治理成效得到有效提升。根据统计，2014 年发布的所有企业责任报告中，传统工业企业在节能减排、绿色发展、企业责任履行等方面做了大量卓有成效的工作。但是从转变经济增长方式及公众对构建绿色生态的迫切要求来看，仍有提升空间，特别是在节能降耗、提高资源利用率方面，只有继续加大绿色发展、转型发展力度，才能收到更好的成效。

1. 机械制造业

传统工业企业大都是高污染、高能耗企业，随着资源、能源约束加剧和环境恶化，在传统工业企业中资源循环、替代技术、清洁生产、绿色制造等关键技术的应用与创新越来越重要。

（1）加快产业升级

2014 年，三一重工、晋西车轴等中国企业加大对产业的改造力度，促进产业结构升级；推动劳动密集型向劳动—技术密集型、资本密集型转型，初级产品加工向中高端产品加工提升，在产业链上注重横向产业扩展，在产业层次、技术含量、附加值、价值链等方面获得了新的突破。

（2）淘汰落后产能

2014年精工钢构、科达机电等企业积极加大自主研发投入力度，进行技术改造，主要以产品种类、资源节约、节能降耗、降低污染、改善生产设备、安全生产等为重点，加快淘汰落后产能，成功实现企业转型升级。

（3）推进信息技术与产业发展融合

2014年，中联重科等企业以信息化为突破口，采用计算机先进技术改造生产工艺和技术装备，提高制造过程的智能化水平。潍柴动力深化信息技术集成应用，围绕设计、制造环节，推进信息管理系统的应用，实现财务、物流、营销、人力资源集成化、信息化和智能化的管理，促进信息技术从单项服务向综合生产管理的转变。

2. 冶金采掘业

（1）大力推进技术改造与创新

2014年，河北钢铁、大冶特钢等企业根据自身产业优势，按照国家产业政策，加快淘汰落后生产力，提高技术装备水平，延伸产业链。太钢不锈、山东钢铁等企业实施技术创新战略，依托区域资源优势，以技术改造与创新为重点，加大技术创新投入，走产学研一体化的道路。根据行业发展实际需求，安阳钢铁、柳钢股份开展产业共性及关键技术的联合攻关研究，强化科技创新平台建设。努力推进信息化要素与企业发展关键环节的融合，实现产业升级和发展方式转变。

（2）持续推进节能减排

2014年，鞍钢股份、武钢股份等企业加大政策、资金的支持力度，引导企业将节能减排与总量控制、淘汰落后工艺、技术改造和升级结合起来，持续推进企业的节能减排工作。马钢股份大力推广煤气余热余压回收利用等节能减排新工艺，发展循环经济，提高资源综合利用率和"三废"综合治理水平。重庆钢铁等企业提高节能减排计量监测的准确性，核查节能减排执行落实情况，加强对企业环境保护工作的监测，提高管理水平。

（3）强化重点污染物防治

2014年山煤国际、开滦煤业等采掘企业根据行业环境准入和排放标准，严格控制高耗能、高污染，深度降解有机物、综合治理工业废水、吸附有毒废气和挥发性有机污染物，做到排放物安全达标排放。同时规范危险废物管理，加强对大宗工业固体废物的污染防治，做到固体废弃物综合治理、达标利用。

3. 能源建筑业

（1）提高能源利用效率

2014年五矿发展、昊华能源等企业坚持把节约能源放在首位，大力调整和优化能源结构，加大能源科技投入，制定严格的能源节约制度和措施。冀中能源依靠科技进步，提高自主创新能力，淘汰落后设备、技术和工艺，发展高附加值、低能耗的高新技术产业，解决能源技术发展瓶颈，降低能源消费总量。

（2）大力发展、应用绿色建材

2014年北新建材等企业积极采用清洁生产技术，利用工农业以及城市固体废物生产对环境危害小、有利于人类健康、节能耐用、安全环保、施工方便的绿色建材。有研新材加快替代性高质量水泥，具有多重功能的新型墙面材料，高性能水泥混凝土、轻质高强混凝土，多功能玻璃、陶瓷、涂料，资源化和高性能化水泥组分材料等绿色建材的发展与应用，达到健康、环保、安全的目的。

（3）推进建筑垃圾资源化与产业化

2014年，上海建工等中国企业加快建筑垃圾资源化利用技术及设备的研发步伐，推进建筑垃圾资源化利用；建立专门的建筑垃圾集中处理基地，集中处理建筑垃圾，将建筑垃圾转化为建筑材料，实现建筑材料的循环利用、分级利用，节约资本，保护生态环境；积极推进建筑垃圾综合利用产业化链条的构建，实现建筑垃圾处置产业化。

4. 纺织化工业

（1）创新科技，实现可持续发展

2014年，凤竹纺织、仪针化纤等企业根据行业需求，重点支持产品智能化制造技术、低碳制造技术、功能性材料和产品研发等方面，突破核心技术，促进企业技术创新和产品的升级换代，提高企业核心竞争力，实现可持续发展。

（2）提高环保生态型产品研发能力

2014 年南风化工、建峰化工等企业调整产品的设计理念，从经济性的角度设计工艺，将节能、节水、降耗、清洁生产、再生资源回收利用、可再生能源开发利用等作为技术创新和技术改造的重点，创新开发环保生态型产品，提高其个性化、产业化设计。

（3）发展循环经济模式

2014 年，沈阳化工、鲁丰化工等中国企业加快实施循环经济产业试点项目，构建纵向横向产业价值链，建立绿色、低碳、节能产业相互融合的循环型产业体系，形成富有特色的循环经济发展模式。

（二）战略性新兴产业企业

作为一个新兴的产业门类，战略性新兴产业在 2008 年国际金融危机以后获得了长足的发展，特别是此次危机赋予中国在战略性新兴产业上弯道超车的能力，对引领和支撑中国制造强国奠定了坚实的基础。中央设立专项财政资金、税收优惠等措施，推进战略性新兴产业示范基地、重点行业转型升级示范项目建设，同时，战略性新兴企业积极贯彻中央精神，遵循绿色发展理念，在节能减排、技术创新、信息产业构建等方面为节能减排、绿色环保等做出了积极贡献。2014 年，《国务院关于促进云计算创新发展培育信息产业新业态的意见》（国发〔2015〕5 号）和《国务院办公厅关于加快新能源汽车推广应用的指导意见》（国办发〔2014〕35 号）的发布，对于促进战略性新兴产业发展而言具有积极的促进作用。在节能减排方面，战略性新兴产业存在的问题也不容忽视，特别是典型的"节能不环保、环保不节能"问题需要引起重视。总之，作为一个新兴的产业门类，中国在技术创新，特别是围绕绿色低碳环保、节能减排、以绿色科技塑造绿色中国的未来等方面仍有较大的潜力可待挖掘。

1. 节能环保产业

加快发展节能环保产业，对调整产业结构、拉动经济增长具有十分重要的意义。节能环保产业主要包括节能技术和装备、环保产品、环保服务等六大领域。目前，中国节能环保产业尚处于培育发展期，企业主要从以下几个方面来深入贯彻国家节能环保政策。

（1）加大科技投入，创新环保科技

2014年，北新集团建材股份有限公司投资上亿元资金用于生产工艺革新及环保配套，从源头上确保污染物的达标排放。永清环保等环保服务型企业拥有自主知识产权，并获得ISO14001等环境管理体系认证。

（2）注重清洁生产

2014年，佛山电器照明股份有限公司实行环境保护一票否决制，将环境保护理念纳入产品的设计与生产；同时注重资源的循环利用，回收可再利用的废弃物。西门子中压开关技术（无锡）有限公司采用逆流漂洗工艺，避免了水资源的浪费。

2. 新一代信息技术产业

新一代信息技术产业的显著特点是更新速度快、渗透力强劲、覆盖范围广，主要包含下一代通信网络、物联网、以云计算为代表的高端软件等六个方面。

（1）运用绿色信息技术

2014年，华为运用"全生命周期碳排放分析"工具，对产品开发时的碳排放进行评估分析，为产品的研发提供了充分的依据。同时，依据FTTX网络部署LCA分析报告及环境变化，采用灵活的场景模式减少二氧化碳的排放量。

（2）绿色设计，制造绿色产品

从产品设计和生产的角度来看，华为等企业将"减少产品对环境的影响"作为衡量产品品质的重要标准之一，并对采购、制造、使用、维护等产业链环节进行绿色节能评价，最大限度地降低产品对能源的消耗与环境的污染。

3. 生物医药产业

（1）注重药材品质

2014年，云南白药集团依据云南省编制的《云南天然药物图鉴》，筛选出十余种极具开发潜力的原料药材进行试验种植，根据药材禀性选择环境适宜生长区，经过多年的努力，绘制出适宜栽培发展区划图，为稀缺药材的培育提供了科学依据。

（2）打造绿色医药产业链

2014年，广西白云山集团将医药产业和环境紧密结合，以产业链的角度提出"联合打造中国医药绿色产业链"，从药材采购、药品生产、药品销售等环节推行绿色医药，促进医药行业健康有序发展。

4. 高端装备制造业

（1）运用自身优势，加强环保事业建设

2014年，中国东方红卫星股份有限公司运用自身的技术研发优势，研制出应用于国土、农业、水利等领域的卫星产品，为应用领域的环境灾害实时监测提供了便利，对预防与防治环境灾害提供了技术支持。

（2）注重清洁生产，积极促进节能降耗

2014年，中国重工认真贯彻节能减排政策，将节能减排纳入公司发展规划。以节能技术改造传统生产工艺，大力发展高效清洁的能源设备，不断健全节能减排的管理体系，为构建环境友好型社会做出良好的实践。

5. 新能源产业

新能源产业的相关企业在发展循环经济、技术延伸等方面取得了不错的成绩。2014年，新疆金风科技以构建资源节约型、环境友好型企业为目标，将绿色环保理念运用至企业的发展实践中，将高新科学技术融入传统风电，改造提升传统风电模式，为经济效益和环境效益的共赢提供了技术支撑；同时，企业将目光拓展至与风电互补的其他领域的新能源技术研发，为全社会绿色能源的探索发展积累了经验。

6. 新材料产业

新材料产业相关企业在减少"三废"排放、实现清洁生产方面取得了良好的成效。2014 年，有研新材料股份有限公司注重从源头上控制污染物的产生及排放，通过引进先进的生产工艺及设备、对清洁生产进行监督检查、提升员工环保素质等途径，确保了污染物达标排放。特变电工股份有限公司利用"清污分流，分别治理"的方法实现了废水的无害化处理，并循环运用于生产生活，为社会资源的可持续发展奠定了基础。

7. 新能源汽车产业

新能源汽车产业链主要包括上游的锂矿等资源提取、中游的核心部件生产，以及下游的汽车成品设计制造、充电站配套等。部分企业的做法如表 5 所示。

表5　新能源汽车产业链部分企业绿色发展实践总结

上游阶段	西藏矿业	制定年度环保计划，重视矿山的生态恢复;进一步改进生产工艺，努力解决从尾矿、废料中回收提取原材料的问题;项目建设均进行环境评价
	包钢稀土	加强环保体系建设，利用网络等手段推进"三废"检测数据透明化
中游阶段	佛塑股份	制定环境保护政策，采用绿色环保的生产工艺及设备
	中国南车	研发高科技含量的节能环保产品
下游阶段	福田汽车	积极推进环境管理体系认证工作，加大新能源汽车的推广力度，并将其定为企业的核心战略
	国电南瑞	设立电网节能环保事业部，专门负责企业的节能环保工作

资料来源：根据各类资料整理。

（三）现代服务业企业

现代服务业近几年的发展较快，为推动产业升级、建设创新型国家做出了突出贡献，但是作为一个新兴产业，现代服务业企业在绿色发展方面，仍做得不够。以金融业为例，近年来，各类银行严格遵守中国人民银行、银监会、环保部、发改委、工信部、国资委等部门的规章制度，根据中国企业环境核查、各类环评及环保信息等方面的披露来展开授信，对于环保行为不佳的企业，各类银行及时果断地停止了对其的授信放贷，从源头上掐断了环保"不良"企业的资金来源，消除了对环保潜在的威胁。当然，也要看到，对于这些企业的授信，国家虽然出台了一定的惩罚措施，但力度仍不大，约束力不足，未上升到法律层面。以环境责任险为例，目前缺乏足够的来自于执行的法律压力及其执行层面的压力，使得投保方需求未被有效的激发出来；设置的产品缺乏足够的吸引力；相关基础设施尚不完善等。其根本原因在于基于环境成本的市场约束与激励机制尚未建立、信贷风险考核与管控机制仍不完善、评估和统计技术支撑不足等。同时，针对现代服务业企业，我国在环境技术服务、环境咨询服务、污染设施运营管理、废旧资源回收处置等方面也出台了一些措施，要求"企业加强与其他产业生态耦合，构建服务业企业与工业企业、农业企业和其他服务部门间的循环、废物利用、能源梯级利用等产业链"。当然在《循环经济促进法》《节约能源法》等法律中专门针对服务业企业的条款并不多，《绿色市场实施认证规则》《绿色饭店评估细则》等行业标准中关于服务业企业的细化标准仍比较匮乏，有待于进一步完善。

1. 电子通信服务业

中国电子通信运营商主要有中国移动、中国联通和中国电信等，下面以中国联通为例，介绍该行业的节能减排工作。

（1）针对能耗环节实施节能减排

中国联通将节能技术广泛应用于基站和机房等能耗较高的环节，并定期进行能耗数据分析，通过节能技术的全覆盖、网络设备电量管理体系的完善，促进企业降本增效，为环保工作贡献自己的一份力量。

（2）加强物资的循环利用

中国联通以建设节约型企业为目标，以绿色发展为理念，提高了资源利用率，特别是电池的回收利用率。将基站、机房的铅酸电池替换为铁锂电池，严格规范电池的回收程序，减少对环境的污染。

2. 金融业

（1）强化绿色信贷政策

中国建设银行深入贯彻国家节能减排政策，将节能减排技术研发应用、环境治理、节能服务等列为重点信贷支持对象。实行一票否决制，对不符合环保节能标准的，不予发放贷款，并逐渐降低高能耗、高污染等行业的信贷比例。

（2）推广电子银行，支持低碳经济

中国工商银行等将电子银行作为企业经营转型的有力手段之一，提供丰富的电子银行产品及优质的服务，通过个人网上银行、手机银行等方式，极大地方便了客户，为社会资本的节约做出了重要贡献。

（3）大力支持节能环保产业

光大银行等银行以绿色信贷为指导，对环境整治、循环经济等绿色环保项目加大支持力度，促进信贷结构向绿色化方向发展。绿色信贷广布于电力、建筑、有色金属等诸多行业。

（4）绿色保险

绿色保险涵盖范围较广。以船舶污染责任险为例，2014年中国平安集团通过和外部合作的形式，将船舶污染责任险列为全国统保，并成为三大船舶污染责任险统保的企业之一，其保单数量及相关的环境污染责任险的业务量都取得了不错的成绩。

3. 物流及大型连锁商贸业

（1）加强绿色物流基地建设

天津港融入"绿色港口"的发展理念，引进新能源促进节能减排。通过使用以石油、天然气为源动力的LNG装载机，降低了有害尾气的排放量，对改善大气环境、绿化港口建设起到了积极的作用。

（2）实施绿色采购

2014年，苏宁电器践行绿色消费理念，增强对高效节能产品的采购力度。据统计，一、二级能效冰洗产品超过商品总量的90%，远高于同行业平均水平，并时常采取各种优惠措施促进绿色节能产品的普及。

（3）推行绿色宣传

2014年，永辉超市等商超提升了对环保的关注度，通过利用超市广播、POP海报等宣传手段降低塑料袋的使用率，并提倡使用环保购物袋。同时，运用醒目标语等形式宣传节能等环保理念。

（四）现代农业企业

中国传统农业是典型的有机绿色农业。改革开放以来，中国人口急剧增长，农业化肥使用量和石油使用量大大增加，对农业生产的基础及农业本身造成了一定危害，加之目前中国农业生产面临水、土地、劳动力等要素愈加紧缺的压力，导致"水里有色素、菜里有毒素、肉里有激素"等问题突出。对此，政府出台了相关措施，对推动现代农业企业绿色发展起到了积极的作用。2012年3月6日发布的《国务院关于支持农业产业化龙头企业发展的意见》（国发〔2012〕10号）强调，"龙头企业实施标准化生产"，特别指出"支持农业龙头企业开展绿色食品等产品体系认证，以此推进农业企业绿色产品的健康有序发展"。2013年新修订的《农业法》第65条规定，"行政主管部门应引导农业生产经营者对农产品采收后的秸秆等进行综合利用，避免对环境的污染与破坏"。《国务院办公厅关于加快木本油料产业发展的意见》（国办发〔2014〕68号）指出，"鼓励从事木本油料产业的企业，采用高新技术对产品进行精深加工，实现循环发展和综合利用"。当然现代农业企业在绿色发展中仍存在不少问题，既要在保增收、稳民生上做出贡献，又需让老百姓吃上放心的绿色食品，现代农业企业任重道远。

目前沪深股市上农业股主要分为以下几种：农产品批发股、牧业股、饲料股、渔业股、农产品和农业产业股等。

表6　沪深股市农业股分类

类别	企业	类别	企业
农业产业股	中粮屯河、中牧股份	饲料股	新希望、金正大、金新农
渔业股	好当家	牧业股	雏鹰农牧、圣农发展
农产品批发股	海吉星	农产品	好想你、冠农果茸

资料来源：根据沪深两市中国企业相关资料整理。

1. 粮食及农产品批发业

（1）高度重视环境管理

环境管理是企业实施绿色发展的核心。2014年中粮屯河制定了系统的环境管理体系和污染物控制程序,逐级组建股份公司、各类事业部、基层厂等环保组织。中牧股份要求各工厂严格实施"三不准"(不准让不合格原料进线、不准让不合格中间品进入下一道工序、不准让不合格产品出厂)原则,确保产品质量优质、高效、稳定、均一。好想你建立健全了污染治理管理制度、环境监测管理制度、"三废"排放管理制度等环境保护管理制度,并对企业管理部门、质控部门、生产中心及安全环保部等主要机构的职责进行了明确分工,真正做到在环保工作上责任到人。

(2)推动节能减排

2014年,中粮屯河加强污废弃物治理设施的维护,实施废水、烟气除尘等污染治理设施的改造和更新,使主要污染物排放达标,同时,积极降低资源消耗及废弃物的排放。中牧股份经常检查污水处理站、在线监测记录、排放前自检记录、重点能耗设备等,并针对相关数据变化情况进行一些有针对性的分析。冠农果茸近年来新增了在线烟气、水质监测设施,采购了水质氨氮分析仪,加大了监管力度。

(3)循环利用

冠农果茸对番茄等加工厂新建各类沉砂池,实施水循环利用,减少污水排放,提高资源利用率。中牧股份在生物养殖方面,对于排污采用目前国际上通用的粪污处理技术,使生产过程中产生的污水和粪便基本达到国家有关标准,将粪便变废为宝、污水回灌农田或绿地,实现永续利用。

(4)积极贯彻绿色发展理念

2014年,冠农果茸通过培训、演讲、评比等各类活动,营造员工节约水电、节约纸张、垃圾分类、绿色出行等良好的绿色氛围,同时实现了节能降耗、低碳环保的目的。海吉星目前在市场建设上全面贯彻"绿色交易"思想,推进"绿色、高效、安全、环保",促进市场优化设计,提高交易效率、节约能源等。

2. 饲料及牧、渔业

(1)强化固体废弃物循环利用

福建圣农发展在污水处理方面,对于屠宰产生的污水,专门排入本公司加工厂的污水处理设施进行集中处理，实现循环利用，为企业创造了更多的利润。为解决"三废"收集处置问题，雏鹰农牧积极建设有机肥、沼气利用等生产项目，实现了畜禽养殖业和农产品加工企业废弃物的减量化、资源化和无害化，促进了循环经济的发展。

（2）实施节能降耗

福建圣农发展在设置垃圾投放桶、回收筒、贮存筒存放死鸡死鸭等废弃物的同时，使生产过程中由锅炉产生的废气经水膜过滤除尘、脱硫后达到国家 GB13271－2001《锅炉大气污染物排放标准》的要求。好当家建立了以节能降耗为重点的长效机制，并将责任落实到各个具体负责者或管理者身上，建立健全节煤、节电、节水激励机制，调动广大干部员工开展节能降耗工作的积极性。

（3）注重科技创新

2014 年，新希望等公司通过自主研发、联合开发、技术改造、工艺改进等多种研发方式，完成甜菜制糖、果蔬深加工等领域的科技创新，使得在固体废弃物减少及技能降耗方面成效显著。金正大大力推广种肥同播技术、水肥一体化技术等精准施肥新技术及绿色低碳的解决方案，成为中国农作物精准施肥开拓者、引领者。雏鹰农牧积极创新全产业链发展模式，从产业链源头做起，涵盖饲料原料、铁路运输、规模养殖、屠宰加工、冷链物流、品牌推广、终端销售等环节，实现了绿色、循环发展。

（4）营造良好的环保理念

新希望严格执行环境保护有关规定，各类生产设施日常运行以满足环境保护要求为主旨，各类工程的设计、施工、建设、运行都达到了预期的目标。深圳金新农积极推进节能减排工作，降低消耗。企业要求各中心、事业部门和各个子公司实行"开源节流方案"，把水、电、气标准能耗目标与薪酬奖惩结合，使节能降耗工作常态化且具有可持续性，最大程度地节约资源。

五　中国企业绿色发展政策存在的问题及未来走势

（一）存在的问题

1. 法律体系不健全

现阶段我国对于企业绿色发展，尽管出台了一些法律法规，但针对性不强。一是缺少针对企业绿色发展的专项法律。目前出台的有关循环经济、发展可再生能源、清洁生产、环保产业、节约能源等领域的立法都涉及企业，但是企业作为市场经济和发展绿色经济的主体，亟须一部针对其绿色发展的专项法律。二是对企业惩罚力度小。现行法律法规多以"意见"和"指引"为主，且原则性规定居多，对企业污染缺乏强制性手段，取证难、举证难、执法难，在实践中难以得到执行和落实。此外，在企业绿色科技创新、企业绿色治污、企业绿色采购方面，也存在不少缺陷，无法运用法律权威引导主体的行为取向，无法保证企业、个人及各级政府积极参与绿色企业的发展。

2. 激励机制不完善

现阶段我国缺乏与企业绿色发展相适应的配套机制，如资源产权制度、绿色企业运作机制、企业绿色技术生态科技创新机制等。资源产权及生态环境产权制度不完善，导致经济社会发展外部成本高，成本由全体国民承担，企业却独享收益，导致企业无法有效实施绿色发展战略；未形成完善的许可交易制度，虽然现阶段存在以绿色低碳为指标的投资交易，但交易体系的不完善影响了交易的顺利进行，严重阻碍了企业的绿色发展。

3. 监督机制有缺陷

目前，我国针对企业绿色发展的监督机制存在缺陷，未能发挥其应有的作用。一方面，对于一些生产企业的重大环境风险源的动态监测与风险控制体制尚不完善，原则性规定居多，没有可行的标准，实际操作性差。另一方面，企业环境信息披露不完善，如企业运行过程中的环境监督机制问题、企业的信息披露机制问题、环境经济成本的负担问题以及银行对贷款企业的信息核查和信息反馈问题等。不少企业往往为了满足政府强制性披露要求，重形式、轻质量，未能将信息披露的价值内化到企业运营中，难以形成对企业的监督压力。

（二）政策走势

1. 更加注重发挥市场作用引导企业绿色发展

未来，中国将更加尊重市场规律，注重发挥市场的决定性作用，运用有效的市场经济手段，在科技创新、节能减排、治污降耗、低碳环保、满足公众绿色消费等方面引导企业绿色发展、转型发展。

2. 更加注重以科学技术创新推动企业绿色发展

科技创新是企业绿色发展的不竭动力。未来，中国将在技术创新各阶段引入生态观念，引导技术创新向有利于企业节约资源、保护环境的方向发展，使资源最大限度转化为产品、废弃物排放最小化，从而实现企业绿色发展的目标。

3. 更加注重绿色绩效评价引领企业绿色发展

未来，中国将更加注重通过绿色绩效评价来引领企业的绿色发展。绿色绩效评价能有效指引企业实现绿色发展，为企业指明如何进行绿色发展。通过绿色绩效评价，让企业发现自身发展建设中存在的不足。企业家也可根据当前企业的具体情况制定绿色发展战略，指导企业绿色发展。

4. 更加注重社会认可监督企业绿色发展

企业的绿色发展需要大量的投入，如果社会公众不认可、不支持，企业的绿色发展很难进行。只有公众认可绿色企业、绿色产品，消费绿色企业生产的产品，才能推进企业的绿色发展。未来，中国针对企业绿色发展的政策将更加注重社会公众认可，监督企业绿色发展。

六　完善中国企业绿色发展的政策建议

（一）国家层面的改进

1. 完善环保法律法规体系建设

以 2015 年出台史上最严格《环境保护法》为契机，以推进企业实施绿色发展为导向，修改完善各类环保法律法规及规章制度，清理与企业绿色发展相冲突或不利于企业绿色发展的法律、法规或条文，加快完善生态环境、土地、财税、信贷等方面保护和管理的法律制度，构建体系完善、功能有效的中国企业绿色发展法律法规体系，为中国企业绿色发展构建一个更加"严格"的市场环境。

2. 加大惩处力度

经验表明，只有在法律上明确规定环境污染者应该承担的相应责任，并加大执法力度，企业才会有压力和动力去保护环境和减少污染；否则再完善的法律如果得不到切实有效的实施，也是一张白纸。

一是对违法排污企业，特别是对那些未批先建、屡改屡犯的企业，加大惩处力度，破除地方保护主义，将违法者施以严肃的法律制裁，真正体现新《环境保护法》的实施效果。二是强化对行政不作为的处罚制裁力度。针对以往环保执法者"眼高手低""法下留情"的失责、渎职行为，要敢于追究。对那些不严格依法查处违法行为、不严格处置各种污染事故、不严格作出行政许可的部门或个人，尤其是对社会负面影响大、责任后果严重的，要严格执法，部门的主要责任人应引咎辞职。

3. 继续加大财税激励

财税政策是最好的经济杠杆，要建立完善的财税激励体系，加大对绿色、循环、低碳发展相关领域的财政资金投入，促进绿色低碳环保节能型企业的发展，从而提高整个社会的"绿色指数"。

一是继续加大财税支持力度。对于那些能够促进节能降耗、低碳环保、再生资源利用和提高资源综合利用效率的新工艺、新技术、节能环保新技术的发展要给予积极的财税优惠政策。特别是对于那些节水技术改造项目、节能和污染减排项目，竣工投产后，要给予一定的财税激励，以体现政策的导向作用。二是要拓宽财税政策的覆盖面。不论何种企业，权属如何，只要生产经营行为和生产经营活动契合节能环保、绿色低碳的发展要求，都应给予各种平等的税收优惠政策，并重点支持具有先进技术研发能力但缺乏资金的民营企业和中小企业，依法给予税收优惠，鼓励上市融资，以此来调动企业使用绿色技术、发展绿色技术的积极性。三是灵活合理运用各种财税优惠方式。可借鉴国外的先进经验，将目前国际上通用的加速折旧、延期纳税、再投资退税等方式推广应用于绿色产业财税优惠政策中，突出激励效应，增强企业发展"绿色企业"的动力。四是建立灵活的反映市场供求关系、资源稀缺程度和环境损害成本的资源型产品的价格形成机制，深入推进水资源、电价、煤炭、石油、天然气等关键性资源型产品的定价机制改革，提高资源环境的价格标准，改进定价和收费方式，加快费改税的进程。

4. 推进绿色金融创新，加快碳交易平台能力建设

绿色金融是发展绿色经济的可靠保障，金融机构应负担起建设"绿色中国"的社会责任。

一是大力实施针对绿色信贷的扶持政策，制定绿色信贷目录指引，建立绿色信贷体系，推行差别化的绿色信贷政策，鼓励对绿色新兴产业实施低利率政策，在税收、贴息等方面给予极大的支持。二是在一些领域强制推进绿色保险，在目前海洋石油勘探和内河运输行业已经强制参保的基础上，探索推进钢铁、煤矿采选、石油天然气开采、热电、煤化工、水泥、塑料、石油化工、危险品化学品运输处理等领域的环境风险企业全覆盖。三是加快推动碳交易市场建设，在现有试点基础上，率先覆盖污染较为严重的七大行业，如钢铁、煤炭、火电、化工、石化和有色金属等，待时机成熟后再推广至全行业。

5. 加强部门间协同和配合

推动企业实施绿色发展，不仅是环保部门的责任，而且是全社会、多部

门共同的责任。因此，要在发挥市场引导、调控作用的同时，增强各单位、各部门的协同和配合，充分发挥行业协会、社会团体、新闻媒体、网络平台在绩效评价、信息公开、行为监督和社会反馈方面的作用，扩大社会参与，共同创造良好的环境，促进绿色低碳环保企业的构建。特别是要推进以行业协会监管为主的第三方监管，建立一套职责分明、竞争有序的第三方评价体系和监督约束机制，确保第三方监管质量，提高监管效能，推进企业绿色发展。

6. 完善企业环境社会责任信息披露制度，提高透明度

一是进一步修订《环境信息公开办法》（以下简称《办法》）。修改《办法》中不合理条文，扩大信息获取渠道；对企业环境信息披露进行监管，加强企业信息公开的奖惩措施。二是强制推进发债企业及中国企业的环境信息披露，激励企业应全力规避污染性投资，从而强化绿色投资的动力，对披露不达标或披露信息造假的企业，应制定严格惩处措施，增强企业发展绿色经济的社会责任感。同时强化企业社会环境责任报告的标准及认证。根据不同行业特征，制定相应的行业报告规范，同时鼓励专业机构开展审计和认证业务，让企业明晰报告标准，确保社会公众获取真实的企业环境信息。

7. 积极发动人民群众，营造公众参与良好氛围

一是增强人民群众的环境监督力度。在完善目前已有的各种违法排污热线的情况下，继续为公共参与、公益诉讼开辟更畅通的渠道，通过建立政府、企业、公众定期沟通、平等对话、协商解决的机制，引导公众参与环境保护制度执行的评估和考核，以保障民间力量对政府决策、环境问题形成有效制约，以实际行动来维护人民群众的环境知情权、议事权和监督权，以此来调动企业生产绿色节能产品的积极性。二是加大对人民群众使用各类企业节能环保产品的引导力度。通过网络、报纸、电视、广播等媒介，引导人民群众使用节能环保型产品，通过人民群众的使用来达到政府鼓励节能环保产品、淘汰落后高耗能产品的目的，同时"倒逼"企业绿色发展。

（二）企业层面的改进

第一，强化企业自律。企业要严格遵守国家关于环保的法律法规，将国家法律法规内化为企业日常遵循的企业准则或生产规范，遵循"绿色生产、绿色发展"理念，承担应有的社会责任，从而营造良好的绿色发展氛围。

第二，继续加大企业技术创新力度。推动企业绿色发展是一个庞大的系统工程，涉及能源结构调整、产业结构调整及整个发展模式的转变，而这些都需要用技术创新来解决，如降低能耗、提升能源效率、发展绿色节能技术等，目前这些技术还不是特别成熟，只有用技术创新来减少污染，特别是针对当前存在的"环保不节能、节能不环保"问题，企业需要加紧攻关，继续加大创新力度，只有用技术创新才能加以解决。

第三，加强企业绿色采购制度建设。在借鉴试点经验的基础上，加强企业绿色采购制度建设，对那些被列入《环境保护综合名录》中的"高排放、高污染、高环境风险"产品，应列入企业采购"黑名单"。对于被有关部门评为环保企业的，对其产品的采购应一路"绿灯"。对于供应商有重大环境违法行为的，采购企业可以降低采购额度甚至暂停采购或终止合同。对于绿色环保产品，则鼓励提高采购量，政府可以在贷款、税收等方面给予支持。如此，以实现减少环境污染、建设"美丽中国"的目标。

参考文献

［1］《关于保护和改善环境的若干规定》（试行草案），1973年8月29日。

［2］《国务院关于环境保护工作的决定》，1984年5月8日。

［3］《国务院关于环境保护若干问题的决定》（国发〔1996〕31号），1996年8月3日。

［4］《国务院关于进一步加强淘汰落后产能工作的通知》，（国发〔2010〕7号），2012年。

［5］《工信部2014年工业节能与综合利用工作要点》，2014。

［6］《国务院办公厅关于印发 2014～2015 年节能减排低碳发展行动方案的通知》，（国办发〔2014〕23 号），2014 年。

［7］全国工商联环境服务业商会：《德国环境保护投融资机制研究》，2009 年 3 月。

［8］《德国发展绿色经济，迫使众多能源企业迁往国外》，雨果网，2014 年 10 月 30 日。

［9］郭鸿鹏、马成林、杨印生：《美国低碳农业实践之借鉴》，《环境保护》2011 年第 21 期。

［10］庄贵阳、朱守先：《韩国的低碳绿色增长战略》，《中国党政干部论坛》2013 年第 2 期。

［11］郭鸿鹏、马成林、杨印生：《美国低碳农业实践之借鉴》，《环境保护》2011 年第 21 期。

［12］甘强：《借鉴国外经验发展现代农业》，《江苏农村经济》2006 年第 2 期。

B.9

中国企业绿色文化建设

李国庆*

摘 要: 企业绿色文化是企业环境价值观念和与环境相关的行为规范，集中体现着企业价值与社会责任感。2007年中国确立生态文明建设发展战略以来，企业正在逐步接受绿色低碳发展价值观，努力探索节约文化、诚信文化与环境公益文化，以绿色文化指导企业生产过程的节能减排、办公过程的低碳消费，自觉参与当地环保公益活动，履行社会责任。目前中国的企业绿色文化尚处于形成阶段，且主要是涉及部分上市企业。随着企业环境法律意识的树立、绿色发展自觉意识的增强，绿色文化将成为企业文化的重要组成部分，进而促进企业树立绿色、诚信、文明的良好形象。

关键词: 企业绿色文化 节约文化 生态文化 诚信文化 公益文化

转变粗放的生产方式、建设绿色低碳生产方式是全球性的时代主题，绿色文化已经成为企业文化的新内涵。作为市场运行主体之一，企业的本质是不断扩大再生产以追求利润最大化。然而企业生存与发展的环境是社会性的，企业生产经营行为具有显著外部性，对生态环境和生活环境具有极大的

---

* 李国庆，中国社会科学院城市发展与环境研究所研究员，社会学博士，城市政策与城市文化研究中心理事长，美国印第安纳大学富布莱特高级访问学者，研究领域为城市社会规划、环境规划、日本社会论。

影响作用。企业只有建立起与社会和谐的绿色企业文化，与所在地区的自然环境和社会环境相协调，建立诚信、有社会责任感的企业形象，才能赢得广大消费者的信任，营造良好的企业成长环境，最终促进企业竞争力的提升。

低碳绿色发展同样是中国企业必须面对的新挑战。刚刚开始实施的《中国制造2025》旨在抢抓以低能耗、低污染、低碳为标志的绿色经济的重要机遇，到2025年把中国从一个制造大国带入制造强国行列，中国制造上升为国家战略。实现这一目标的重要战略途径之一是转变经济发展方式，通过创新驱动、智能转型、强化基础实现绿色发展。

绿色文化对于企业绿色发展而言具有重要的价值导向作用。2007年中国确立生态文明建设新目标以后，为推进绿色工业体系建设，自2010年起开展两型企业建设活动，建立了一批试点企业，企业的绿色经营理念、环境法律意识、环境信息披露制度、办公过程的节约文化、企业低碳技术文化以及环境公益文化开始建立。在今后的绿色发展过程中，绿色文化将得到不断提升和普及，具有中国特色、体现不同行业特点的企业绿色文化体系将逐步形成。

一　中国企业绿色文化发展的背景

环境是人类赖以生存的外部空间，随着工业化、城镇化进程加快，环境污染和破坏日益严重，成为制约经济发展的重要瓶颈，更直接威胁人类的生命安全。如何兼顾环境保护与经济社会协调发展成为人类社会亟须解决的重大课题。企业作为国民经济发展和增长的主要来源，也是环境污染的主要制造者，要实现经济社会与环境可持续发展，企业绿色发展迫在眉睫。

（一）企业绿色文化的要素与内涵

绿色文化是企业的灵魂，企业的历史渊源、生产方式、组织方式，以及企业与社区关系、企业职员的行为方式都会不同程度地积淀在企业文化中，是企业形象、企业魅力与企业市场竞争力的综合体现，是企业竞争的软实力。如果说企业文化是企业特有的价值体系和行为规范，那么企业绿色文化反映的是企业的环境意识、环境社会责任和低碳行为规范。具体来讲，企业绿色文化应该包括以下六个方面。

1. 树立资源节约、环境友好的企业经营价值理念

企业根据自身行业特点确立资源节约、环境友好的核心价值、核心使命与发展愿景。企业的核心价值决定着企业的目标定位和经营方式的规范性，决定着企业的社会责任感、企业参与地方环境公益事业的深度和广度，必须把追求合理利润、与当地共生共荣、互利互惠、促进人与自然和谐相处作为企业发展的新目标。

2. 建立环境保护责任制度，自觉遵守环保法规

在全社会高度重视环境价值的今天，仅仅把提高投入产出比率、追求高额利润作为企业发展目标的阶段已经成为历史，需要自觉遵守以《环境保护法》为核心的一系列环境保护法律，强化环境责任担当意识，切实履行环境保护义务。

3. 建立环境信息披露制度，完善企业诚信文化

打造具有高度社会责任感的文明企业形象成为企业发展愿景的重要组成部分。强化企业的社会责任意识，提高企业决策的科学性，在决策过程中充分注重公众利益，树立文明企业形象，提高企业品位。

为此，需要建立企业环境信息披露制度，建立碳排放清单制度。环境信息包括原材料绿色标识、生产过程的能源消耗、生产终端污染物排放方式、超标排放情况，健全生态环境损害成本和修复效益评估制度，遵守资源有偿使用制度和生态补偿制度。将碳排放信息列入企业年度报告，向社会公布，自觉接受社会监督。一个高度重视环境质量的企业必然是富有社会责任感、诚信可靠的企业，不仅能够生产出低耗能产品，同时能够生产出质量可信的产品，最终将赢得消费者的信任，成为让当地居民放心、让消费者放心的企业。

4. 开展资源节约的绿色办公行动，弘扬节约文化

建立绿色节能的文明办公制度，在履行政府管理职能过程中建立企

业绿色消费模式。积极参与"互联网＋"行动计划，充分发挥互联网的生产要素配置优化与集成作用，将互联网深度融合于企业生产与办公各个环节。制定和实施"绿色办公楼行动规则"，切实降低办公设备和耗材的能源消耗，厉行节约；购置小排量或太阳能电动车，减少公车使用，将企业办公楼打造成为体现低碳、节能、生态环保理念的"绿色办公楼"。

制定绿色采购标准，采购中选择有绿色标识的产品，对于数额较大的企业采购，绿色环保产品要占到 50% 以上的份额，企业自觉承担经济成本，提高节能设备的使用率。

在企业内广泛组织开展职工节能小组活动，调动每一个职工的积极性，把节能减排落实到每一个生产、办公细节，以精细化生产替代粗放型生产，科学考核评价，最大限度提高节能环保绩效。

5. 塑造绿色品牌，打造企业低碳技术文化

开发环保产品，顺应低碳节能的消费动向与时代主题。节能、节水、节材等有利于保护环境的产品绿色价值降低了产品使用成本，越来越受到消费者的认可，具有广阔的市场前景。

建立企业低碳发展文化，促进清洁生产和资源循环利用，在产品的设计、制造、运输、使用及废旧产品回收各个环节，把低碳节能、绿色环保放在与产品质量同等重要的位置上，实现绿色设计、绿色制造、绿色回收和绿色经营，打造绿色品牌，依靠节能产品提升企业市场竞争力。

6. 参与当地环境公益活动，树立环境公益文化

培育企业的地区归属感、荣誉感和责任感，积极参与城市社区的节能减排活动。商店、餐厅等服务业企业通过优惠券、奖品发放等措施促进可再利用资源回收，减少一次性消费品的使用，激发消费者参与节能减排活动的积极性，建立企业与社区的信任关系，共同治理社区环境。

（二）两型社会建设:企业绿色文化发展的推手

中国正处于转变粗放型生产方式、迈向绿色繁荣的新时代。20 世纪 70

年代初两次石油危机开启了一个新时代，全球时代主题从经济高速增长转变为稳定绿色增长。1972 年 6 月，联合国在斯德哥尔摩召开人类历史上第一次人类环境会议，世界各国共同研究人类环境保护问题，会议发布了《联合国人类环境会议宣言》和"行动计划"，呼吁世界各国共同行动保护环境，造福人类、造福子孙。随着环境保护时代主题的深化，作为市场主体的企业逐步接受了绿色价值观与环境制度体系，自觉地把节能减排、新能源开发、社会责任作为企业发展战略的重要内容，企业绿色文化建设得到迅猛发展。

在中国，2007 年召开的中国共产党第十七届五中全会提出了生态文明建设的新目标，把建设资源节约型、环境友好型社会作为加快转变经济发展方式的重要着力点。开展两型企业创建工作，推进产业发展方式转型，建设资源节约、环境友好型工业，建立生态文明的新型企业文化。2015 年在中共中央政治局会议上首次提出绿色化，即在十八大提出的"新四化"概念——"新型工业化、城镇化、信息化、农业现代化"之外，加入"绿色化"，并定位为"政治任务"。

2005 年，中共中央总书记胡锦涛在中央人口资源环境工作座谈会上首次提出"努力建设资源节约型、环境友好型社会"的建设目标。2006 年第十届全国人民代表大会第四次会议通过的《国民经济与社会发展第十一个五年规划纲要》把落实节约资源和保护环境作为基本国策，并确立了建设低投入、高产出、低消耗、低污染、少排放、能循环、可持续的国民经济体系和资源节约型、环境友好型社会的经济发展与社会建设新目标。

中国的两型社会示范区建设始于 2007 年。12 月 14 日，经国务院同意，国家发改委批准武汉城市圈和长株潭城市群为全国资源节约型和环境友好型社会建设综合配套改革试验区。武汉城市圈和长株潭城市群是中国传统老工业基地，产业结构偏向于重工业，节能减排压力大、任务重，改革试验的紧迫性强，效益显著。

两型企业建设是两型社会建设的有机组成部分，企业是两型社会建设的重要载体。两型企业子概念的产生是由企业在两型社会发展中举足轻重的作用决定的。工业是耗费能源资源、产生环境污染的主要产业，按照最保守的估算，企业的能耗占全社会总能耗的比重至少在80％以上，相应的，企业与能源相关的温室气体排放量占排放总量的比例也应在80％以上。[①] 因此，两型社会建设中企业扮演着极为重要的角色。两型企业创建是促进企业履行环境保护社会责任、推进生产方式和管理方式转变、实现绿色发展的有力举措。

为把创建两型社会落到实处，2010年初工业和信息化部、财政部和科技部提出要创建两型工业体系，在工业领域推进两型企业建设。2010年5月，工业和信息化部、财政部和科技部联合下发《关于组织开展资源节约型和环境友好型企业创建工作的通知》，要求工业企业按照十七大把建设资源节约型和环境友好型社会放在工业化、现代化发展战略的突出位置的方针，工业企业走节约发展、清洁发展之路，加快工业发展方式转变，建设资源节约型、环境友好型工业体系。

二 中国企业绿色文化发展现状

（一）树立节能减排、绿色发展的经营理念

随着全社会对环境保护达成共识以及环境法律制度的健全，中国企业正在逐步接受、应对绿色低碳发展的时代主题，越来越重视建立绿色企业文化，尝试以法律和道德的力量推进生产、消费各个环节的节能减排，推进资源节约型、环境友好型社会建设。

企业绿色文化是转变经济发展方式的重要推动力。中国从制造业大国到制造业强国的转变过程，也是低碳技术和生产智能的发展过程。智能化的企业必然是高效能的绿色企业，企业的绿色低碳化需要借助智能化手段。树立

---

① 陈洪波、陈晨星主编《气候官来了——中国企业低碳发展之路》，南方日报出版社，2012，第11页。

企业绿色经营理念将有利于企业自觉地转变粗放型经济增长方式，逐步实现产业优化升级、节约能源资源、保护和改善环境，在带动当地经济发展的同时，提升城市与农村的生活环境质量。

创建两型企业活动是落实节能减排的重要举措。始于 2010 年的两型企业建设活动第一批试点企业共选取了钢铁、有色金属、化工石化、建材、轻工、纺织、电子信息通信、汽车及机械装备 9 个行业共 121 家企业，目标是经过 3 年的试点，创建一批达到最先进的能效环保标准，实现废水、废渣零排放和零填埋堆存的标杆企业，探索行业绿色低碳发展模式和基本思路，建立不同行业两型企业评价标准和指标体系，为推广两型企业建设积累经验，引导广大企业实现环境达标。

（二）建立环境保护责任制度，自觉遵守环保法规

2014 年 4 月，第十二届全国人大常委会第八次会议修订了 1989 年制定的《中华人民共和国环境保护法（试行）》，在总则中明确规定企事业单位和其他生产经营者应当防止、减少环境污染和生态破坏，对所造成的损害依法承担责任。在此基础上，第二十四条规定产生环境污染和其他公害的单位，必须把环境保护工作纳入计划，建立环境保护责任制度，包括企业负责人的环保责任制度和向职工代表大会报告环保工作并接受监督的机制。损害担责的规定明确了企业环境损害的法律责任，为企业的环境保护提供了法律依据。

（三）塑造绿色品牌，打造企业低碳文化

两型企业建设首先是生产过程节能减排、降低能耗，重点是通过企业的内部生产结构与生产方式的调整实现低碳发展目标。企业绿色文化的作用是指导企业树立绿色经营理念，通过企业的生态化技术改造建立低碳绿色生产模式，建设资源节约型、环境友好型企业。

生态化转型、产业结构升级是所有制造业企业都面临的问题。生产过程的低碳化对企业来说不只是压力，也是转型发展的机遇，即通过生态技术实

现节能降耗，开发节能新产品，获得市场竞争优势。中国的节能环保企业正在异军突起，发展势头迅猛。低碳环保产品包括交通行业的混合动力汽车，新能源领域的太阳能光伏电池及节能灯具等。通过为家庭、企业、城市和农村的节能减排提供节能、节水用具，一批绿色产品品牌正在形成，其市场价值不断提升。

（四）强化企业的环境社会责任感

在技术、管理、品牌创新的基础上，企业正在致力于低碳技术的研发，以减少各个生产环节的废气、废水、废渣排放，控制环境污染和生态变化，努力消除企业的负外部性。

实现废气、废水、废渣循环利用的有效途径之一是在企业内部建立资源共享、有机联系、集约发展的链条式结构，实现生产过程的高效自净；加大排污设备投入，确保排污设备正常运转，自觉接受当地居民的监督。

（五）建立企业的环保公益文化

企业在担当低碳生产职责的基础上，应切实履行保护环境的社会职责，积极参与当地的环保公益事业，支持所在地区乃至全国范围的环境建设活动，推进绿色就业，把环境保护置于企业社会责任的核心地位，实现企业与社会的和谐相处，树立企业文明的社会形象，提升企业竞争力。

三　中国企业绿色文化特色与典型案例

（一）生态文明建设国策是企业绿色文化发展的重要动力

2007 年召开的中国共产党第十七届五中全会提出了生态文明建设新目标，同年年底国家将武汉城市圈和长株潭城市群列为两型社会建设配套改革综合实验区。2014 年，国家出台《环境保护法》，生态文明建设的地位上升到前所未有的高度。中国企业绿色文化的发展是在外部宏观环境变化的背景下展开的，正是整个社会环境保护意识的空前强化，促使企业把低碳节能、绿色环保作为企业管理的刚性约束，企业逐步接受了理性价值，自觉地把环境保护纳入生产全过程，环境管理体系正在逐步介入经济体系。

研究发现，由于终端产品生产企业距离消费者更近，企业的环保文化内涵更加具体细致，更加贴近地区生活。以海尔集团为例，它的电冰箱、洗衣机、空调机等家电产品从 2001 年起连续蝉联"中国最有价值品牌"榜首，成为全球白色家电第一品牌。海尔的绿色发展战略包括绿色制造、绿色产品、绿色文化三个方面。绿色文化是指海尔集团的"绿色梦"。海尔集团提出了"ECO LIFE"生态环保生活新理念，并将其落实到产品设计、制造、销售、回收的每一个环节。除了在生产全过程采用新能源模式、管理全流程、践行绿色低碳理念之外，还把为现代生活创造舒适、便利、绿色、健康作为己任，开展绿色惠民工程，将企业利益与社会责任紧密联系起来，探索符合时代发展趋势的经营模式。

经过 20 多年的发展，万科集团不仅成为国内最大的住宅开发企业，业务范围覆盖 53 个大中城市，而且销售规模持续稳居全球同行业首位。万科把住宅建筑视为与各种形态的生命息息相关的事业，满怀尊敬之心，为人们建设安全、安心的绿色住宅，创造和谐、健康、丰盛的阳光生活。在"让建筑赞美生命"的企业核心理念指导下，万科不断深化节能低碳技术研究，因地制宜地保护环境、改善环境，取得了显著的节能效果。以深圳万科城四期为例，先进的低碳技术实现了 65% 的节能、30% 的节水，不仅为业主提供了理想的生活空间，而且节约了能源、美化了环境，绿色企业的发展愿景正在变为现实。

武汉凯迪电力股份有限公司于 1993 年 2 月在武汉东湖高新技术开发区成立，1999 年 9 月在深圳证券交易所正式挂牌上市，是原国电公司推荐上市的第一家电力环保企业。该公司从事环保产业、新能源及电力工程等领域的新技术、新产品的开发和应用。作为生物能源的领军企业，凯迪把"奉献环保造福人类"作为核心使命。环保企业是直接致力于环保事业的企业类型，专注于为其他企业、家庭以及社会提供环保产品，其环保理念顺应了时代潮流，具有广阔的市场前景。

目前约有 580 家上市企业开始发布社会责任报告，这是企业参与环保的重要标志。但是从总体来看，发布社会责任报告的企业尚属少数，未来随着环保制度的健全，需要全面建立企业环境责任报告制度，真正树立企业的环保理念。

（二）环境保护制度逐步建立，企业守法意识日益增强

钢铁企业、有色金属、化工石化、建材、汽车、机械装备等行业是资源能源消耗量大、污染物产生量大的重点行业，单位产品能耗大，并且废水、废渣、废气污染物排放量巨大，是节能减排的重点。工信部推进的两型企业建设项目选择了一批排污量大但节能减排基础好的企业开展创建试点工作，为本行业的企业树立节约资源、保护环境的先进典型。

武汉钢铁公司是中国特大型现代化钢铁联合企业，也是全球最具竞争力的钢铁企业之一。在环境保护方面"绿色武钢"做出了极大的努力，被国务院国资委评为"节能减排优秀企业"，武钢股份被评为"武汉市清洁生产先进单位"。

为实现两型企业建设目标，武钢实施了环境科学化、系统化和规范化管理。为了加强环境监测和监督检查力度，建立环境保护管理体系，武钢成立了以安全环保委员会为最高组织机构的环境管理系统，下设公司安全环保部与二级单位的安全环保部门。武钢建立了污染减排指标体系、监测体系和考核体系，推行节能减排责任状管理，将能耗指标、污染物排放总量指标分解到各个单位，把污染减排作为业绩考核的重要指标，安全环保委员会与各个生产部门签订责任状。根据武钢 2013 年度的社会责任报告，武钢组织各个部门学习国家和地方的环保法律法规、标准和相关要求，挑选出适用于本公司、本部门的法律法规 57 项，制定各个部门落实法规的路径，开展环保法律法规合规性评价并形成评价报告。环境保护管理体系的健全标志着企业自觉遵守环境法规意识的增强。

从上市企业的社会责任报告分析来看，像武钢这样认真研究国家和地方

法律体系的企业尚属少数，更多的企业需要增强环境法律意识，结合本行业特点明确企业特定的环保责任。地方政府需要加强对企业环保的监管，通过对先进企业的评比增强企业的环境法律意识。

（三）大力推进低碳办公，弘扬企业的节约文化

以武钢股份为例，该企业目前在岗总人数近 3 万人，公司高度重视绿色办公，制定环保、绿色办公制度，具体措施：一是推进办公电子信息化、无纸化，尽量减少办公设备的待机消耗；二是推广使用网上视频会议系统召开工作会议；三是普及办公区域照明的智能控制；四是要求夏季室内空调温度设置不得低于 26 度、冬季室内空调温度设置不得高于 20 度；五是推行外出办公绿色出行，职员外出共同用车，尽可能减少能源消耗。

海尔集团高度重视企业节约文化，将低碳、循环、节能、减排等理念融入员工的日常行为管理之中。要求生产车间夏季控制室内空调温度不得低于 26 度，倡导员工购买低能耗车，改造办公照明设施，实现"人来灯亮，人走灯灭"的智能控制。海尔集团加强对公司员工的宣传教育，由专家对环境管理体系的工作人员进行国际标准的 ISO14001 环境管理体系认证和产品认证培训，以发放培训教材、发布节能环保简讯的形式普及清洁生产知识，举办清洁生产知识竞赛、员工的"画与话"节能活动，展现企业文化的绿色元素。

武钢和海尔将低碳办公落到实处的做法值得推广，特别是大企业更需要重新认识节约文化在企业绿色文化中的重要作用，制定量化指标，在适当规模的小组中加以实施。

（四）企业绿色信息披露制度逐步建立

目前，中国约有 580 家上市企业发布了社会责任报告，社会责任报告除了对员工、对当地、对供货商的社会责任外，对环境的社会责任也是一项重要的内容。

作为全球白色家电第一品牌，海尔高度重视企业社会责任。2005 年，

海尔集团率先在国内开展了家电行业的环境信息公开活动，是第一个编写环境报告书的家电企业，建立了环境报告发布制度。海尔此后每年发布《企业环境报告书》，集中披露企业的环境理念、环境目标、环境绩效和节能减排措施、上一年度的物质流、节能减排、环境保护等方面的信息。在 2013 年的环境报告中，海尔提出了"让每位员工都成为绿色发展的 CEO"的口号，充分调动每一个员工的积极性。海尔集团的绿色文化在其家电产品上得到了体现，海尔冰箱达到环保部规定的能效指标，获得"中国环境标志低碳产品 001 号认证证书"。海尔集团践行"公开环境信息，承担社会责任"，体现了企业对社会高度负责的绿色文化。

武钢的社会责任报告专辟一章描述企业的环境保护理念、环境管理、生态环境管理、绿色办公、绿色物流等内容。在此基础上，以图表形式详细说明二次资源综合利用、固体废弃物综合利用、绿色产品。2013 年，武钢青山本部投入 139089 万元环保费用，比上一年度的 88802 万元增长 56.6%，有效地保证了节能减排取得预期成效。

目前中国披露企业绿色信息的企业为数不多，多数企业在没有强制性规定的情况下不愿主动公开绿色信息。未来国家应建立强制性制度，引导企业建立环境信息披露制度。

（五）参与地区环保公益活动，弘扬环保公益文化

海尔集团本着保护水环境、维护市民身体健康的高度责任感实施了多项绿色惠民工程。面对日趋严重的水污染问题，海尔集团在全国率先发动"水地图"计划，深入用户家中测试以获取青岛水质数据，汇总后通过水交互平台进行实时发布。鉴于社会各界对室内 PM2.5 污染问题的高度重视，海尔集团组建了一支专业的公益检测团队，在全国范围内开展"海尔帝樽空调室内 PM2.5 免费检测公益行"活动。

设立环保基金是企业参与环保公益事业的重要途径。截至 2012 年 6 月底，我国关注环境领域的基金会共有 93 家，在全国 2510 家基金会中占 3.7%。其中，包括中华环境保护基金会、中国绿化基金会在内的公募基金

会 47 家；包括北京万通公益基金会、万科公益基金会在内的非公募基金会 46 家。

北京万通公益基金会成立于 2008 年，是在北京市民政局登记注册的非公募基金会，资金来源于万通地产集团，但在治理、管理和项目运作上，基金会具备独立法人资格，由专职团队运作管理。基金会致力于环保、节能、教育、社会扶贫等公共领域的交流、宣传、研究、资助及相关公益事业。基金会的主要业务领域是推动国内生态社区建设，促进环境保护、节能减排，实现人与自然的和谐相处。

成立于 2008 年的万科公益基金会由万科企业股份有限公司发起，是由国家民政部主管的全国性非公募基金会。垃圾分类是万科公益基金会关注的一个核心议题。基金会致力于以社区为单位实现垃圾分类和回收，以此为日益严峻的垃圾填埋和焚烧问题寻找可负担、可持续的解决之道。万科公益基金会先后资助北京、上海、广州、深圳和成都的 110 个社区开展垃圾分类项目，成效显著，平均每个社区的垃圾产量减少了 13%，最佳社区减少了 70%。

目前成立环保基金会的中国企业屈指可数。在未来的企业绿色文化建设过程中，将有更多的企业参与到地区的环保公益活动中，并通过环保基金会的形式支援地方的环保活动，实现企业与地方的共存共荣。

四　企业绿色文化建设的国外经验

（一）日本企业的绿色文化

日本成功治理生态环境的主要因素之一是企业绿色文化的形成。日本企业把生产技术的低碳化确立为企业管理的目标是由企业高度的节能意识决定的，节能意识是节能技术开发的重要驱动力。

第一，日本企业的节能理念强烈。日本能源匮乏，几乎全部的能源都依靠进口，企业具有强烈的能源危机意识。早在 20 世纪 60 年代，日本本田汽车公司就开发出 i - VTEC 发动机技术，其不仅输出马力超强，而且具有低转速时尾气排放环保、低油耗的特点。节约立国的理念以及企业的资源危机意识推动了日本企业绿色文化的形成，最终成就了日本节能技术大国的地位。

2009 年国际金融危机之后，日本的家电企业面临极大的市场危机，亏损空前严重。2009 年 4 月，日本政府通过"改正企业活力再生法"，向日立、东芝等家电巨头注入国有资金，诱导其向低碳生产转型。① 日本政府的低碳经济增长新战略把电动汽车、太阳能电池和高效节能信息家电"三种新神器"作为战略目标，出台政策引导和扶持家电企业转向这三个低碳产品领域，以期通过新的低碳产品的生产将日本带入低碳社会。日立公司放弃了传统的平板电视电子产品，转型制造新一代太阳电池，开发智能电网、太阳光发电、风力发电及电动汽车电池等，并确立了到 2025 年实现每年削减由该公司的产品和服务所产生的二氧化碳排放量 1 亿吨的减排目标。

第二，开展企业间合作是日本企业绿色文化的显著特征。2000 年日本实施《循环型社会建设推进基本法》以来，日本企业作为责任主体之一为低碳绿色治理付出了艰苦努力。20 世纪 70 年代日本经济从高速增长转入稳定增长，企业环境治理的首要任务转变为产业废弃物治理，以废旧产品回收再生阶段的后端处理为主。以家电为例，2001 年 4 月日本实施《家电再生利用法》，推进对电视机、洗衣机、空调和电冰箱 4 种旧家电的再生利用。日本的家电企业分为两组：一组是由东芝、松下等 21 家企业组成的 A 组，另一组是由日立、三菱等 23 家企业组成的 B 组，其分别回收各自生产的家电产品，并实现分解、循环利用。

第三，广泛开展企业内部的节能小组活动，开发节能技术以提高企业的竞争力。日本企业从生产设计环节着手研究废弃电子产品处理技术。以往的产品设计理念把坚固耐用作为首要标准，以电冰箱为例，一台冰箱使用的塑

---

① 蔡林海：《低碳经济大格局》，经济科学出版社，2009，第 221 页。

料种类达 10 余，这种设计提高了产品的耐用性，却给产品的分类分解回收带来了不便。现在生产厂家把塑料种类减少到 3 种，并在设计程序上充分考虑分解技术，从前端开始介入废弃物的回收与再利用。日本从设计环节开始的家电再生技术在世界上处于领先地位，顺应了节能减排、绿色低碳的时代潮流，提高了日本制造业企业的国际市场竞争力，日本低碳节能的电子产品、汽车产品畅销世界各国。

日本企业的绿色文化可供中国借鉴之处：首先是积极向上的文化理念，把低碳绿色技术开发视为新的技术革命，把绿色产品视为未来市场主流，积极开发新技术。其次，日本达成了跨企业的环保共识，加强企业间合作，共同治理废弃产品市场，增强了节能环保技术开发能力，环保技术共享，合作治理效果远超单个企业。日本的相关经验值得中国企业借鉴，以不断完善企业的绿色文化，实现企业环保的最佳效果。

（二）德国企业的绿色文化特征

在世界各国的企业中，德国企业的绿色文化走在前列，这与德国积极主动的环境保护政策分不开。作为欧盟的一员，德国制定了气候保护高技术战略，先后制定了 5 期能源研究计划，目的是开发新的气候保护技术，提高能源效率和创造可再生能源。[①]

与其他欧美国家相比，德国企业的绿色文化是积极主动型的，而不是消极应对。德国的大型企业普遍建立了气候官（Chief Climate Officer）制度。气候官的使命与企业以往负责地区环境事务的官员不同，他们的职责更加积极进取，不仅要保证企业的经营行为不触犯所在地区的环境保护条例，而且要制定公司节能减排计划，开发更多的环保产品，开拓企业低碳产品的市场，最终实现企业的可持续发展。[②]

---

① 陈洪波、陈晨星主编《气候官来了——中国企业低碳发展之路》，南方日报出版社，2012，第 98 页。
② 陈洪波、陈晨星主编《气候官来了——中国企业低碳发展之路》，南方日报出版社，2012，第 40 页。

德国大众汽车把蓝创未来（Think Blue）作为经营理念。这一理念超越了技术和产品的范畴，体现了企业对未来的关怀态度。蓝创未来志在创造出更高能效、更低能耗、对环境更少影响的汽车，倡导环保低碳的生活方式，实现企业与当地的共荣，创造美好的蓝色未来。

作为世界最大的高效能源和资源节约型技术供应商之一，西门子的企业文化强调企业的商业活动应着眼于未来，以生态友好和社会友好的方式满足商业需求，担负起对整个社会环境的重任，培养企业员工的绿色文化意识与践行能力。以西门子中国公司为例，该公司2009年启动的环境保护公益活动"爱绿教育计划"，是第一个面向中国打工子弟学校学生的全国性教育项目，旨在培养务工人员子女的环保意识，消除城市与农村生活方式的差异，使其更好地融入城市的生活。这项活动在北京、武汉、广州、上海等地11所外来务工人员子弟学校展开，普及环保知识与环保技能，深受农民工子弟的欢迎，社会效果良好。

借鉴德国的相关经验，中国企业在做好企业内部低碳环保的基础上应该走入社会，积极参与绿色公益活动，以资金、人力等多种形式援助地区的环保事业。

五　中国企业绿色文化建设展望与对策建议

如前所述，企业绿色文化体现的是企业的环境价值观和围绕环境的行为规范，对于企业的绿色低碳发展起着导向作用。随着中国两型社会、两型企业建设的深入推进，以及国家环境法律的日趋完善，越来越多的企业将更加自觉地接受绿色化发展的社会普遍价值，并结合本行业的生产特点，树立企业特有的环境保护理念。

（一）展望

1.绿色化发展理念将更加自觉地融入企业生产过程

企业初期的节能减排活动主要是在社会环境强化了环保社会意识之后

做出的被动反应，最初阶段企业需要甄别哪些条文符合所在行业现状，防止触犯环保法律。随着绿色低碳发展活动的常态化，企业将依据绿色低碳发展确定新的产品开发方向、发掘新的产品市场、生产省能省材的新产品。在这一阶段，企业将自觉地践行绿色文化，担当起绿色发展的社会责任。到2016年，中国上市企业将全面建立包括环境责任在内的社会责任报告制度。到2017年，发布环境责任报告将成为所有企业必须履行的社会职责。

2. 企业绿色办公水平得到显著提升

绿色办公是企业绿色发展的重要组成部分，企业办公环境的绿色化将对降低企业生产成本、增强企业职员的节能意识、普及节能知识与技能发挥重要作用。

3. 企业参与地方公益活动的自觉性将显著增强

目前企业被动地遵守国家和地方的法律法规的初级状态将得到改观，企业参与当地环保公益事业的自觉性显著增强。企业主要是通过设立环境基金会等多种形式来履行其社会责任，为地方的环境保护活动提供资金和专业知识援助。

（二）政策建议

1. 在国家层面上加快推进两型企业建设

2011年两型工业体系建设开展以来，取得了一定成效，但是对于低碳绿色企业的认定、表彰、宣传力度还不够，没有在社会上形成争创两型企业的风气。应发挥政府主导作用，加强地方政府与企业的互动，促使企业更加自觉地树立绿色文化新理念，把低碳绿色作为企业文化的新内容，以绿色文化指导企业的生产经营活动和日常办公活动，推进科技、管理、品牌等创新，培育企业核心价值观，提升企业文化竞争软实力。

2. 以地方政府为主体推进当地企业的绿色文化建设

地方政府结合两型社会建设与两型企业体系建设活动，评选、宣传两型企业典型，提炼两型企业绿色文化精髓，丰富绿色文化内涵，以企业绿色文化促进绿色企业建设。

3. 国家建立强制性的企业环境信息披露制度

努力以诚信赢得消费者信赖。将发布环境信息的企业范围由上市企业扩大到所有企业，实现100%的环境信息披露率，形成环境信息披露制度。建立不同行业企业的信息披露标准。行业协会应积极推出绿色产品标识，形成产品皆绿色的社会氛围。

4. 鼓励企业建立环境管理专门组织体系，推进低碳经济发展

借鉴国外大企业通行的气候官制度，建立专门的企业环境管理组织体系，把低碳经济作为产业发展的新方向，抢抓制造业强国战略的发展新机遇。

5. 开展资源节约的绿色办公行动，弘扬节约文化

企业积极开展绿色文明办公活动，普及绿色采购制度，帮助供货商提高绿色产品品质，拒绝采购无绿色标识的产品。在企业内部广泛开展节能小组活动，激发每一个职员的积极性，为推进绿色办公提出切实可行的改进建议。

6. 积极参与当地社区的环境公益活动，履行企业绿色责任

牢固树立企业的地方归属感和社会责任意识，鼓励企业以资金投入、项目投入和智力投入等多种方式参与当地的环境公益活动。在受益于当地自然资源、人力资源的同时，以环境建设回报社会，实现与地方的共生共荣。

参考文献

[1] 陈洪波、陈晨星主编《气候官来了——中国企业低碳发展之路》，南方日报出版社，2012。

[2] 蔡林海：《低碳经济大格局》，经济科学出版社，2009。

[3] 秦尊文：《"两型"社会建设综合配套改革进程》，湖北长江出版集团、湖北人

民出版社，2012。

［4］《中共中央关于全面深化改革若干重大问题的决定》，人民出版社，2013。

［5］中共中央组织部党员教育中心编《美丽中国——生态文明建设五讲》，人民出版社，2013。

［6］中共中央宣传部理论局编《"谈生态文明制度建设"》，载《改革热点面对面》，学习出版社、人民出版社，2014。

案 例 篇

Cases

B.10

海尔，与您共创绿色新生活

——青岛海尔绿色发展

柴纪强*

摘　要：　海尔，作为全球白色家电第一品牌，一直在践行企业社会责任，引领产业的绿色、可持续发展，"在发展中保护，在保护中发展"。海尔加快实施"转方式、调结构"的倒逼机制，优化绿色产业结构，推动管理与创新相结合，将绿色理念融入企业发展战略和企业文化中，从细节着手，坚持低碳节能原则，以创新的绿色产品研发引领全球家电发展趋势，着力推进绿色发展、循环发展、低碳发展。

关键词：　海尔　社会责任　企业文化　绿色理念

* 柴纪强，青岛海尔能源动力有限公司总经理。

海尔集团创立于 1984 年，目前已从单一的冰箱业务扩展到洗衣机、空调、热水器、厨房家电等成套白色家电的研发、生产、销售及渠道综合服务业务，其中海尔冰箱、洗衣机、冷柜、热水器等产品的国内市场占有率长期处于行业第一。绿色发展成为当今社会生活的主流，提升产品的绿色节能水平、打造符合环境要求的绿色产品、推动绿色消费是海尔集团必须承担的社会责任，也是不断提升企业绿色竞争力的重要一环。作为绿色生活的倡导者，海尔集团一直关注全球的可持续发展。现在，海尔集团进入了第五个战略发展阶段——网络化战略发展阶段。海尔集团将搭建开放的平台，让利益攸关方一起加入绿色战略中。从绿色制造、绿色产品、绿色文化三个方面入手实施绿色战略。绿色制造是指海尔集团从产品设计到生产、营销、推广的全流程，践行绿色低碳理念。绿色产品是指海尔集团对产品的模块化、智能化，原材料的可循环利用，以及对节能、降噪等技术的研发。海尔集团以开放的战略思维整合全球一流研发资源，以创新的绿色产品研发能力引领全球家电绿色发展趋势。绿色文化是指海尔集团将低碳、循环、节能、减排等理念融入生产实践。比如，要求夏季控制室内空调温度不低于 26 度；倡导员工购买低能耗汽车；改造办公照明设施，实施小功率照明控制，实现"人来灯亮，人走灯灭"的智能控制；举办员工"画与话"等活动展现了企业文化的绿色元素。海尔集团以满足用户对绿色节能产品的需求为第一要务，通过科技创新制造绿色环保产品，全面提升产品全生命周期的绿色含金量，有效节约资源，保护生态环境。在为消费者提供绿色美好住居解决方案的同时，秉承"真诚到永远"的理念，真诚回报社会。在不断提升产品绿色含量的同时，为保护地球环境做出贡献。

一 "海尔"绿色发展的基本做法

"中国梦"不仅是复兴之梦，也是环保之梦。现代化企业作为市场经济的主体必须拥有"绿色梦"，勇于承担保护环境的社会责任，树立绿色、循环、低碳的发展理念，走可持续发展道路，以实际行动引领消费者走进绿色生活。

海尔集团始终秉承科学的发展理念，创新发展策略，紧跟时代需求，致力于满足广大消费者对美好生活的向往。为此，作为白色家电的龙头企业，海尔集团加快实施"转方式、调结构"的倒逼机制，优化绿色产业结构，推动管理与创新相结合。同时，积极推动绿色理念深入到企业发展战略和企业文化中，体现企业绿色价值，为全球消费者提供领先的绿色生活解决方案，与各方携手共筑和谐发展的"绿色梦"。

（一）引领绿色生活潮流

面对日趋严峻的环境形势，海尔集团提出"ECO LIFE"的生态环保生活新理念，坚持以可持续发展为己任，坚持以全球化品牌的实力引领先行，依托愈加完善的绿色管理模式，注重方针、战略的制定和实施，注重产品设计、制造、销售、回收的每一个环节，将企业的发展建立在人与环境和谐共存的基础上，为满足越来越多的人对绿色生活的憧憬而执着前行。

图1　海尔集团生态厂区全貌

海尔集团的绿色方针是，要遵守相关法律法规及政策制度，采用市场链模式推进人单合一，不断为顾客创新；运行管理体系，控制有害物质的使用。

海尔集团深知要想实现企业利益、消费者利益、社会利益及生态环境利益的协调统一，必须拥有正确的工作方针对企业加以指导，时刻矫正企业的前进方向，督促员工与企业一同前进。在知法、懂法、守法的基础上，求变创新以满足顾客的需求，不仅满足产品质量要求，还要满足环境保护和有害物质控制等要求，这是海尔集团绿色工作方针的真谛。

（二）构建绿色战略

海尔集团开创性的提出4G发展战略，"绿色设计、绿色制造、绿色经营、绿色回收"，将产品的设计、制造、销售、回收结合成为完整的循环产业链，并以此为支撑整合全球一流研发资源，从细节着手，始终贯彻低碳节能原则，以创新的绿色产品研发引领全球家电发展趋势，不断促进绿色生活愿望的实现。

（三）探索绿色设计

对产品进行全生命周期分析，重点开展产品的模块化、可拆解，材料的可循环利用，以及节能、降噪等绿色设计中关键技术的研发，使海尔产品生命周期的绿色管理达到国际先进水平。

（四）推进绿色制造

严格遵守国际相关法规，有效控制铅、汞、镉、六价铬、聚溴二丙醚、聚溴联苯等有毒原料的使用，不断提高产品的绿色化。

（五）开展绿色经营

严格按照国家相关环保法律法规的要求开展生产、经营活动，坚持绿色和环保的经营理念，并将其融入产品的市场调研、设计、制造、消费、回收及资源化利用过程的每一个环节。

（六）实施绿色回收

大力开展产品的绿色回收材料的资源化再利用，建立回收与分选相结合的废旧家电处理体系，逐步提高废旧家电回收率。

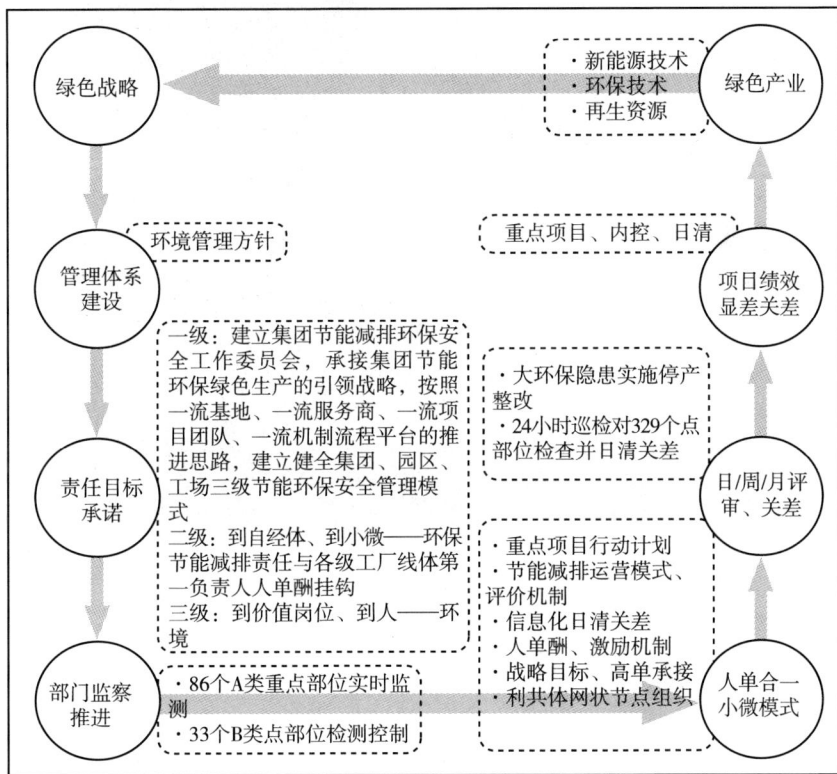

图 2　海尔集团绿色发展管理流程

海尔集团将绿色发展战略置于其发展的重要地位，并以此为指导逐渐形成环境管理体系。通过建立 1 个管理手册、19 个一级文件对环境目标进行责任总控，科学制订各部门责任目标；以园区为单位建立环保安全模式，对 8 个项目进行流程管控，终端落实到 329 个环保控制点，实时监测，严格落实项目执行情况；与"人单合一　小微模式"紧密结合，实现系统化节能运营模式，形成有效的评价机制。此外，海尔集团能源利益共同体履行集团环保安全工作委员会职责，定期进行绩效评估，建立日清关差、周/月评审机制，夯实了绿色战略的实施基础，促进了绿色产业的发展壮大。

图3　海尔集团新型制冷照片

（七）实施绿色能源管理

为落实国家节能减排的相关政策，海尔集团各单位成立节能项目团队，全员参与节能减排，推进集团绿色节能项目。规范化管理废水、废气、危险废物，要求建立标准管理台账，详细记录废水和危险废物的产生及排放情况；要求事业部每一年必须委托环保监测机构进行废气的监测，并将监测结果反馈到能源部备案；对事业部辖区内的各工位以及办公场所的用能状况进行管理，要求责任人每日对能源使用状况进行现场监督，一旦发现能源浪费现象及时进行维修，防止重大能源浪费事故发生，建立相应的激励机制对事业部员工节能降耗典型进行奖励，并督促员工严格按照计划推进节能改造重点项目的进展，严格依据法律法规的要求，及时将新改扩建项目报能源部，并按照环保部门要求提供项目资料，开展环境影响评价工作。

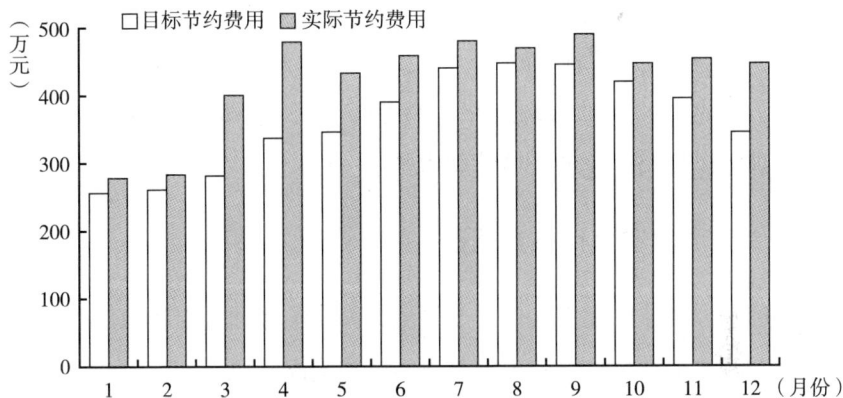

图4　海尔集团绿色能源管理成效示意

2014年已经实施的经营体，其既定目标年节约费用为4400万元，而实际完成的节约费用达5167万元，完成率为117%，以实际行动展示了企业绿色发展的决心。

（八）持续开展清洁生产

海尔集团依法持续开展清洁生产工作，以发放培训教材、发布节能环保简讯的形式向全公司员工进行宣传，并组织员工进行清洁生产知识考试。

2013年5月28日海尔（黄岛）产业园顺利通过青岛市经济和信息化委员会组织的清洁生产园区评审，成为青岛市首个清洁生产示范园区。

2014年11月13日，海尔（崂山）产业园通过清洁生产示范园区审核，跻身行业前列。

通过实施清洁生产，每年可节约用电2010万度，节约天然气近39万标准立方米，两项合计相当于节约0.85万吨标准煤，每年减排二氧化碳1.64万吨、减排二氧化硫493.5吨。

（九）积极推进ISO14001环境管理体系认证

海尔集团积极推动 ISO14001 环境管理体系认证，大力提倡国际标准的 ISO14001 产品认证，提高产品生产、使用和废弃的生态要求，直至实行生态（绿色）产品的市场准入制度并邀请外部专家对环境管理体系的工作人员进行培训，以提高企业的环境管理水平。

（十）开展温室气体核查认证

为准确掌握企业的温室气体排放情况，海尔集团通过对排放的温室气体进行评估和成本会计核算，找出最具成本效应的减碳机会。海尔集团中一事业部积极组织碳排放核查，并委托第三方认证机构根据 ISO14064-1：2006 和 ISO1406 4 -3：2006 对企业的温室气体排放报告进行了独立的第三方核查。

（十一）完成ROSH换版、审核

2011 年 ROSH 发布新版 ROHS 指令——指令 2011/65/EU。海尔集团在深入解读2011/65/EU 标准的基础上，对产品及时做出分析、评估、调整，不断进行自我完善，提升管理和技术水平。借助第三方检测机构进行产品送检，保障产品的合规性。2013 年 8 月，海尔集团顺利完成了 ROSH 的换版、审核工作。

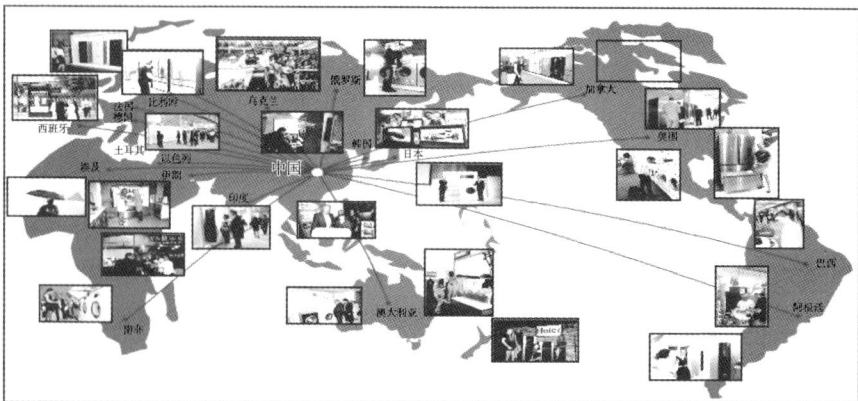

图5　海尔集团 ROSH 换版、审核示意

（十二）发展绿色物流

随经济的发展现代物流给环境带来的负荷越来越大，不仅消耗大量能源，还会排放大量有害气体，并产生噪音污染，因此，构建企业绿色物流体系显得至关重要。海尔集团积极倡导绿色物流，利用先进的绿色物流技术，规划和管理运输、仓储、装卸搬运、流通加工、配送等各个环节，全过程贯彻绿色节能的理念。运输过程中控制油料的消耗，实施方案具体如下：

及时登记物流事业部用油台账，严格监控每月的用油情况；

通过培训，提高驾驶员的操作技术水平，达到节省油料的目的；

建立制度，由驾驶员和维修厂家定时、有效地进行车辆保养、维护，使车辆保持良好的技术性能；

利用手机GPS定位模块将驾驶员的位置信号发送到定位后台，获取移动手机的经纬度坐标，在地图上标出车辆所处位置，通过GPS控制车辆运行路线，杜绝空驶，合理调配车辆，减少因运行路线问题而带来的时效长、油耗大等问题。

（十三）绿色回收

纸、塑料、金属、玻璃等材料被广泛应用于各种产品包装，在给人们带来便利的同时，也对人类生存的环境造成了严重的危害，包装的绿色化有助于减轻环境污染，保持生态平衡。为实现包装材料的循环利用，避免生产过程中的不必要消耗，海尔集团与原材料供应商签订了严格的协定：

运输用材料、塑料托盘等由供应厂家回收，加以循环使用；

原材料的包装材料为纸箱及泡沫等可回收物质由中国再生资源有限公司进行回收，统一进行资源化处理；

对于产品包装材料，坚持使用可循环、低污染、无毒无害的清洁材料，全方位确保海尔集团对于创建节约型社会、发展循环经济的支持。

2009年以来，各事业部积极推进包装类的木底座、包装箱重复利用，以及钢板下脚料等废料的加工再利用。2011～2013年开始实施"零废品产

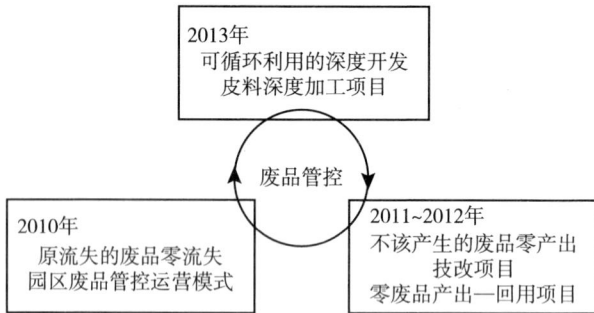

图6 海尔集团绿色回收示意

出"战略,实现从"废品管控"到"倒逼成本改善"的转型,推进技改项目运行模式,并搭建可回用废旧物料共享信息平台,为供需双方实现对接——在2009年和2010年工作的基础上扩大可回用废料范围:建立跨事业部的纸箱、木底座、片材等包装物回用模式,边角塑料造粒再利用模式,废铁类下脚料再加工部件模式,提高资源利用率。2012年和2013年的再生资源利用率分别达到85.58%和83.94%,超过国家发改委颁布的2015年可再生资源利用率70%的目标。

(十四)推动绿色惠民——实施"水地图"计划

针对严峻的水污染形势,海尔集团在全国率先发动"水地图"计划。该计划通过深入用户家中进行水质测试来获取青岛的水质数据,汇总后以水交互平台的方式进行实时发布,以达到为居民的绿色生活保驾护航的目的,体现出海尔对于保护水环境、维护市民身体健康的高度责任感。2013年,"水地图"计划中的青岛水地图已覆盖青岛市区48个居民小区,该地图上标注着每一个小区的水质监测TDS(纯净度)值,青岛市民只需点击就能够查询到其所住小区饮用水TDS数据。

青岛"水地图"只是海尔"水地图"计划的冰山一角,依靠庞大的用户饮水现状个性化数据网,目前海尔已经获取了全国22.6万个住宅小区的水质数据,并在2013年9月将该平台的水质数据完全开放,用户可以在该平台上查到其所在小区的水质，并根据水质特点来选择合适的净水方案。

（十五）推动绿色公益事业

海尔集团注重社会效益，注重社会可持续发展，注重国家生态文明建设。为了让更多的人关注、热爱、参与环保，海尔集团不仅多次组织员工开展各种环保活动，引导员工在欢声笑语中体验绿色节能、走进大自然的生活意义，还积极与社会各界共同发起一系列的绿色公益活动，以实际行动倡导绿色行为，唤醒公众环保意识。

1. 三沙环保之旅

为呼吁低碳环保，关爱三沙生态环境，海尔集团志愿者参加了由环球网发起的"中国边疆行"公益环保活动，不仅在永兴岛身体力行了环保举措——和岛民一起拾捡海岸边的垃圾，还向三沙当地赠送了一批海尔润眼电脑，以丰富海岛居民的文娱生活。通过这次活动，倡导更多的人、更多的企业加入到低碳环保的行列中，共筑健康家园。

2. "海尔绿智能，走进大自然植树活动"

海尔集团每年都会举行植树活动，为绿化中国做出贡献。2015年3月23日，海尔集团与来自全市各行各业的300多名志愿者共同举行"海尔绿智能，走进大自然植树活动"，以植树的方式号召更多的市民亲近大自然、保护大自然。

以一棵树平均每天吸收二氧化碳约5千克计算，此次植树活动种植的所有树木每年可以吸收二氧化碳约270吨。

3. PM2.5公益检测活动

鉴于社会各界对室内PM2.5污染问题的高度重视，海尔集团组建了一支专业的公益检测团队，自2013年3月27日起，在全国范围内发起了"海尔帝樽空调室内PM2.5免费检测公益行"活动。

4. 海尔与世园会

世界园艺博览会是由国际园艺生产者协会批准举办的专业性国际博览

会，被称为园艺文化和园林科学的"奥林匹克"。以"让生活走进自然"为主题的青岛世界园艺博览会于 2014 年举办，海尔集团与世园执委会携手合作，不仅为世园会提供了节能低碳的白电产品，还在主题馆中搭建"智慧生活馆"，用海尔特有的创新文化、创新基因演绎"让生活走进自然"的主题。海尔集团助力世园会，为世园会的国际特色注入青岛元素，也彰显了海尔集团对全球环境的保护与关爱。

智慧生活解决方案秉承海尔集团绿色、低碳、节能的理念，海尔馆中所展出的产品都是节能环保的，能让参观者感受到海尔绿智能家电带来的人、自然、科技三者之间的和谐发展，享受到科技所带来的环保、健康、智能的生活体验。

（十六）生产绿色产品

1. 卡萨帝冰箱 IBCD-728WDCA

卡萨帝冰箱 IBCD-728WDCA 采用创新 F-D Plus 全时感应变频科技，由智能传感器实时监控冰箱内外部温度环境，并根据变化及时调整风机、压缩机转速，自动匹配最佳转速配比，实现真正的节能、静音。噪音最低 38dB，能效比国家一级标准低 20%。

2. 3D 逆循环速冷科技

海尔冰箱采用行业首创 3D 逆循环速冷科技，实现"下供上回"循环制冷，使冷冻力更持久强劲，节能 12%。

3. 无极变频技术

海尔冰箱采用无极变频技术，根据冰箱内部食物量及预设温度，自动选择合理的压缩机运行转速，降低能耗。

4. 海尔 XQG70-B1226A 水晶滚筒洗衣机

海尔 XQG70-B1226A 水晶滚筒洗衣机具有"水质感知+污渍感知+重量感知"三重感知功能，智能检测水质硬度及衣物重量，自动添加最适量的洗涤剂。该洗衣机采用芯变频技术，精确控制，确保洗衣时安静无噪音；带有自洁净系统，除沫防霉。

5. 无氟变频柜式空调 SKFR－72LW

无氟变频柜式空调 SKFR－72LW 使用行业首创空气射流技术，舒适送风，自动检测、判定、显示 PM2.5 浓度，超标后自动开启去除 PM2.5 功能；定期发送电耗分析报告，提供使用习惯改善建议，保障低碳绿色生活，促进智能节能。

6. 海尔燃气热水器 LJSQ18－10N3(12T)

海尔燃气热水器 LJSQ18－10N3（12T）具有"倍＋"安全防护体系，可精准监测一氧化碳和甲烷浓度，发现隐患可及时报警并自动切断气源，并将污染气体排出室外。采用鼓风增氧技术，让燃烧更为充分，专门解决燃烧不充分的问题，使一氧化碳排放量低于 300ppm，氮氧化合物排放量低于 60ppm，达到国际领先的欧 IV 排放标准。

7. 海尔净水机

海尔净水机配备 RO 膜，可以过滤掉重金属、水垢及化学残留物，实时监控出水水质，确保水质安全，同时对滤芯寿命实时监控，及时提醒更换。

（十七）开展绿色运营

2013 年 1 月 1 日，国内首家家电、家具、家装、家饰一站式智能化家居体验广场——海尔美乐乐家居广场在青岛试运营，吸引了众多消费者前来体验。为满足用户对环保产品的需求，海尔率先搭建起开放的一站式家装购物平台，为用户提供全新绿色家装体验，使其充分体验轻松、便捷、绿色的家装生活。

2014 年 1 月 8 日，全球规模最大、影响力最广的国际消费电子展在美国拉斯维加斯国际会展中心举行。海尔集团向消费者展示了差异化的智能绿色家电解决方案，受到消费者和媒体的关注。

在第十二届中国家电博览会上，海尔集团推出了全球首套智能云家电，海尔智能为消费者带来了全新的体验，受到消费者的追捧。

2013 年 6 月 17 日，海尔集团作为家电行业唯一企业代表参加了由国家发展和改革委员会等多个部门联合主办的全国"低碳中国行"启动大会，并成为全国低碳联盟的首批成员。

海尔集团在 2013 年中国家用电器技术大会上凭借"智能宽带无氟变频控制技术在产品中的应用"荣获"中国家电科技进步奖"一等奖。该奖充分肯定了海尔注重"节能、环保、创新、发展"的理念。

2013 年 12 月 13 日,在财政部政府采购办、中国财经报社等联合举办的"中国政府采购高峰论坛"上,海尔中央空调凭借多年来在节能低碳方面取得的突出成就,荣获中国政府采购奖"节能环保贡献奖",这是中国政府在采购领域的最高奖项。

由中国企业家俱乐部主办,以"商业的意义与持续增长"为主题的"中国绿公司年会"于 2013 年 4 月 20 日召开,会上发布了"2013 年中国绿公司百强榜"。海尔集团凭借在环保领域长时间的坚持与贡献,在百强榜(国有企业类别)上位列第一名。

中国轻工业联合会对 2014 年在科技发明及创新方面表现突出的企业颁发了科技发明奖、科技进步奖、科技优秀奖等奖项。其中,海尔空气射流及宽带变频、智能交互技术在柜式空调上的应用项目荣获中国轻工业联合会科技进步奖一等奖,成为本届评奖中空调行业唯一获此殊荣的项目。

2014 年 4 月 8 日,第二十六届制冷展在上海开幕。海尔空调在制冷展现场发布了 R290 低碳环保空调,该空调通过应用 R290 制冷剂实现无氟排放,是目前最环保、低碳的空调产品。在发布现场,凭借全球一流的节能创新技术及领先行业的环保理念,海尔 R290 空调被环境保护部环境保护对外合作中心、中国家用电器协会、联合国环境规划署、联合国工业发展组织和德国国际合作机构五大机构联合授予"环保低碳标识"。

中国家电行业产品类年度大奖"艾普兰奖"的评选结果于 2015 年 3 月 12 日揭晓,海尔天铂空调凭借独创的圆形挂机设计,以及不断改进的舒适送风模式,从众多的入围产品中脱颖而出,一举摘得 2015 年度中国家电艾普兰奖——创新奖。

作为中国家电博览会的延伸，发起于 2012 年的中国家电艾普兰奖，在展现家博会"关爱环境，享受生活"的家电理念的同时，通过奖项的评选，推动中国家电制造业发展。作为我国评审规格较高、参赛规模较大的家电类综合奖项，艾普兰奖被誉为"中国家电奥斯卡"。

此次获奖的海尔天铂空调作为海尔第四代空调产品，传承了天樽空调的风洞设计。环状的设计加上射流技术的应用，在空调出风口形成环形气流，带动出风口周围的自然空气流动，真正做到"凉而不冷、热而不燥"，解决了困扰消费者的"空调病"问题。

在智能体验方面，天铂可以说比天樽技高一筹。Easy-Link 技术的应用，将手机远程控制空调的过程化繁为简，只需要三个步骤就可以将天铂绑定到用户的手机上。通过智能感知环境的功能，天铂会主动检测 PM2.5，当室内外温度急剧变化或 PM2.5 超标时，它可以通过短信来提醒用户调节空调状态。

海尔空调致力于打造智慧空气解决方案，获得行业最高奖认可的海尔天铂空调通过颠覆革命的设计为消费者带来了更加舒适、智能的生活体验。

在 2015 年中国家电博览会上，海尔首创的健康空气套装受到行业和消费者的关注。空气魔方凭借模块组合式设计荣获艾普兰奖设计奖。

1 月 7 日，在美国拉斯维加斯国际消费电子展上，空气魔方作为全球首款模块化智能空气家电亮相，并在现场引发了美国当地参展观众的"疯狂"围观。而就在同一天，位于美国纽约华盛顿特区国际贸易中心的世贸绿色环保机构将一项重要的荣誉颁发给了空气魔方。通过产品创新性、节能环保、智能性等多个维度的权威评定，该产品被授予"全球空气家电科技创新引领奖"。空气魔方作为行业内首个获此殊荣的产品，为空气家电未来的技术创新树立了标杆。

2014 年 12 月 26 日，由新华网主办的"中国智造世界影响——寻找具有世界影响力的中国品牌"活动在北京举行颁奖仪式，海尔集团荣膺"最具世界影响力中国品牌"称号。

二 海尔绿色战略案例

（一）制冷剂改造项目

2013 年开始，海尔集团开展环保制冷剂生产线改造项目，对空调制冷生产线进行淘汰与改造。该项目涉及 4 条空调制冷生产线，采用的替代技术均具有零臭氧消耗潜能值、低全球变暖潜能值的特点，改造后将淘汰 1750 吨 R22（HCFC 类物质），[①] 其协同效益可实现二氧化碳减排 900 吨，推动企业的节能减排、低碳发展进程。

（二）"油换水"节能改造项目

冰箱生产线真空泵长期使用的液压油不仅生命周期短，而且容易造成环境污染，经过循环水替换液压油的技术改造后，实现了低风险、低污染的转变，同时可以每年节省 101 万元的费用。

（三）"电改气"项目

2013 年对冷柜生产线实施"电改气"项目，以天然气加热代替电加热。就加热效果而言，每燃烧 1 立方米天然气的热值大约相当于 10 度电的热值。在同样的加热效果下，每节约 1 度电可以减少二氧化碳约 1 千克，每使用 1 立方米天然气能减排大约 8 千克二氧化碳。经过改造的生产线，每年可节省费用 600 万元左右。

（四）注塑机节能项目

注塑机是家电制造业数量最多的设备，海尔集团积极探索绿色生产，用

---

① R22 为氟氯烃化合物，广泛应用于冰箱、空调、冷库等制冷设备中，对大气臭氧层有破坏作用。按照《蒙特利尔议定书》及其修正案的规定，计划 2030 年对其实现除维修和特殊用途以外的完全淘汰。

伺服注塑机替代传统注塑机。伺服注塑机输出功率随负载变化而变化，不存在能量浪费问题。在保压阶段伺服电机降低转速，低耗能；在冷却阶段其停止工作。伺服注塑机灵敏度高，运行噪声低，节能环保，实际测量对比节电约46%。

（五）天然气替代工程

海尔集团通过用天然气替代液化气，降低燃气的生产使用成本。天然气的热值系数是液化气的2.6倍，用天然气替代液化气，全年可节约费用153万元，有效提高安全性，改善环境质量。

液化气主要是由丙烷、丁烷组成，有些还含有丙烯和丁烯，极易燃，与空气混合后能形成爆炸性混合物；与氟、氯等接触后会发生剧烈的化学反应。

天然气主要成分为甲烷，自身不含一氧化碳，安全性较高；几乎不含硫、粉尘和其他有害物质，燃烧时产生的二氧化碳要少于其他化石燃料。

（六）智能照明工程

针对集团所有单位不同区域的照明特点，海尔集团制定了相应的节能方案，随时关闭冗余照明，实现"人来灯亮，人走灯灭"的智能控制。

办公室照明采用人工控制与智能控制模式相结合的方式。人工控制模式通过对办公区照度的实际检测，按照照度标准下限100LUX对冗余照明进行拆除，并根据白天、夜晚、晴天、阴天时自然采光照度的不同，分组控制照明设施，以达到降低照明用电量的目的。智能自动控制模式运用主被动综合红外感应装置，通过无线传送技术将感应信号发送至主控制系统，由主机直接控制照明灯矩阵，实行精确控制，从而实现节能降耗。

（七）废旧家电回收拆解项目

随着各类家电产品的不断升级换代，废旧家电产品的产生量越来越大、造成的环境问题越来越严重。海尔集团积极承担企业社会责任，制定了废旧家电回收项目的实施方案，建立了废旧家电回收体系，并参与投资建设了中国第一个国家级静脉产业类生态工业园的废旧家电回收处理示范项目。确保回收的废旧家电产品在处置过程中符合环境标准，实现废旧家电产品的资源化和无害化。

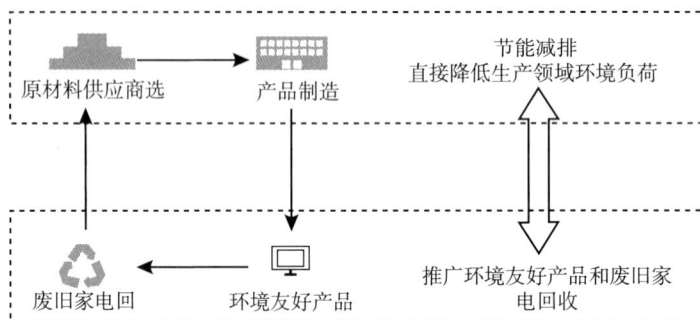

图7　海尔集团绿色产品循环示意

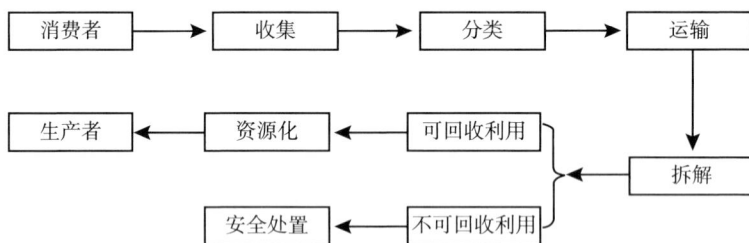

图8　海尔集团废用家电回收流程

（八）光伏发电工程

太阳能光伏发电系统安全可靠、无噪音、无振动、无污染、无需消耗燃料，无需架设输电线路即可就地发电供电，建设周期短、可靠性高、维护简便，对于缓解常规能源的短缺问题和减少环境污染而言具有重要的意义。新能源产业"十二五"发展规划明确指出，到2015年非石化能源在能源消费结构中的比重要达到11.4%，国家出台了"金太阳示范工程项目"和"光电建筑一体化示范工程项目"，鼓励扶持光伏产业的发展。

海尔集团充分利用厂房屋顶面积 150 万平方米，预计可建设 150 兆瓦光伏电站，年节约标煤 8.48 万吨、减排二氧化碳 20.98 万吨、减排二氧化硫 6360 吨，相当于 48.8 万亩人造森林。海尔强化绿色发展战略，以生态文明推动企业的可持续发展，实现行业引领。

2013 年青岛地区光伏发电项目为国家"金太阳示范工程项目"，通过国家三部委（财政部、科技部、国家能源局）节能立项。

截至 2014 年 12 月 31 日，青岛地区实现屋顶安装面积 21.5 万平方米，安装容量 22.4 兆瓦，相当于人工造林 79194 亩；实现累计发电量 1353332 千瓦时，节煤量 541.33 吨，减排二氧化碳 1349.27 吨。分布式光伏发电采用自发自用、多余并网的方式，使太阳能电力得以就地优先使用。在海尔的后台光伏发电监控系统上，显示着已装机电池板每时每刻的发电情况。

推广分布式光伏发电，一方面能够解决国内光伏制造业产能过剩的问题，另一方面可以有效地改善生态环境。现在，成片的太阳能电池板逐渐在海尔各工厂屋顶上铺开，"向太阳要效益"，让各参与方都尝到了甜头，海尔向绿色环保梦迈出了坚实的一步。

（九）蒸汽社会化直供工程

海尔整合内外部资源，遵循绿色发展战略，引入蒸汽社会化直供，拆除锅炉，炸毁烟筒，达到减排目的，此项目获得社会广泛赞誉。

锅炉取消后，每年可减少 56.76 吨二氧化硫排放量，这相当于 9604 亩森林一年内吸收的有害气体的数量，每年还可减少 27.58 吨烟尘排放、117.4 吨氮氧化物排放、3250 吨煤渣的产生量，节约脱硝脱硫设备设施运营成本约 1220 万元。

（十）环境报告项目

2005 年海尔集团成为国内首家向社会发布环境报告的企业，并于 2005 年参与国家环保标准《企业环境报告书编制导则》（HJ617 - 2011）的编制工作，该标准已于 2011 年 10 月 1 日起正式实施。

海尔连续 9 年编制发布企业环境报告，从环境管理、环境目标和降低环境负荷的措施等方面披露了海尔集团的年度相关环境信息。编制环境报告不仅成为海尔对外公布企业环境信息的有效途径，也逐渐成为海尔集团健全环境管理体系的重要组成部分。

（十一）能源信息化总控项目

2014 年，海尔引入外部资源，成为行业首家建设能源信息化网络中心的企业。能源信息化网络中心的建设，使企业实现了对能源系统生产、输配、运行操作、信息分析等的全方位管理与控制，以最少的人力、最先进的手段、最高效的体制、最完备的信息实现了能源信息的统一管理和利用，实现了对能源消耗的一体化管控。

三 "海尔"绿色发展展望

1984 年创业至今，海尔集团经过了名牌战略发展阶段、多元化战略发展阶段、国际化战略发展阶段、全球化战略发展阶段和网络化战略发展阶段。

2015 年，海尔集团网络化战略发展将达到顶峰。海尔集团正由传统品牌企业向平台型企业转型，着力打造海尔的家电业务整合平台，探索智能家居解决方案。在新的运营模式基础上，海尔集团将努力成为家电行业引领者和互联网时代的美好家居生活解决方案的提供者。

作为行业领军企业，海尔集团始终坚定绿色生活理念，通过科技创新履行环保责任。海尔集团将继续坚持"绿色生活"理念，打造"绿色生活圈"，通过技术创新不断实现产品的节能低碳，以绿色低碳产品为载体，为消费者提供绿色、健康的生活解决方案，通过科学的流程管理降低能耗、减少废物的产生及排放，积极推进资源的循环利用，实现可持续发展。在创意、制造、服务、物流、回收等环节坚持绿色理念，积极引领消费者、合作伙伴乃至各行各业共同承担对环境的保护与关爱责任。

　　海尔将不断地加强自身的自主创新能力建设，强化员工的环保意识和环保工作的创新意识，完善企业的环境友好型发展战略方针，持续创新人单合一双赢模式，让更多的人享受海尔的绿色节能产品，让每一名员工都成为企业创新的主体，成为企业环保工作的实践者，成为环境友好的使者，成为绿色发展的 CEO，实现企业的绿色价值，构筑属于海尔的环保之梦。

B.11
五粮液，打造"中国绿色工业园区"

周永奎　李红　苏畅*

摘　要：　五粮液，一颗洒落在绿色酒都宜宾的璀璨珍珠，经过多年来的艰苦创业，发展为"一业为主、多元发展"的企业集团，不仅在经营业务上实现了高速增长，还建立了能源环境管理体系。企业在资源整合的过程中注重绿色发展，带头践行生态文明理念，创新循环经济，打造中国酒业大王，为酒都的可持续发展贡献力量。

关键词：　五粮液　绿色发展　循环经济

一　前言

五粮液，是传统和现代相融合的特大型企业，占地面积约 10 平方公里，从业人数 5 万余人。企业文化深厚，是四川著名的工业旅游景点和生态园区。

五粮液得名 100 年以来，曾于 1915 年和 1995 年两度荣获"巴拿马国际金奖"，并在各地博览会上共获金奖 38 次。截至 2014 年，五粮液品牌价值突破 735 亿元，以 735.80 亿元的品牌价值蝉联 2014 年（第 20 届）中国最

---

* 周永奎，四川省宜宾五粮液集团有限公司能源环保部部长，中国生态文明研究与促进会理事、中国环境科学学会常务理事、四川省环境科学学会理事、四川省环境和资源综合利用协会理事长；李红，四川省宜宾五粮液集团有限公司能源环保部环保工程师，质量、环境管理体系国家注册审核员；苏畅，四川省宜宾五粮液集团有限公司能源环保部助理工程师。

有价值品牌 100 强第三名，连续 20 年稳居食品行业第一的位置。2014 年，五粮液实现销售收入 630.94 亿元，利税 139.74 亿元，利润总额 91.25 亿元，工业总产值 435 亿元，出口创税 3.01 亿美元，资产总额 748.84 亿元。

在国家政策的指引下，中国白酒开始走出国门、走向世界，进入海外消费市场。企业作为上市公司的代表之一，长期热衷于向大众推广中华白酒文化，促进品牌国际化，向世界展示中国白酒的魅力，促进中西文化的交流。五粮液民间外交活动日益活跃，受到了广大消费者的肯定。近年来，"五粮液"及其系列酒产品出口英国、法国、美国等 40 余个国家和地区，开创了白酒全球化的新时代。此外，公司在循环经济、绿色发展等方面也取得了不错的成绩，推动了宜宾的经济发展和生态文明建设。

二　五粮液绿色发展历程

五粮液建立"3R 模式"的过程，是一个对废弃物进行资源化、再利用的优化过程，循环经济建设从无到有经历了以下四个发展阶段。

（一）循环经济起步阶段

该阶段的主要特点是企业进入高速发展时期，消费量和资源需求量迅速增加，为了使环境保护同经济建设相协调，公司通过"定额管理"来控制原辅材料的消耗，污染防治工作以"三废"的末端治理为主，对废物进行简单的综合利用。

1983 年，第二次全国环境保护会议提出，环境问题要尽力在计划过程和生产过程中解决，这样才能最终取得显著的经济、社会和环境效益。公司坚持科学发展、清洁生产的理念，以优化资源利用方式为核心，发动员工积极全面参与环境保护。

20 世纪 80 年代，酿酒粮耗、曲耗、糠耗、水电气能耗等均未实行定额管理，消耗量较大；酿酒有机废水直接排放，造成污染水体。包装以手工洗瓶、手工罐装、手工包装为主，洗瓶废水未经循环利用就直接排放，且包装洗瓶用水消耗量高；手工罐装使白酒损耗较大，且污染水体；手工包装造成包装玻瓶的破碎率较高，致使固体废弃物排放量大。生产过程主要由"高资源投入—（高）消耗—产品—高污染排放"单向式流程组成，属高消耗、低利用、高排放的粗放型生产。在这种模式下，资源高消耗是污染物高排放的根源，因此，发展循环经济的首要任务就是减少资源消耗，缓解自然生态环境的压力。为此，公司于每年年初下达酿酒粮、糠、曲消耗及水、电、气能耗定额给各生产单位，在年底按消耗情况进行奖惩；严格把"优质、高产、低耗、均衡、安全"作为一切生产活动的行动纲要；对生产进行全过程控制，投资新建的包装流水线不仅有效地提高了白酒包装的劳动生产率，而且降低了白酒包装损耗、破碎玻渣排放量、包装洗瓶废水使用量。

表 1　循环经济建设第一阶段成效对比

主要生产技术指标	实施定额管理前	实施定额管理后
吨酒耗标煤	2.0	1.8
吨酒耗电	60.2	55
吨酒耗水	52.6	50
吨酒耗粮	2.9	2.7
吨酒耗曲	0.71	0.65
吨酒耗糠	0.82	0.78

（二）循环经济持续推进阶段

该阶段的主要内容是清洁生产工艺进一步优化，污染物的利用率进一步提高，企业环境绩效进一步提高。1995 年，当国内众多企业仍在为"三废"末端治理的巨额投资而不堪重负时，公司率先提出了降低物耗和能耗、减少污染、提高环境效益的先进理念，这标志着公司循环经济从起步阶段进入推进阶段。

随着经济的发展，公司的生产规模不断扩大，同时也产生了大量的固体废弃物、废水等，对生态环境和人体健康构成威胁。为彻底解决此问题，公司倡导"废物是放错位置的资源，污染治理要创造经济效益"的先进观念。2000 年开始，公司对产业结构进行了调整，把循环经济产业作为重要产业来经营，从人力资源、资金、设备、技术上给予保障。通过近三年的研发，公司的循环经济已初具规模，其中公司有 5 项独创的新技术在生产经营活动取得了突破，并在技术创新方面不断推动循环经济发展。

1. 链式开发固态酿酒丢糟技术

1995 年，公司原酒生产能力扩大到每年 6 万吨的规模，每年排放酿酒丢糟约 30 万吨。受市场需求的影响，公司用丢糟生产的大量糟粉饲料积压在仓库，最终被迫将丢糟堆放在垃圾场，造成了严重的二次污染，鉴于此，1996 年底，公司成立丢糟"无害化、效益化处理"课题组，用生产过程中排放的丢糟造复糟酒，再用酿酒后生产的废弃糟作为锅炉燃料，而锅炉燃烧产生的炭灰再作为原料生产白炭黑投放市场，形成良性循环。2002 年 6 月，公司已形成年利用处理丢糟 50 万吨，生产复糟酒 15000 吨、蒸汽 90 万吨、白炭黑 5000 吨的能力。上述一系列酿酒丢糟的链式开发工艺——"无害化、效益化处理丢弃酒糟工艺"于 2002 年底获得了四川省科技进步一等奖，并使全公司酿酒生产固体废物基本实现了利用资源化、处理无害化、排放减量化，彻底改变了公司以往大量丢弃酒糟露天堆放、占用大量土地、二次污染严重的局面。

五粮液为对伏特加原酒生产过程中产生的醪渣进行综合利用，投资约 1 亿元，建设了 DDGS 一期工程、二期工程及三期工程，利用醪渣生产饲料，形成年处理醪渣 15 万吨、生产 DDGS 饲料 60000 吨的能力。

2. 综合利用酿酒废水的技术

公司酿酒废水具有生产量大、种类较多的特点，不同种类的废水污染物相差较大，为此，公司针对不同的废水采取了不同的处理方式。

酿酒底锅黄水是废水中浓度最高的，处理难度相当大。公司自主研发了用酿酒底锅黄水生产乳酸的技术，该技术已获国家专利（专利号：ZL 98121895.4）。1999 年公司投资 3300 多万元建设乳酸一期工程，并于当年 12 月竣工投产。2015 年公司投资 3000 万元对乳酸一期工程进行扩建。该工程竣工后可日处理高浓度有机污水 180 吨，年生产乳酸 1800 吨、乳酸钙 300 吨。

乳酸生产装置是综合利用酿酒底锅黄水生产乳酸的装置。该装置是五粮液应用自主开发的工艺技术建成的。底锅黄水是白酒生产的主要水污染源，其有机污染物浓度高达 100000 毫克/升，含有的大量有机酸、还原糖、酵母自溶物等资源也未被充分利用。1995 年，公司组织专门人员研发底锅黄水综合利用技术，并于 1997 年研制成功。采用底锅黄水接种发酵、结晶提取工艺获国家发明专利（专利号：ZL 98121895.4）。乳酸车间投资 3300 余万元，并于 1999 年建成投运。该装置的生产能力为年处理高浓度底锅水 60000 吨，年产乳酸 1800 吨；利用底锅黄水生产乳酸后，酿酒底锅水 COD 排放量降低 75% 以上，每年降低 COD 排放量达 7000 多吨。

公司在建设 519 车间时，投资 6600 多万元配套建设了污水处理设施，用于将该车间原酒生产过程中的废糟液进行固液分离，滤渣部分直接进入干燥机，经干燥后用来生产饲料。根据生产工艺的特性对清液分别采用了两种方式进行处理。其中 30% ~ 40% 的清液作为配料用水进行回用，一方面可调节原料液的 pH 值，从而替代硫酸，降低了辅料消耗；另一方面提高了资源利用效率，减少了废水及污染物的排放量。对其余部分清液进行生化处理，首先采用厌氧处理生产沼气，厌氧发酵生产沼气送锅炉混烧，处理后的废水再经达标处理后排放。针对酿酒过程中排放的高深度混合废水，公司投资 3080 万元建设了废水处理站，该工程日生产利用沼气约 4 万立方米；公司投资 1400 万元扩建原废水处理二站，可日处理高浓度有机废水 2300 吨，生产利用沼气 1 万 ~ 2 万立方米。

3. 循环利用冷却水技术

针对酿酒冷凝水不含污染物且排放比较分散的特点，公司在各酿酒班组分别配套安装了沸点量水收集箱，将酿酒冷凝水部分回收加热作沸点量水。另外，由于冷凝水温度较高，直接排放不仅造成水资源浪费，而且使冷凝水中的热量未充分加以利用，为此，公司在对冷凝水与锅底水进行清污分流的基础上，将冷凝水回收用作锅炉用水，一方面每天可回收约 2000

吨冷凝水，减少了水资源消耗量；另一方面可回投冷凝水中的热量，既节水又节能。

公司车间的冷却水使用量十分大，由于混合后水温较高，不能满足工艺要求，不得不补充大量的新鲜水予以降温，从而使大量的混合水从循环池溢出。经过研究，公司将新鲜水直接补充入冷却塔，以降低新鲜水的补给量，如此一来，每年可节约用水 300 万吨，吨酒水耗降低了 40%。

4. 循环利用锅炉脱硫和除尘废水技术

稻壳锅炉除尘废水悬浮物含量较高，为此公司建立了沉淀过滤系统，将其悬浮去除后回用，这样每年可节约用水 200 万吨、减少废水排放 180 万吨。

此外，公司在燃煤锅炉脱硫和除尘废水工序中均建设了中和沉淀池，将废水处理达标后用作脱硫和除尘废水，这样每年可节约用水 220 万吨、减少废水排放量 200 万吨。

5. 循环利用洗瓶水技术

针对产品的包装流水线，通过修建沉淀处理池和回用设施可使大量的洗瓶废水得以循环利用。公司每个生产区域均配有循环流水池、抽水泵、循环水进出管道，即洗瓶清洁水第一次使用后被回收到循环流水池，再利用抽水泵将回收的水抽出用于前段初步清洗玻瓶，后段则用清洁水清洗玻瓶。包装区共 83 台洗瓶机，每台洗瓶机内有 3 毫米喷头 460 个，其中循环水喷头 328 个、清洁水喷头 132 个，循环水使用量是清水使用量的 2.5 倍。仅此一项，每年可节约用水约 330 万吨。

（三）循环经济初步建成阶段

该阶段主要特点是资源化、再利用等循环经济观念已一定程度地深入人心。这期间，公司一方面进一步对生产工艺及设备进行优化，从源头上减少污染物的排放量；另一方面进一步深入开展废物循环利用，提高资源利用效率，减少"废物"的产生。公司成立了由董事长担任主任的环境管理委员会，并制订了环境方针，同时建立了环境管理体系以更好地实施 ISO14001 标准。此外，公司还成立了循环经济领导小组，于 2006 年 7 月制定的《循环经济工作实施方案》，对能源、水资源和主要原辅材料消耗情况进行了描述，并同国内同行业水平进行了对比分析。

（四）循环经济深入发展阶段

该阶段提倡全面发展循环经济，通过宣传和培训使循环经济、清洁生产理念在全体员工的思想上扎根，并自觉落实到日常工作中，综合运用"3R模式"，深入贯彻公司能源环境方针，不断优化工艺装备；以公司作为国家循环经济试点单位为开端，提高资源利用效率，力争真正实现"废物"零排放，促进企业环境、经济、社会三大效益稳步提高。"十一五"期间，省政府下达的节能目标为67005吨标准煤，公司实际累计完成节能量为70376吨标准煤，完成省政府下达目标的105.03%。永久关停了509车间5万吨白酒生产线，经测算可实现COD减排3364吨。主要污染物总量控制指标低于市委市政府下达的控制指标。

三　五粮液绿色发展的成功经验

目前中国每年纸消耗量超过8000万吨，除循环使用外，需砍伐10.6亿棵大树。每节约一页纸，在我国广阔的土地上就会多一片纸样大小的绿色。保护环境应当从我做起、从小事做起，这是任何一个公民和企业都应担负的社会责任。

在全球能源、资源消耗量大幅增长，环境保护形势日益严峻的今天，五粮液在绿色发展方面成为一个企业标杆，这与五粮液人的努力是分不开的。五粮液按照建立现代企业管理制度的要求，建立了产权清晰、权责明确、管理科学的管理体制，实行董事会领导下的总经理负责制。同时，公司建立了厂级、车间、班组三级能源环境管理网络，各部门或单位都设立专/兼职能源环保员，负责公司环境管理和节能降耗管理工作。公司率先在国内酿酒行业实施ISO14001标准，成立了由董事长担任主任的环境管理委员会。2004年10月，公司设立能源设备部和环境保护监督部。2012年12月，公司改革管理体制，将能源设备部和环境保护监督部合并为能源环保管理部，进一步提高节能减排工作效率。2014年，公司建立了GB/T 23331－2012能源管理体系，将其与环境管理体系合并，形成了公司的能源环境管理体系，并于10月下发了体系手册和程序文件，2015年公司获得中国检验认证集团颁发的能源管理体系认证证书。经过多年的发展，公司的绿色文化逐渐形成，实现了循环经济模式、优美的生态环境、美丽的建筑环境艺术相统一的绿色生态园区。

经过了多年的发展，如今的五粮液通过实施"酒业为主、多元发展"战略，实现超速发展，已成为具有深厚企业文化的国有特大型企业集团，建立了国家级企业技术中心和博士后科研工作站，被批准为"全国白酒标准化技术委员会浓香型白酒分技术委员会"秘书处承担单位和第四批全国企事业单位知识产权试点单位，是唯一两次获得国家质量管理奖、唯一两度获得"中国最佳诚信企业"殊荣的白酒企业。同时，五粮液遵循国际烈性酒度数惯例，并考虑到各国消费者不同的消费喜好，在酒的度数上积极创新，开发了五粮液低度系列35°、39°和42°酒品，为其走向广阔的国际市场奠定了更坚实的产品基础。这些都得益于以下五大优势。

（一）绿色文化的不断培育

多年来，公司通过编制发布《绿色空间》，悬挂环保标语横幅，发放《环境宣传资料册》《环境保护法》《共建生态文明、共享和谐社会小折页》等宣传手册，组织员工观看《重金属污染事件》《关注PM2.5监测》《十面霾伏》等节能环保宣传片的方式，向员工传达国内外最新环境形势、能源环境保护政策法规和公司能源环保事件等动态，基本实现了全员覆盖。

每年6月5日公司都会组织"少开一天车"倡导活动，现有百余辆私家车参与其中；结合"世界环境日""全国低碳日"主题，公司在东大门广场设置了节能环保主题宣传展板；公司还开展了"低碳经营知识大本营趣味竞赛"等活动。此外，公司通过理论技能培训、实践指导、研讨会、职称评定等多种方式，提升了员工素质和综合技能，为公司发展储备了更多的能源、环保专业的技术人才。通过寓教于乐的形式增强了员工节能环保意识，培育了公司的绿色文化。

（二）循环经济模式初步形成

多年来，五粮液先后投入 10 亿余元，初步建成了循环经济模式，开发利用酿酒丢糟无害化、效益化处理技术，酿酒底锅黄水生产乳酸技术，酿酒底锅黄水超临界萃取香源技术，建成并投运了乳酸车间、废水一站、废水二站、废水三站、废水四站、环保锅炉、复糟车间、白炭黑车间等一大批污染治理和资源综合利用设施，已具备年处理丢糟 50 万吨、年产复糟酒 1.5 万吨、蒸汽 90 万吨的资源化能力。公司形成了年处理高浓度底锅水 6 万吨、年产乳酸 1800 吨的资源化能力，形成了日处理有机废水 1.59 万吨、日产沼气 7.5 万方的废水无害化能力，基本实现了无害化处理、减量化排放、资源化利用，解决了酿酒丢糟造成的污染问题。

（三）优美的生态环境正在形成

多年来，五粮液始终高度重视区内生态环境保护工作，着力营造一个舒心、职工满意、客户满意、废弃物循环利用的工业生态五粮液。五粮液生态环境的优化，为五粮液酿酒微生物的生长提供了有利条件。厂区绿化面积达 200 多万平方米，植被覆盖率达 41.41%。栽培植物种类达 74 种，常绿乔木或灌木主要有小叶榕、广玉兰、桂花树、黄果树、黄桷兰等。其中，小叶榕是厂区的主要常绿乔木，其遍布五粮液各生产车间周围、道路两旁、居住区附近及山坡等地，黄桷兰主要分布在 505、506、生产部附近，大面积的植被覆盖极大地改善了五粮液的生产生活环境，保护了厂区附近的生态环境。此外，公司超越了一般性的绿化、美化要求，生产车间掩盖在丛林中，园区内有野兔、蛇、多种鸟类等野生动物，初步形成了生产与生态、人与自然的和谐统一，成为川南地区著名的工业旅游景区，极大地提升了企业的声誉和社会形象。2004 年，五粮液荣获了省级"工业产业园区"称号。

（四）美丽的建筑环境艺术独具特色

五粮液风格独特的环境建筑艺术荣获了国际建筑师大会的创作成就奖，填补了我国企业建筑环境艺术的空白。经过 20 多年的历史沉淀，五粮液形成了独特的环境建筑艺术群。无论是建筑、雕塑、园林、绘画、工艺美术还是书法、篆刻、文学艺术，无论是以东大门、五粮液酒文化博览馆、奋进广场、鹏程广场、日月宫、行政大楼等为代表的气势宏大的现代建筑艺术景点还是以酒圣、奋进、参天大树、五粮液史话、人头鹰身、五粮神女、杨惠泉、邓子钧、饮品八仙、观沧海等为代表的精美的雕塑艺术景点，无论是以酒圣山、安乐泉、五粮液大道、世纪广场等为代表的综合园林艺术景观还是以酒文化博览馆和日月宫内外众多的五粮液包装、书法、摄影等为代表的文化、装饰、艺术品，都体现了艺术特色。

（五）成熟的生态文明研究机制逐步构建

首先，为支持生态文明研究，五粮液向中国生态文明促进基金捐款1000 万元，成为捐赠该基金的第一家企业。有关专家介绍，该基金将开展生态文明课题研究和宣传教育培训活动，加强重点地区、社区、行业、企业生态文明建设试点示范，推动全国生态文明建设。五粮液董事长兼党委书记唐桥参加签约仪式，称捐赠该基金开启了五粮液与全国唯一以生态文明命名的国家级社团组织的合作道路。"良好的生态环境是宜宾最大的优势、最大的财富和最大的品牌"，宜宾市市长徐进说，"五粮液用实际行动践行了'崇尚自然、建设生态文明'的理念。"

其次，作为全国白酒行业的龙头企业，五粮液承担起了温室气体减排的责任。为了更好地开展温室气体减排工作，在四川省财政厅的指导下，公司与四川中熹会计师事务所合作，共同立项开展了"碳计量和碳排放会计研究"课题，在行业率先开展了温室气体排放统计核算相关工作。2011 年 10月，公司实施了温室气体排放统计核算，编制完成了温室气体报告，低碳减排工作取得了积极成效。"五粮液勇担节能减排重任，走在了行业前面"，这是四川省决策咨询委员会工业组副组长宋伍生给予的积极评价，并建议五粮液健全低碳减排工作机制，做好产业延伸，打造新品牌。

最后，为进一步推进生态文化建设，五粮液还与四川大学签署了《五粮液与川大校企合作协议》，联合成立了"五粮液老窖池群生态环境条件优化研究"课题组，为优化公司生态环境、推进生态文明建设打下了坚实的理论基础。一分耕耘，一分收获。五粮液坚持环保生态理念、大力发展循环经济的举动，得到社会广泛认可。

作为中国酒业大王，五粮液没有忘记自己身上那份沉甸甸的社会责任，在经济高速发展的同时，也收获了大量由各级颁发的循环经济、清洁生产、绿色环保、科技进步等相关奖项和荣誉。2002年12月，公司"无害化、效益化处理丢弃酒糟工艺"获四川省科技进步一等奖；2003年10月，公司获中国食品工业协会科学技术一等奖。2004年10月，公司获四川省"生态工业园区"称号，成为当时唯一一家获此殊荣的食品生产企业。2005年8月，公司UASB及煤沼气混烧废水综合利用技术获全国食品工业科技进步优秀奖。2005年10月，五粮液被国家六部委列为"全国循环经济试点单位"。2006年，公司被国家环保总局列为"全国清洁生产示范单位"。2006年3月，公司酿酒底锅黄水生产乳酸及乳酸钙技术获宜宾市科学技术进步一等奖。2006年12月，公司获四川省企业管理现代化创新成果一等奖。2010年3月，公司《酿酒废弃物资源化技术》获中国轻工业联合会科学技术进步奖二等奖。2010年7月，第三届世界环保大会上公司获"世界低碳环境中国100强企业"称号。2010年10月，公司被四川省企业联合会和四川省企业家协会授予"低碳型示范企业"。2010年11月，公司被中国资源综合利用协会评为全国资源综合利用十佳企业。2011年1月，公司被《中国环境报》评为"全国环保优秀品牌企业"。2011年11月，公司被中国资源综合利用协会评为全国资源综合利用年度影响力企业。2012年12月，公司入选"中国中国企业环境责任百佳企业榜"，获中国环境保护杂志社颁发的"环境保护优秀企业"称号。2013年11月，公司获联合国环境规划基金会、中国环境保护协会等单位联合颁发的"绿色中国·2013环保成就奖"（"杰出企业社会责任奖"称号）。公司顺利完成循环经济典型模式及循环经济示范园区的创建工作。2014 年 4 月，公司被评为"2013 年度全国循环经济科技工作先进集体"；5 月，公司被评为"2013 年度四川省环境和资源综合利用协会先进会员单位"；7 月，公司获世界环保大会组委会评定的"国际碳金奖（中国绿效企业最佳典范奖）"。追求永无止境、荣誉只代表过去，五粮液一直奔驰在绿色发展的路上，未来的路还在延续。

四　五粮液绿色发展面临的问题

在党的十八大和十八届三中、四中全会精神的指引下，公司深化改革，不断调整结构、整合资源，在新常态下，机遇与挑战是并存的，应当对遇到的问题及时采取措施，进一步加强创新，为建设绿色五粮液、实现"中国梦"在五粮液的具体体现而努力。

（一）协作、整合、创新有待进一步加强

作为"中国白酒大王"，五粮液的年产量为 13 万吨左右，占全国年产量（600 万吨）的比重不到 3%。中国经济步入新常态，传统白酒市场"高端和低端强、腰部塌陷"的哑铃形消费结构正在向稳定、健康的金字塔形消费结构转变。四川省委、省政府提出打造"中国白酒金三角"，推动中国白酒由过去单个企业、单个品牌、单个产业向白酒产区、"中国白酒"品牌及整合区域内酒业关联资源推动区域经济全面、可持续发展转变，这是四川白酒产业的历史机遇，更是五粮液企业的使命担当，公司在绿色创新方面有待进一步加强。

（二）白酒绿色文化影响力小

改革开放以来，尤其是中国加入 WTO 以来，我国现代社会发展趋于多元化，人们的生活方式、消费理念、价值观开始变化，受西方文化影响越来越多的白酒消费替代品，如红酒和烈性洋酒等，对白酒造成的冲击越来

大。据统计，洋酒每年以 30% 以上的增长速度抢占国内市场。在我国，五粮液等驰名商标经过发展，在品牌、资本、渠道等方面产生了深远的影响，但是，我国白酒绿色文化的影响力还很弱，为了实现可持续发展，应全过程控制原材料的消耗。相信以五粮液等品牌为代表的中国白酒，也会像威士忌、白兰地一样真正成为国际主流酒水品类。

（三）特色鲜明的生态环境系统有待建立

生态系统与环境系统属于科学系统，其最典型的科学特征是规律性。对于一个涉及领域较多的体系，更需要掌握其规律，特别是含有人文元素的体系，其规律性更为复杂。五粮液的生态环境系统在建设过程中，更多的是考虑当时某种生产系统的规律性，对于各种系统之间的相互影响没有予以充分的考虑与设计。要使人为的环境与自然环境达到和谐统一，不仅要考虑人为创造的环境，更要考虑到自然恢复等因素。生态环境系统不仅是自然的，也是人文的，其最典型的文化特征就是吸引力和影响力。五粮液在建设过程中，充分地考虑了酒文化的元素，也把一定的生态元素和环境元素注入其中，但对于生态元素和自然元素没有进行单独的提炼和打造，尚未形成能有效推进酒文化建设的生态文明影响力。只有将人文生态环境系统打造好了，才能更好地推进生态文明建设，为建设"美丽五粮液""美丽宜宾"，乃至"美丽中国"贡献力量。

五　五粮液绿色发展目标与思路

公司"十二五"环保规划的总体目标为：在"三废"的资源化、效益化和生态建设的基础上实现"三废"的减排，以实现预期的减排目标，同时"三废"治理达到国家最新排放标准，实现公司的可持续发展，最终建成国家级标志性工程。2015 年是"十二五"环保目标的收官之年，未来五粮液绿色发展的总体目标如下。

（一）进一步完善五粮液生态产业园区

加快生态产业园区建设，着力打造一批循环经济型、低碳经济型项目和企业，促进园区循环经济的快速发展。优化资源配置，推动生产要素向园区集中，按生态园区的要求提高项目准入门槛。围绕产业链的延伸进行项目引进和建设，引入上下游产品项目，加快产业集群的发展。遵循市场原则，通过政策引导，利用产业集群的扎堆效应来实现集中供热、集中供气、集中回收处理，形成资源共享、相互共存的产业共生群落。优先选择科技含量高、污染物排放量少、资源消耗低的项目，逐步形成循环型的工业链。对园区现有企业，利用高新技术和先进适用技术加以改造，淘汰落后工艺设备，实现产业升级，努力推进园区循环经济的发展，进一步完善生态产业园区建设。

（二）把五粮液生态产业园区建设成为酒类及配套产业科技创新及成果产业化的全国示范基地

根据园区的实际情况，将园区打造成酒业及配套产业清洁生产和循环经济全国示范基地、酒业及配套产业与信息化融合发展全国示范基地、酒业及配套产业技术改造升级全国示范基地、酒业及配套产业协调发展的生态型全国产业示范基地，形成以"酒产业、酒文化、酒旅游、酒生态"为主要特色的绿色产业园区。目前公司已经单独出资设立了旅游文化公司、环保产业公司等与酒文化、酒旅游、酒生态相关的子公司，以助推企业绿色发展。

六　五粮液绿色发展政策诉求

公司在绿色发展过程中，尚需国家给予一定的政策支持，如税收政策、价格政策、技术设备引进政策等。建议国家、省、市积极出台有利于发展循环经济的配套政策，特别是促进循环经济发展的税收优惠政策和价格优惠政策，积极鼓励产业园区内的企业发展循环经济，对节能减排、循环经济重大项目在政策上给予优先扶持。

（一）调整税收政策

进一步完善废物综合利用产品的税收政策。目前，国家对综合利用产品实行免缴所得税、对部分自产货物实行免征增值税政策，这有利于促进废物的综合利用。但综合利用产品（以废弃酒糟和酿酒底锅黄水为原料生产的蒸汽、白炭黑、乳酸、乳酸钙、沼气）享有的即征即退50%的政策优惠不利于循环经济的快速发展，建议进一步加大对以上产品的优惠力度，并配套其他优惠政策，充分鼓励企业发展循环经济。

（二）调整价格政策

目前，国家对于城市污水处理设施、垃圾处理设施等的运转在电价上有相关的优惠政策，但政策的力度还不够。建议对资源综合利用设施及污染治理设施运行在用电、用水价格上实行优惠措施，以降低企业成本，促进循环经济发展。

（三）技术设备引进政策

为积极促进先进技术、关键装备及零部件、紧缺资源性产业的发展，根据《鼓励进口技术和产品目录（2014年版）》的要求，进一步加大优惠政策力度，并配套其他优惠政策，鼓励企业发展循环经济。

参考文献

［1］全国企业管理现代化创新成果审定委员会等主编《第十四届国家级企业管理创新成果（2008）》，载《提升酿酒企业价值的循环经济建设》，企业管理出版社，2008。

［2］四川省环保科技工程有限责任公司主编《五粮液"十二五"环境保护与生态

建设规划》，2011。

［3］宜宾五粮液产业园区管委会主编《宜宾市五粮液产业园区循环经济实施方案（2010～2015）》，2010。

［4］晏路明主编《人类发展与生存环境》，中国环境科学出版社，2002。

Abstract

Green Development Report of Chinese Enterprises No. 1 (*2015*) upholding the objective, impartial, scientific and neutral principles, in – depth analyzes Chinese enterprises' status quo of energy consumption, resource utilization, green finance, green products, green management, informatization, green development policy and green culture. It also focuses on the existing problems, dissects cause and effect and plans countermeasures. This book is divided into three parts: general report, theme reports and case reports. General report focuses on the evaluation of the present situation of green development of Chinese enterprises and prospects for the future. Theme reports mainly research on hot issues of enterprises' green development. Case reports introduce the green development of Qingdao Haier and Wuliangye Group.

On the basis of summarizing previous green development researches, general report proposes the connotation of enterprise green development, and constructs the evaluation index system of green development of Chinese enterprises from three dimensions: green management, green products and technology, energy saving and environmental protection performance. We evaluate the green development level of Chinese enterprises with environmental reporting data from China Corporate Social Responsibility Report, and rank the top 200.

Theme report one analyzes the state of green development of Chinese enterprises' energy consumption, and points out that energy is the foundation for a country's economic development while extensive mode of economic growth results in Chinese enterprises' large energy consumption. China is the world's largest energy consuming country, and the total energy consumption of Chinese enterprises, which is mainly composed by coal, still appears to increase year by year. The exploitation and utilization of green energy has achieved rapid development, but there are still many problems. In the future, China should guide enterprises to establish reasonable consumption of energy by the means of strengthening supervision and control of energy consumption of those heavy energy – consumption enterprises, levying energy tax on enterprises timely, promoting the process of industrialization of coal chemical industry, perfecting energy monitoring and management system in enterprises. Theme report two does researches on the situation of green development of Chinese enterprises' resource consumption. To improve the resource utilization efficiency of enterprises is an inevitable requirement to adapt to the new economic normal. In recent years the utilization efficiency of water, land and mineral resources of Chinese enterprises has significantly improved. However, the efficiency has a large difference between different industries and enterprises of difference economic types, and there is still much room for improvement when compared with that of developed countries. In order to further improve resource utilization efficiency, we must deepen the reform of resource price and tax, improve the management system of resource utilization, promote orderly competition among resource – based enterprises, encourage enterprises to develop and apply resource conservation technology and improve resources and environmental consciousness of enterprises. Theme report three analyzes green financial development of Chinese enterprises. It points out that green finance has become a new trend in the development of the financial industry. Chinese enterprises should seize the investment opportunities from supporting policies and the development of low carbon industry, and learn from foreign experience. Through innovation of idea, consciousness, financial market system, personnel, management and supervision system, they could realize sustainable development of the green finance.

Theme report four studies the progress of Chinese enterprises' green product certification. After 20 years' development, green product certification becomes prosperous and has covered many categories. Meanwhile the green product certification is faced with the problem that relevant policies are incomplete, supervision lags, enterprises do not pay enough attention to green products and consumers' knowledge is limited. To effectively resolve the current problems we should strengthen policy supports for green product certification, reinforce management of green product certification system, establish standard information platforms for green products and make more efforts to lead the idea of "green consumption". Theme report five analyzes the progress of green management of Chinese enterprises. The report indicates that Chinese enterprises take measures in green strategies, green design and manufacturing, green marketing, green finance and green corporate culture, there out they actively implement green management which involves environmental protection industry, clean energy industry, real estate industry, manufacturing industry, financial industry and many other fields, and form some mature modes. However, due to institutional barriers, inadequate financial support, insufficient attention from enterprises, the lack of resources and other issues, green management of Chinese enterprises need to be further strengthened. Theme report six studies the informatization and intelligentialize development of Chinese enterprises. At present, the basic environment of China can meet the needs of information technology development. The level of enterprises' informatization is increasing year by year, and information technology is developing rapidly. Informatization of Chinese enterprises presents the characteristics that application of information is from "point" to "line", and informatization is turning to drive business and strategies. Theme report seven gives a summary of the relevant policies about green development in China for years. In recent years, Chinese government has introduced a series of industrial, financial and fiscal policies and green regulations. These measures create a good external environment for enterprises' transformation and upgrading and promote green development. Chinese government should improve environmental laws and regulations, intensify punishment and fiscal incentives, promote green finance, accelerate cooperation among departments and improve information disclosure system of environmental social responsibility in the future. Theme report eight studies the development of green culture of Chinese enterprises. At present, green culture of Chinese enterprises is still in formative period. Chinese government should strive to develop energy – efficient and environment – friendly enterprises, establish mandatory environmental information disclosure system for enterprises, and encourage them to establish special organizational system for environmental management.

The two cases in the book respectively introduce the measures and experience to promote green development of the two enterprises, as well as internal and external problems in the future and their countermeasures for these problems.

All in all, green development of Chinese enterprises will exhibit the trend of massification, severization and standardization in the future, and measures for green development will be innovative and diverse. Integration of greenization and intelligence will be the main theme of China's economic transformation and upgrading. Chinese enterprises should promote green development from the aspects of perfecting green management system, developing green products, facilitating green producing, completing the supporting system of green development and actively involving in green public undertakings.

Contents

B I General Report

B. 1 Evaluation and Prospects of Green Development of

Chinese Enterprises Group of General Report

General Report Write Group / 001

Abstract: In the context of the national ecological civilization construction and the implementation of the new *Law of Environmental Protection*, the requirement on green development of Chinese enterprises is increasingly high. Based on the summary of the previous research on green development, this report proposes the connotation of the enterprise green development, and constructs an evaluation index system of the green development of Chinese enterprises from three dimensions including the green management, the green products and technology, as well as the energy saving and environmental protection performance. The green development of Chinese enterprises is evaluated with the environmental report data in the enterprises social responsibility reports. Evaluation results show that, the traditional "three high" enterprises and enterprises producing green productions, like chemical industry, metal smelting, green building, green appliances, green finance, outperformance their counterparts in green development. The report deeply analyzes the characteristics of the green development of 12 industries, such as chemical industry and real estate. The report also points out that under the current situation, the future green development of Chinese enterprises will exhibit generalized, strict and standardized trend, the initiatives of green development will be more innovative and diversified, and the integration of green development and wisdom development will be the main theme of China's economic transformation and upgrading. Finally, the report proposes that Chinese enterprises should enhance green development from improving Green Management System, promoting R&D of green products, enhancing the green production, improving the supporting system of green development, and actively participating in green and public welfare.

Keywords: Chinese Enterprises; Green Development; Green Management System

B II   Special Reports

B. 2   The Green Development of China's Enterprises Energy
Consumption   *Li Hongyu, Zuo Juanjuan* / 049

Abstract: In recent years, with the rapid economic growth, China's enterprises' total Energy consumption is on the rise, and the level of green development of energy consumption needs to be improved. There are still many problems existing. For instance, the energy cannot be efficiently and cleanly used by enterprises, the energy consumption structureis unreasonable, theenergy efficiencyis low and enterprises' energy consumption monitoring system is imperfect and so on. In the future, we shouldvigorously innovateenterprises energy utilization technology and management mode, optimize the structure of energy consumption, improve the efficiency of energy utilization, and take the path of green development.

Keywords: China's Enterprise ; Energy Consumption; Green Development; Low Carbon Economy

B. 3   The Resource Efficiency of the Enterprises in China
Guo Yebo / 067

Abstract: It is the requirement of the new economic normality for the enterprises in China to improve resource efficiency, which is also the key elements of Industry 4. 0 Era and the basic premise of corporate social responsibility. At present, the demand for water and land of Chinese enterprises is on the plateau phase, approaching towards the turning point of the "U" shaped curve; while the demand for energy and iron ore is still on the rapid expansion period. In recent years, the overall utilization efficiency of water, land and mineral resources has been significantly improved in China. However, there is a large efficiency difference between different types of enterprises, and between different industries. Compared with the enterprises in developed countries, there is still large room for the Chinese enterprises to improve resource efficiency. Some policy measures should be taken for the enterprises in China, such as to propel the reform of resource prices and taxes, to improve the resource utilization and management system, to promote the normal competition between resource-based enterprises, to encourage the development and application of resource-saving technologies, and to improve the awareness of resources utilization.

Keywords: China's Enterprises; Resource Utilization; Water Resources; Land Resources; Mineral Resources

B. 4　The Green Development of China's Financial Industry

Su Hongjian, Fan Jingyong / 092

Abstract: In recent years, with the rapid development of economy, the environmental problem is becoming more serious, and the green development of the financial industry has gradually received attention. Taking the introduction of China's green financial development background as the breakthrough point, this paper focuses on the main financial industry, and employs SWOT method to analysis the present situation of the green finance development of the Chinese enterprises; at the same time, the study of foreign green finance development and green financial products are analyzed to shed light on China's development of green finance. In addition, this paper analyzes the trend of the development of green finance in

China, and puts forward some suggestions for the development of green finance.

Keywords: China's Enterprise ; The Equator Principles; Green Finance

B. 5   The Construction of Green Certification of Products System of Chinese Enterprises

Yao Qin, Li Yongliang, Bai Weiguo and Wang Jianfu / 111

Abstract: Green products certification of enterprise is an important part of the green market order specification. The construction of green products certification system of Chinese enterprises help enhance the core competitiveness of enterprises in the green market and green consumption behavior. They were an effective way to strengthen the green products certification, quality supervision and the necessary methods, control products quality an important measure to promote the progress of science and technology industry and green consumer guide scientific means. China started from 90's of last century, launched the "Ten Chinese environment mark", "the energy saving logo", "CQC environmental quality mark", "HQC environmental certification mark", "green printing standards" and "Green Star". After 20 years of development, the green products certification business flourishing has involved in many types of coverage. At the same time, that is also facing the green products certification policy is not perfect, the green certification supervision enterprise of green products out of touch, not caused enough attention and consumers of green products limited cognitive degree. By strengthening the green products certification system, policy support, strengthen management, establish the platform authentication system of green products standards information of green products and green products certification to increase "green consumption" concept to guide efforts can effectively resolve the current problems.

Keywords: Green Products; Certification; Green Consumption; Chinese Enterprises

B. 6   Green Management of Enterprise in China

Chu Chengshan , Yu Xiaoping / 126

Abstract: At present, to conformwith the international trend of green development and meet the requirements of economic and social development in China, the Chinese enterprises in environmental protection, clean energy, real energy, manufacturing, finance and almost all the industries take measures to practice the green management. The practice involves the green strategy, green design and manufacturing, green marketing, green finance and green corporate culture, and already forms some effective models. The Chinese enterprises still need enforce the green management to make up for some problems in institution, financial support and resource supply. The government in China should create a favorable policy environment for enterprises' green management. And the enterprises should learn the experiences of green management from the advanced foreign enterprises as well as the domestic enterprises as industry benchmark in green development, to improve enterprise benefit and the level of social environmental protection as well.

Keywords: Chinese Enterprise; Green Management; Green Strategy

B. 7   Informatization and the Green Development of the
Chinese Enterprises   *Wu Tao , Li Xiaodong / 143*

Abstract: Along with the rapid development of China's economy, China's enterprises are also growing, in the process of the application of information technology in the development of enterprises play a role can not be replaced. At the present stage of China's energy demand is rigid growth, resource and environmental constraints increasingly enhanced. Therefore, enterprises to use the latest information technology, to enhance the core competitiveness, sustainable development is placed in front of domestic enterprises is an urgent task. At first, this paper analyzes the since the "Twelfth Five Year Plan" of China's information environment construction and the development of the information technology in, summarizes the current situation of the application of enterprise informatization in China, followed by an analysis of the China enterprise information construction and application of the process obtained achievements and existing problems, finally, according to the domestic and foreign experience, for the future domestic enterprises through information construction, the application of information technology to help achieve the enterprise green development to make the contribution is prospected.

Keywords: Enterprise Information; Green Development; Internet of Things; Cloud Computing; Big Data

B. 8 Report of Chinese Enterprise Green Development Policy

Zhu Guanghui, Zhang Zhizhong, Su Rui and Cao Meiyu / 166

Abstract: With the development of industrialization and urbanization process accelerated, China as a role of the world's first manufacturing country, has the problem of the increasingly serious environmental pollution and destruction. Enterprise as the basic unit of social and economic activities, the source of environmental pollution , energy conservation and emissions reduction, which must be responsibility to improve the ecological environment. This paper analyses the background which the development of the Chinese enterprises to implement green policy, the experience of foreign enterprises to implement green development, and the China's macro policy supports the development of different types of enterprise green and the practice of enterprise green development. The writer attempts to subtly revealed thought-provoking social phenomenons: China in promoting enterprise green development exists in the legal system is not matched, imperfect incentive mechanism, the supervision mechanism is out of sound. The last but not least, constructed the "beautiful China" needs to be build perfect the policy system to promote the Chinese enterprise green development.

Keywords: Chinese Enterprise; Green Development; Green Policy; Energy Conservation and Emissions Reduction

B. 9   Green Culture Construction in Chinese Enterprises

Li Guoqing / 208

Abstract: The green culture in corporations is an important aspect of environmental values and behavioral norms of enterprises. It embodies corporate value and social responsibility. Since 2007, China established the sustainability strategy of ecological civilization construction. Many enterprises are gradually accepting the new concepts of green low-carbon development, the culture of conservation, ecological technological transformation, as well as building the green culture in the communities. The enterprises use the green culture to enhance energy saving and emission reduction during production, encourage the low-carbon consumption in administration, and fulfill their social responsibilities in their participation in the local environmental public welfare activities consciously to. At present, China's green culture is still in the formative stage, and it is only fully embraced by some listed companies. With the establishment of legal consciousness of environmental issues and the enhancement of consciousness of green development, the green culture will become an important part of corporate culture, and then enable the enterprises to set up a good image of green, integrity, and civilization.

Keywords: The Corporate Green Culture; The Culture of Conservation; Ecological Culture; The Credit Culture; The Public Welfare Culture

ⅢB Ⅲ   Cases

B. 10   Haier Group, Creating a New Green Life Together

with You: The Green Development of Qingdao Haier

Chai Jiqiang / 227

Abstract: Haier Group ranks in the top three of the white goods producers in China. Its marketing network, logistics network and service network cover almost every place of Chinese city communities and rural markets. Haier, as the first brand of global white goods industry, is always taking social responsibilities and guiding the industry to realize green and sustainable development under the principle of "strive for protection in the process of development and strive for development in the process of protection". Haier Group accelerates the implementation of the forced mechanism of transferring the mode and adjusting the structure, optimizes the structure of green industry, promotes the combination of management and innovation and infuses the green concept into enterprise development strategy and enterprise culture. Paying attention to the details and adhering to the principle of low-carbon and energy-saving, Haier Group is guiding the development tendency of global household appliances by creative research and development of green products and is making efforts to promote green, sustainable and low-carbon development.

Keywords: Haier; Social Responsibility; Enterprise Culture; Green Concept

B. 11 The Creation of "Chinese Green Industrial Park" by Wuliangye; Group   *Zhou Yongkui, Li Hong and Su Chang* / 248

Abstract: Wuliangye Group is a dazzling pearl fell in the green city of Yibin. Wuliangye Group has developed into a "one industrybased, pluralistic development" business group after many years of hard work. The company has not only achieved rapid growth depending on the business development, but also established an energy and environmental management system. Wuliangye Group focuses on the green development in the process of resource integration, sets an example on the practice of the concept of ecological civilization and brings forth new ideas on the circular economy. Wuliangye Group is becoming the Chinese wine king and making unique contribution to the sustainable development of Yibin.

Keywords: Wuliangye; Green Development; Circular Economy

法 律 声 明

  "皮书系列"（含蓝皮书、绿皮书、黄皮书）之品牌由社会科学文献出版社最早使用并持续至今，现已被中国图书市场所熟知。"皮书系列"的LOGO（）与"经济蓝皮书""社会蓝皮书"均已在中华人民共和国国家工商行政管理总局商标局登记注册。"皮书系列"图书的注册商标专用权及封面设计、版式设计的著作权均为社会科学文献出版社所有。未经社会科学文献出版社书面授权许可，任何使用与"皮书系列"图书注册商标、封面设计、版式设计相同或者近似的文字、图形或其组合的行为均系侵权行为。

  经作者授权，本书的专有出版权及信息网络传播权为社会科学文献出版社享有。未经社会科学文献出版社书面授权许可，任何就本书内容的复制、发行或以数字形式进行网络传播的行为均系侵权行为。

  社会科学文献出版社将通过法律途径追究上述侵权行为的法律责任，维护自身合法权益。

  欢迎社会各界人士对侵犯社会科学文献出版社上述权利的侵权行为进行举报。电话：010－59367121，电子邮箱：fawubu@ssap.cn。

社会科学文献出版社

权威报告·热点资讯·特色资源

皮书数据库

ANNUAL REPORT(YEARBOOK) DATABASE

当代中国与世界发展高端智库平台

社会科学文献出版社 皮书系列
SOCIAL SCIENCES ACADEMIC PRESS (CHINA)

卡号：857360492443

密码：

WWW.PISHU.COM.CN

S 子库介绍
ub-Database Introduction

中国经济发展数据库

涵盖宏观经济、农业经济、工业经济、产业经济、财政金融、交通旅游、商业贸易、劳动经济、企业经济、房地产经济、城市经济、区域经济等领域，为用户实时了解经济运行态势、把握经济发展规律、洞察经济形势、做出经济决策提供参考和依据。

中国社会发展数据库

全面整合国内外有关中国社会发展的统计数据、深度分析报告、专家解读和热点资讯构建而成的专业学术数据库。涉及宗教、社会、人口、政治、外交、法律、文化、教育、体育、文学艺术、医药卫生、资源环境等多个领域。

中国行业发展数据库

以中国国民经济行业分类为依据，跟踪分析国民经济各行业市场运行状况和政策导向，提供行业发展最前沿的资讯，为用户投资、从业及各种经济决策提供理论基础和实践指导。内容涵盖农业，能源与矿产业，交通运输业，制造业，金融业，房地产业，租赁和商务服务业，科学研究环境和公共设施管理，居民服务业，教育，卫生和社会保障，文化、体育和娱乐业等100余个行业。

中国区域发展数据库

以特定区域内的经济、社会、文化、法治、资源环境等领域的现状与发展情况进行分析和预测。涵盖中部、西部、东北、西北等地区，长三角、珠三角、黄三角、京津冀、环渤海、合肥经济圈、长株潭城市群、关中-天水经济区、海峡经济区等区域经济体和城市圈，北京、上海、浙江、河南、陕西等34个省份及中国台湾地区。

中国文化传媒数据库

包括文化事业、文化产业、宗教、群众文化、图书馆事业、博物馆事业、档案事业、语言文字、文学、历史地理、新闻传播、广播电视、出版事业、艺术、电影、娱乐等多个子库。

世界经济与国际政治数据库

以皮书系列中涉及世界经济与国际政治的研究成果为基础，全面整合国内外有关世界经济与国际政治的统计数据、深度分析报告、专家解读和热点资讯构建而成的专业学术数据库。包括世界经济、世界政治、世界文化、国际社会、国际关系、国际组织、区域发展、国别发展等多个子库。

社长致辞

我们是图书出版者，更是人文社会科学内容资源供应商；

我们背靠中国社会科学院，面向中国与世界人文社会科学界，坚持为人文社会科学的繁荣与发展服务；

我们精心打造权威信息资源整合平台，坚持为中国经济与社会的繁荣与发展提供决策咨询服务；

我们以读者定位自身，立志让爱书人读到好书，让求知者获得知识；

我们精心编辑、设计每一本好书以形成品牌张力，以优秀的品牌形象服务读者，开拓市场；

我们始终坚持"创社科经典，出传世文献"的经营理念，坚持"权威、前沿、原创"的产品特色；

我们"以人为本"，提倡阳光下创业，员工与企业共享发展之成果；

我们立足于现实，认真对待我们的优势、劣势，我们更着眼于未来，以不断的学习与创新适应不断变化的世界，以不断的努力提升自己的实力；

我们愿与社会各界友好合作，共享人文社会科学发展之成果，共同推动中国学术出版乃至内容产业的繁荣与发展。

社会科学文献出版社社长
中国社会学会秘书长

2015 年 1 月

❖ 皮书起源 ❖

"皮书"起源于十七、十八世纪的英国，主要指官方或社会组织正式发表的重要文件或报告，多以"白皮书"命名。在中国，"皮书"这一概念被社会广泛接受，并被成功运作、发展成为一种全新的出版形态，则源于中国社会科学院社会科学文献出版社。

❖ 皮书定义 ❖

皮书是对中国与世界发展状况和热点问题进行年度监测，以专业的角度、专家的视野和实证研究方法，针对某一领域或区域现状与发展态势展开分析和预测，具备权威性、前沿性、原创性、实证性、时效性等特点的连续性公开出版物，由一系列权威研究报告组成。皮书系列是社会科学文献出版社编辑出版的蓝皮书、绿皮书、黄皮书等的统称。

❖ 皮书作者 ❖

皮书系列的作者以中国社会科学院、著名高校、地方社会科学院的研究人员为主，多为国内一流研究机构的权威专家学者，他们的看法和观点代表了学界对中国与世界的现实和未来最高水平的解读与分析。

❖ 皮书荣誉 ❖

皮书系列已成为社会科学文献出版社的著名图书品牌和中国社会科学院的知名学术品牌。2011年，皮书系列正式列入"十二五"国家重点出版规划项目；2012~2014年，重点皮书列入中国社会科学院承担的国家哲学社会科学创新工程项目；2015年，41种院外皮书使用"中国社会科学院创新工程学术出版项目"标识。

经 济 类

经济类皮书涵盖宏观经济、城市经济、大区域经济，
提供权威、前沿的分析与预测

经济蓝皮书

2015年中国经济形势分析与预测

李　扬 / 主编　　2014年12月出版　　定价：69.00元

◆ 本书为总理基金项目，由著名经济学家李扬领衔，联合中国社会科学院、国务院发展中心等数十家科研机构、国家部委和高等院校的专家共同撰写，系统分析了2014年的中国经济形势并预测2015年我国经济运行情况，2015年中国经济仍将保持平稳较快增长，预计增速7%左右。

城市竞争力蓝皮书

中国城市竞争力报告No.13

倪鹏飞 / 主编　　2015年5月出版　　定价：89.00元

◆ 本书由中国社会科学院城市与竞争力研究中心主任倪鹏飞主持编写，以"巨手：托起城市中国新版图"为主题，分别从市场、产业、要素、交通一体化角度论证了东中一体化程度不断加深。建议：中国经济分区应该由四分区调整为二分区；按照"一团五线"的发展格局对中国的城市体系做出重大调整。

西部蓝皮书

中国西部发展报告（2015）

姚慧琴　徐璋勇 / 主编　　2015年7月出版　　估价：89.00元

◆ 本书由西北大学中国西部经济发展研究中心主编，汇集了源自西部本土以及国内研究西部问题的权威专家的第一手资料，对国家实施西部大开发战略进行年度动态跟踪，并对2015年西部经济、社会发展态势进行预测和展望。

中部蓝皮书

中国中部地区发展报告（2015）

喻新安 / 主编　　2015 年 7 月出版　　估价 :69.00 元

◆　本书敏锐地抓住当前中部地区经济发展中的热点、难点问题，紧密地结合国家和中部经济社会发展的重大战略转变，对中部地区经济发展的各个领域进行了深入、全面的分析研究，并提出了具有理论研究价值和可操作性强的政策建议。

世界经济黄皮书

2015 年世界经济形势分析与预测

王洛林　张宇燕 / 主编　　2015 年 1 月出版　　定价 :69.00 元

◆　本书为中国社会科学院创新工程学术出版资助项目，由中国社会科学院世界经济与政治研究所的研创团队撰写。该书认为，2014 年，世界经济维持了上年度的缓慢复苏，同时经济增长格局分化显著。预计 2015 年全球经济增速按购买力平价计算的增长率为 3.3%，按市场汇率计算的增长率为 2.8%。

中国省域竞争力蓝皮书

中国省域经济综合竞争力发展报告（2013~2014）

李建平　李闽榕　高燕京 / 主编　　2015 年 2 月出版　定价 :198.00 元

◆　本书充分运用数理分析、空间分析、规范分析与实证分析相结合、定性分析与定量分析相结合的方法，建立起比较科学完善、符合中国国情的省域经济综合竞争力指标评价体系及数学模型，对 2012~2013 年中国内地 31 个省、市、区的经济综合竞争力进行全面、深入、科学的总体评价与比较分析。

城市蓝皮书

中国城市发展报告 No.8

潘家华　魏后凯 / 主编　2015 年 9 月出版　　估价 :69.00 元

◆　本书由中国社会科学院城市发展与环境研究中心编著，从中国城市的科学发展、城市环境可持续发展、城市经济集约发展、城市社会协调发展、城市基础设施与用地管理、城市管理体制改革以及中国城市科学发展实践等多角度、全方位地立体展示了中国城市的发展状况，并对中国城市的未来发展提出了建议。

金融蓝皮书

中国金融发展报告（2015）

李　扬　王国刚／主编　2014 年 12 月出版　定价 :75.00 元

◆　由中国社会科学院金融研究所组织编写的《中国金融发展报告（2015）》，概括和分析了 2014 年中国金融发展和运行中的各方面情况，研讨和评论了 2014 年发生的主要金融事件。本书由业内专家和青年精英联合编著，有利于读者了解掌握 2014 年中国的金融状况，把握 2015 年中国金融的走势。

低碳发展蓝皮书

中国低碳发展报告（2015）

齐　晔／主编　2015 年 7 月出版　估价 :89.00 元

◆　本书对中国低碳发展的政策、行动和绩效进行科学、系统、全面的分析。重点是通过归纳中国低碳发展的绩效，评估与低碳发展相关的政策和措施，分析政策效应的制度背景和作用机制，为进一步的政策制定、优化和实施提供支持。

经济信息绿皮书

中国与世界经济发展报告（2015）

杜　平／主编　2014 年 12 月出版　定价 :79.00 元

◆　本书是由国家信息中心组织专家队伍精心研究编撰的年度经济分析预测报告，书中指出，2014 年，我国经济增速有所放慢，但仍处于合理运行区间。主要新兴国家经济总体仍显疲软。2015 年应防止经济下行和财政金融风险相互强化，促进经济向新常态平稳过渡。

低碳经济蓝皮书

中国低碳经济发展报告（2015）

薛进军　赵忠秀／主编　2015 年 6 月出版　定价 :85.00 元

◆　本书汇集来自世界各国的专家学者、政府官员，探讨世界金融危机后国际经济的现状，提出"绿色化"为经济转型期国家的可持续发展提供了重要范本，并将成为解决气候系统保护与经济发展矛盾的重要突破口，也将是中国引领"一带一路"沿线国家实现绿色发展的重要抓手。

社 会 政 法 类

社会政法类皮书聚焦社会发展领域的热点、难点问题，
提供权威、原创的资讯与视点

社会蓝皮书

2015 年中国社会形势分析与预测

李培林　陈光金　张　翼 / 主编　2014 年 12 月出版　定价 :69.00 元

◆　本书由中国社会科学院社会学研究所组织研究机构专家、高校学者和政府研究人员撰写，聚焦当下社会热点，指出 2014 年我国社会存在城乡居民人均收入增速放缓、大学生毕业就业压力加大、社会老龄化加速、住房价格继续飙升、环境群体性事件多发等问题。

法治蓝皮书

中国法治发展报告 No.13（2015）

李　林　田　禾 / 主编　　2015 年 3 月出版　　定价 :105.00 元

◆　本年度法治蓝皮书回顾总结了 2014 年度中国法治取得的成效及存在的问题，并对 2015 年中国法治发展形势进行预测、展望，还从立法、人权保障、行政审批制度改革、反价格垄断执法、教育法治、政府信息公开等方面研讨了中国法治发展的相关问题。

环境绿皮书

中国环境发展报告（2015）

刘鉴强 / 主编　　2015 年 7 月出版　　估价 :79.00 元

◆　本书由民间环保组织"自然之友"组织编写，由特别关注、生态保护、宜居城市、可持续消费以及政策与治理等版块构成，以公共利益的视角记录、审视和思考中国环境状况，呈现 2014 年中国环境与可持续发展领域的全局态势，用深刻的思考、科学的数据分析 2014 年的环境热点事件。

反腐倡廉蓝皮书

中国反腐倡廉建设报告 No.4

李秋芳　张英伟 / 主编　2014 年 12 月出版　　定价 :79.00 元

◆　本书继续坚持"建设"主题，既描摹出反腐败斗争的感性特点，又揭示出反腐政治格局深刻变化的根本动因。指出当前症结在于权力与资本"隐蔽勾连"、"官场积弊"消解"吏治改革"效力、部分公职人员基本价值观迷乱、封建主义与资本主义思想依然影响深重。提出应以科学思维把握反腐治标与治本问题，建构"不需腐"的合理合法薪酬保障机制。

女性生活蓝皮书

中国女性生活状况报告 No.9（2015）

韩湘景 / 主编　2015 年 4 月出版　定价 :79.00 元

◆　本书由中国妇女杂志社、华坤女性生活调查中心和华坤女性消费指导中心组织编写，通过调查获得的大量调查数据，真实展现当年中国城市女性的生活状况、消费状况及对今后的预期。

华侨华人蓝皮书

华侨华人研究报告 (2015)

贾益民 / 主编　2015 年 12 月出版　估价 :118.00 元

◆　本书为中国社会科学院创新工程学术出版资助项目，是华侨大学向世界提供最新涉侨动态、理论研究和政策建议的平台。主要介绍了相关国家华侨华人的规模、分布、结构、发展趋势，以及全球涉侨生存安全环境和华文教育情况等。

政治参与蓝皮书

中国政治参与报告（2015）

房　宁 / 主编　2015 年 7 月出版　估价 :105.00 元

◆　本书作者均来自中国社会科学院政治学研究所，聚焦中国基层群众自治的参与情况介绍了城镇居民的社区建设与居民自治参与和农村居民的村民自治与农村社区建设参与情况。其优势是其指标评估体系的建构和问卷调查的设计专业，数据量丰富，统计结论科学严谨。

行 业 报 告 类

行业报告类皮书立足重点行业、新兴行业领域，
提供及时、前瞻的数据与信息

房地产蓝皮书

中国房地产发展报告 No.12（2015）

魏后凯 李景国 / 主编　　2015 年 5 月出版　　定价 :79.00 元

◆　本年度房地产蓝皮书指出，2014 年中国房地产市场出现了较大幅度的回调，商品房销售明显遇冷，库存居高不下。展望 2015 年，房价保持低速增长的可能性较大，但区域分化将十分明显，人口聚集能力强的一线城市和部分热点二线城市房价有回暖、房价上涨趋势，而人口聚集能力差、库存大的部分二线城市或三四线城市房价会延续下跌（回调）态势。

保险蓝皮书

中国保险业竞争力报告（2015）

姚庆海　　王　力 / 主编　2015 年 12 出版　　估价 :98.00 元

◆　本皮书主要为监管机构、保险行业和保险学界提供保险市场一年来发展的总体评价，外在因素对保险业竞争力发展的影响研究；国家监管政策、市场主体经营创新及职能发挥、理论界最新研究成果等综述和评论。

企业社会责任蓝皮书

中国企业社会责任研究报告（2015）

黄群慧　彭华岗　钟宏武　张　蕙 / 编著
2015 年 11 月出版　　估价 :69.00 元

◆　本书系中国社会科学院经济学部企业社会责任研究中心组织编写的《企业社会责任蓝皮书》2015 年分册。该书在对企业社会责任进行宏观总体研究的基础上，根据 2014 年企业社会责任及相关背景进行了创新研究，在全国企业中观层面对企业健全社会责任管理体系提供了弥足珍贵的丰富信息。

投资蓝皮书

中国投资发展报告（2015）

谢 平 / 主编　　2015 年 4 月出版　　定价 :128.00 元

◆　2014 年，适应新常态发展的宏观经济政策逐步成型和出台，成为保持经济平稳增长、促进经济活力增强、结构不断优化升级的有力保障。2015 年，应重点关注先进制造业、TMT 产业、大健康产业、大文化产业及非金融全新产业的投资机会，适应新常态下的产业发展变化，在投资布局中争取主动。

住房绿皮书

中国住房发展报告（2014~2015）

倪鹏飞 / 主编　　2014 年 12 月出版　　定价 :79.00 元

◆　本年度住房绿皮书指出，中国住房市场从 2014 年第一季度开始进入调整状态，2014 年第三季度进入全面调整期。2015 年的住房市场走势 :整体延续衰退，一、二线城市 2015 年下半年、三四线城市 2016 年下半年复苏。

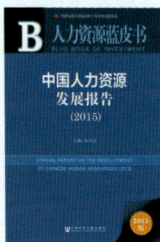

人力资源蓝皮书

中国人力资源发展报告（2015）

余兴安 / 主编　　2015 年 9 月出版　　估价 :79.00 元

◆　本书是在人力资源和社会保障部部领导的支持下，由中国人事科学研究院汇集我国人力资源开发权威研究机构的诸多专家学者的研究成果编写而成。 作为关于人力资源的蓝皮书，本书通过充分利用有关研究成果，更广泛、更深入地展示近年来我国人力资源开发重点领域的研究成果。

汽车蓝皮书

中国汽车产业发展报告（2015）

国务院发展研究中心产业经济研究部 中国汽车工程学会

大众汽车集团（中国）/ 主编　　2015 年 8 月出版　　估价 :128.00 元

◆　本书由国务院发展研究中心产业经济研究部、中国汽车工程学会、大众汽车集团（中国）联合主编，是关于中国汽车产业发展的研究性年度报告，介绍并分析了本年度中国汽车产业发展的形势。

国别与地区类

国别与地区类皮书关注全球重点国家与地区，
提供全面、独特的解读与研究

亚太蓝皮书

亚太地区发展报告（2015）

李向阳 / 主编　　2015 年 1 月出版　　定价 :59.00 元

◆　本年度的专题是"一带一路"，书中对"一带一路"战略
的经济基础、"一带一路"与区域合作等进行了阐述。除对亚
太地区 2014 年的整体变动情况进行深入分析外，还在此基础
上提出了对于 2015 年亚太地区各个方面发展情况的预测。

日本蓝皮书

日本研究报告（2015）

李　薇 / 主编　　2015 年 4 月出版　　定价 :69.00 元

◆　本书由中华日本学会、中国社会科学院日本研究所合作推
出，是以中国社会科学院日本研究所的研究人员为主完成的研
究成果。对 2014 年日本的政治、外交、经济、社会文化作了回顾、
分析，并对 2015 年形势进行展望。

德国蓝皮书

德国发展报告（2015）

郑春荣　伍慧萍 / 主编　　2015 年 5 月出版　　定价 :69.00 元

◆　本报告由同济大学德国研究所组织编撰，由该领域的专家
学者对德国的政治、经济、社会文化、外交等方面的形势发展
情况，进行全面的阐述与分析。德国作为欧洲大陆第一强国，
与中国各方面日渐紧密的合作关系，值得国内各界深切关注。

国际形势黄皮书

全球政治与安全报告（2015）

李慎明　张宇燕/主编　2015年1月出版　定价:69.00元

◆　本书对中、俄、美三国之间的合作与冲突进行了深度分析，揭示了影响中美、俄美及中俄关系的主要因素及变化趋势。重点关注了乌克兰危机、克里米亚问题、苏格兰公投、西非埃博拉疫情以及西亚北非局势等国际焦点问题。

拉美黄皮书

拉丁美洲和加勒比发展报告（2014~2015）

吴白乙/主编　2015年5月出版　定价:89.00元

◆　本书是中国社会科学院拉丁美洲研究所的第14份关于拉丁美洲和加勒比地区发展形势状况的年度报告。本书对2014年拉丁美洲和加勒比地区诸国的政治、经济、社会、外交等方面的发展情况做了系统介绍，对该地区相关国家的热点及焦点问题进行了总结和分析，并在此基础上对该地区各国2015年的发展前景做出预测。

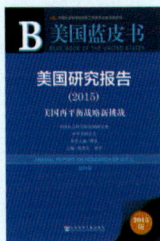

美国蓝皮书

美国研究报告（2015）

郑秉文　黄平/主编　2015年6月出版　定价:89.00元

◆　本书是由中国社会科学院美国所主持完成的研究成果，重点讲述了美国的"再平衡"战略，另外回顾了美国2014年的经济、政治形势与外交战略，对2014年以来美国内政外交发生的重大事件以及重要政策进行了较为全面的回顾和梳理。

大湄公河次区域蓝皮书

大湄公河次区域合作发展报告（2015）

刘稚/主编　2015年9月出版　估价:79.00元

◆　云南大学大湄公河次区域研究中心深入追踪分析该区域发展动向，以把握全面，突出重点为宗旨，系统介绍和研究大湄公河次区域合作的年度热点和重点问题，展望次区域合作的发展趋势，并对新形势下我国推进次区域合作深入发展提出相关对策建议。

地方发展类

地方发展类皮书关注大陆各省份、经济区域，
提供科学、多元的预判与咨政信息

北京蓝皮书

北京公共服务发展报告（2014~2015）

施昌奎／主编　2015年1月出版　定价：69.00元

◆　本书是由北京市政府职能部门的领导、首都著名高校的教授、知名研究机构的专家共同完成的关于北京市公共服务发展与创新的研究成果。本年度主题为"北京公共服务均衡化发展和市场化改革"，内容涉及了北京市公共服务发展的方方面面，既有对北京各个城区的综合性描述，也有对局部、细部、具体问题的分析。

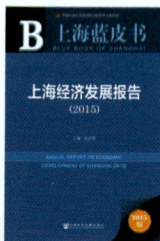

上海蓝皮书

上海经济发展报告（2015）

沈开艳／主编　2015年1月出版　定价:69.00元

◆　本书系上海社会科学院系列之一，本年度将"建设具有全球影响力的科技创新中心"作为主题，对2015年上海经济增长与发展趋势的进行了预测，把握了上海经济发展的脉搏和学术研究的前沿。

广州蓝皮书

广州经济发展报告（2015）

李江涛　朱名宏／主编　2015年7月出版　估价:69.00元

◆　本书是由广州市社会科学院主持编写的"广州蓝皮书"系列之一，本报告对广州2014年宏观经济运行情况作了深入分析，对2015年宏观经济走势进行了合理预测，并在此基础上提出了相应的政策建议。

文 化 传 媒 类

文化传媒类皮书透视文化领域、文化产业，
探索文化大繁荣、大发展的路径

新媒体蓝皮书

中国新媒体发展报告 No.6（2015）

唐绪军 / 主编　　　2015 年 7 月出版　　　定价 :79.00 元

◆　本书深入探讨了中国网络信息安全、媒体融合状况、微信
谣言问题、微博发展态势、互联网金融、移动舆论场舆情、传
统媒体转型、新媒体产业发展、网络助政、网络舆论监督、大
数据、数据新闻、数字版权等热门问题，展望了中国新媒体的
未来发展趋势。

舆情蓝皮书

中国社会舆情与危机管理报告（2015）

谢耘耕 / 主编　　　2015 年 8 月出版　　　估价 :98.00 元

◆　本书由上海交通大学舆情研究实验室和危机管理研究中心
主编，已被列入教育部人文社会科学研究报告培育项目。本书
以新媒体环境下的中国社会为立足点，对 2014 年中国社会舆情、
分类舆情等进行了深入系统的研究，并预测了 2015 年社会舆
情走势。

文化蓝皮书

中国文化产业发展报告（2015）

张晓明 王家新 章建刚 / 主编　　　2015 年 7 月出版　　　估价 :79.00 元

◆　本书由中国社会科学院文化研究中心编写。从 2012 年开
始，中国社会科学院文化研究中心设立了国内首个文化产业的
研究类专项资金——"文化产业重大课题研究计划"，开始在
全国范围内组织多学科专家学者对我国文化产业发展重大战略
问题进行联合攻关研究。本书集中反映了该计划的研究成果。

经济类

G20国家创新竞争力黄皮书
二十国集团（G20）国家创新竞争力发展报告（2015）
著(编)者:黄茂兴 李闽榕 李建平 赵新力
2015年9月出版 / 估价:128.00元

产业蓝皮书
中国产业竞争力报告（2015）
著(编)者:张其仔 2015年7月出版 / 估价:79.00元

长三角蓝皮书
2015年全面深化改革中的长三角
著(编)者:张伟斌 2015年10月出版 / 估价:69.00元

城乡一体化蓝皮书
中国城乡一体化发展报告（2015）
著(编)者:付崇兰 汝信 2015年12月出版 / 估价:79.00元

城市创新蓝皮书
中国城市创新报告（2015）
著(编)者:周天勇 旷建伟 2015年8月出版 / 估价:69.00元

城市竞争力蓝皮书
中国城市竞争力报告（2015）
著(编)者:倪鹏飞 2015年5月出版 / 定价:89.00元

城市蓝皮书
中国城市发展报告NO.8
著(编)者:潘家华 魏后凯 2015年9月出版 / 估价:69.00元

城市群蓝皮书
中国城市群发展指数报告（2015）
著(编)者:刘新静 刘士林 2015年10月出版 / 估价:59.00元

城乡统筹蓝皮书
中国城乡统筹发展报告（2015）
著(编)者:潘晨光 程志强 2015年7月出版 / 估价:59.00元

城镇化蓝皮书
中国新型城镇化健康发展报告（2015）
著(编)者:张占斌 2015年7月出版 / 估价:79.00元

低碳发展蓝皮书
中国低碳发展报告（2015）
著(编)者:齐晔 2015年7月出版 / 估价:89.00元

低碳经济蓝皮书
中国低碳经济发展报告（2015）
著(编)者:薛进军 赵忠秀 2015年6月出版 / 定价:85.00元

东北蓝皮书
中国东北地区发展报告（2015）
著(编)者:马克 黄文艺 2015年8月出版 / 估价:79.00元

发展和改革蓝皮书
中国经济发展和体制改革报告（2015）
著(编)者:邹东涛 2015年11月出版 / 估价:98.00元

工业化蓝皮书
中国工业化进程报告（2015）
著(编)者:黄群慧 吕铁 李晓华 2015年11月出版 / 估价:89.00元

国际城市蓝皮书
国际城市发展报告（2015）
著(编)者:屠启宇 2015年1月出版 / 定价:79.00元

国家创新蓝皮书
中国创新发展报告（2015）
著(编)者:陈劲 2015年7月出版 / 估价:59.00元

环境竞争力绿皮书
中国省域环境竞争力发展报告（2015）
著(编)者:李建平 李闽榕 王金南
2015年12月出版 / 估价:198.00元

金融蓝皮书
中国金融发展报告（2015）
著(编)者:李扬 王国刚 2014年12月出版 / 定价:75.00元

金融信息服务蓝皮书
金融信息服务发展报告（2015）
著(编)者:鲁广锦 殷剑峰 林义相
2015年7月出版 / 估价:89.00元

经济蓝皮书
2015年中国经济形势分析与预测
著(编)者:李扬 2014年12月出版 / 定价:69.00元

经济蓝皮书·春季号
2015年中国经济前景分析
著(编)者:李扬 2015年5月出版 / 定价:79.00元

经济蓝皮书·夏季号
中国经济增长报告（2015）
著(编)者:李扬 2015年7月出版 / 估价:69.00元

经济信息绿皮书
中国与世界经济发展报告（2015）
著(编)者:杜平 2014年12月出版 / 定价:79.00元

就业蓝皮书
2015年中国大学生就业报告
著(编)者:麦可思研究院 2015年7月出版 / 估价:98.00元

就业蓝皮书
2015年中国高职高专生就业报告
著(编)者:麦可思研究院 2015年6月出版 / 定价:98.00元

就业蓝皮书
2015年中国本科生就业报告
著(编)者:麦可思研究院 2015年6月出版 / 定价:98.00元

临空经济蓝皮书
中国临空经济发展报告（2015）
著(编)者:连玉明 2015年9月出版 / 估价:79.00元

民营经济蓝皮书
中国民营经济发展报告（2015）
著(编)者:王钦敏 2015年12月出版 / 估价:79.00元

农村绿皮书
中国农村经济形势分析与预测（2014~2015）
著(编)者:中国社会科学院农村发展研究所
　　　　　国家统计局农村社会经济调查司
2015年4月出版 / 定价:69.00元

农业应对气候变化蓝皮书
气候变化对中国农业影响评估报告（2015）
著(编)者:矫梅燕　2015年8月出版 / 估价:98.00元

企业公民蓝皮书
中国企业公民报告（2015）
著(编)者:邹东涛　2015年12月出版 / 估价:79.00元

气候变化绿皮书
应对气候变化报告（2015）
著(编)者:王伟光　郑国光　2015年10月出版 / 估价:79.00元

区域蓝皮书
中国区域经济发展报告（2014~2015）
著(编)者:梁昊光　2015年5月出版 / 定价:79.00元

全球环境竞争力绿皮书
全球环境竞争力报告（2015）
著(编)者:李建建　李闽榕　李建平　王金南
2015年12月出版 / 估价:198.00元

人口与劳动绿皮书
中国人口与劳动问题报告No.15
著(编)者:蔡昉　2015年1月出版 / 定价:59.00元

商务中心区蓝皮书
中国商务中心区发展报告（2015）
著(编)者:中国商务区联盟
　　　　中国社会科学院城市发展与环境研究所
2015年10月出版 / 估价:69.00元

商务中心区蓝皮书
中国商务中心区发展报告No.1（2014）
著(编)者:魏后凯　李国红　2015年1月出版 / 定价:89.00元

世界经济黄皮书
2015年世界经济形势分析与预测
著(编)者:王洛林　张宇燕　2015年1月出版 / 定价:69.00元

世界旅游城市绿皮书
世界旅游城市发展报告（2015）
著(编)者:鲁勇　周正宇　宋宇　2015年7月出版 / 估价:88.00元

西北蓝皮书
中国西北发展报告（2015）
著(编)者:赵宗福　孙发平　苏海红　鲁顺元　段庆林
2014年12月出版 / 定价:79.00元

西部蓝皮书
中国西部发展报告（2015）
著(编)者:姚慧琴　徐璋勇　2015年7月出版 / 估价:89.00元

新型城镇化蓝皮书
新型城镇化发展报告（2015）
著(编)者:李伟　2015年10月出版 / 估价:89.00元

新兴经济体蓝皮书
金砖国家发展报告（2015）
著(编)者:林跃勤　周文　2015年7月出版 / 估价:79.00元

中部竞争力蓝皮书
中国中部经济社会竞争力报告（2015）
著(编)者:教育部人文社会科学重点研究基地
　　　　南昌大学中国中部经济社会发展研究中心
2015年9月出版 / 估价:79.00元

中部蓝皮书
中国中部地区发展报告（2015）
著(编)者:喻新安　2015年7月出版 / 估价:69.00元

中国省域竞争力蓝皮书
中国省域经济综合竞争力发展报告（2013~2014）
著(编)者:李建平　李闽榕　高燕京
2015年2月出版 / 定价:198.00元

中三角蓝皮书
长江中游城市群发展报告（2015）
著(编)者:秦尊文　2015年10月出版 / 估价:69.00元

中小城市绿皮书
中国中小城市发展报告（2015）
著(编)者:中国城市经济学会中小城市经济发展委员会
　　　　《中国中小城市发展报告》编纂委员会
　　　　中小城市发展战略研究院
2015年10月出版 / 估价:98.00元

中原蓝皮书
中原经济区发展报告（2015）
著(编)者:李英杰　2015年7月出版 / 估价:88.00元

社会政法类

北京蓝皮书
中国社区发展报告（2015）
著(编)者:于燕燕　2015年7月出版 / 估价:69.00元

殡葬绿皮书
中国殡葬事业发展报告（2014~2015）
著(编)者:李伯森　2015年4月出版 / 定价:158.00元

城市管理蓝皮书
中国城市管理报告（2015）
著(编)者:谭维克　刘林　2015年12月出版 / 估价:158.00元

城市生活质量蓝皮书
中国城市生活质量报告（2015）
著(编)者:中国经济实验研究院　2015年7月出版 / 估价:59.00元

城市政府能力蓝皮书
中国城市政府公共服务能力评估报告（2015）
著(编)者:何艳玲　2015年7月出版 / 估价:59.00元

创新蓝皮书
创新型国家建设报告（2015）
著(编)者:詹正茂　2015年7月出版 / 估价:69.00元

慈善蓝皮书
中国慈善发展报告（2015）
著(编)者:杨团　2015年6月出版 / 定价:79.00元

地方法治蓝皮书
中国地方法治发展报告No.1（2014）
著(编)者:李林　田禾　2015年1月出版 / 定价:98.00元

法治蓝皮书
中国法治发展报告No.13（2015）
著(编)者:李林　田禾　2015年3月出版 / 定价:105.00元

反腐倡廉蓝皮书
中国反腐倡廉建设报告No.4
著(编)者:李秋芳　张英伟　2014年12月出版 / 定价:79.00元

非传统安全蓝皮书
中国非传统安全研究报告（2014~2015）
著(编)者:余潇枫　魏志江　2015年5月出版 / 定价:79.00元

妇女发展蓝皮书
中国妇女发展报告（2015）
著(编)者:王金玲　2015年9月出版 / 估价:148.00元

妇女教育蓝皮书
中国妇女教育发展报告（2015）
著(编)者:张李玺　2015年7月出版 / 估价:78.00元

妇女绿皮书
中国性别平等与妇女发展报告（2015）
著(编)者:谭琳　2015年12月出版 / 估价:99.00元

公共服务蓝皮书
中国城市基本公共服务力评价（2015）
著(编)者:钟君　吴正杲　2015年12月出版 / 估价:79.00元

公共服务满意度蓝皮书
中国城市公共服务评价报告（2015）
著(编)者:胡伟　2015年12月出版 / 估价:69.00元

公共外交蓝皮书
中国公共外交发展报告（2015）
著(编)者:赵启正　雷蔚真　2015年4月出版 / 定价:89.00元

公民科学素质蓝皮书
中国公民科学素质报告（2015）
著(编)者:李群　许佳军　2015年7月出版 / 估价:79.00元

公益蓝皮书
中国公益发展报告（2015）
著(编)者:朱健刚　2015年7月出版 / 估价:78.00元

管理蓝皮书
中国管理发展报告（2015）
著(编)者:张晓东　2015年9月出版 / 估价:98.00元

国际人才蓝皮书
中国国际移民报告（2015）
著(编)者:王辉耀　2015年2月出版 / 定价:79.00元

国际人才蓝皮书
中国海归发展报告（2015）
著(编)者:王辉耀　苗绿　2015年7月出版 / 估价:69.00元

国际人才蓝皮书
中国留学发展报告（2015）
著(编)者:王辉耀　苗绿　2015年9月出版 / 估价:69.00元

国家安全蓝皮书
中国国家安全研究报告（2015）
著(编)者:刘慧　2015年7月出版 / 估价:98.00元

行政改革蓝皮书
中国行政体制改革报告（2014~2015）
著(编)者:魏礼群　2015年4月出版 / 定价:98.00元

华侨华人蓝皮书
华侨华人研究报告（2015）
著(编)者:贾益民　2015年12月出版 / 估价:118.00元

环境绿皮书
中国环境发展报告（2015）
著(编)者:刘鉴强　2015年7月出版 / 估价:79.00元

基金会蓝皮书
中国基金会发展报告（2015）
著(编)者:刘忠祥　2016年6月出版 / 估价:69.00元

基金会绿皮书
中国基金会发展独立研究报告（2015）
著(编)者:基金会中心网　2015年8月出版 / 估价:88.00元

基金会透明度蓝皮书
中国基金会透明度发展研究报告（2015）
著(编)者:基金会中心网　清华大学廉政与治理研究中心
2015年9月出版 / 估价:78.00元

中国中小学教师发展报告（2014）
著(编)者:曾晓东　鱼霞　2015年6月出版 / 定价:69.00元

教育蓝皮书
中国教育发展报告（2015）
著(编)者:杨东平　2015年5月出版 / 定价:79.00元

科普蓝皮书
中国科普基础设施发展报告（2015）
著(编)者:任福君　2015年7月出版 / 估价:59.00元

劳动保障蓝皮书
中国劳动保障发展报告（2015）
著(编)者:刘燕斌　2015年7月出版 / 估价:89.00元

老龄蓝皮书
中国老年宜居环境发展报告(2015)
著(编)者:吴玉韶　2015年9月出版 / 估价:79.00元

连片特困区蓝皮书
中国连片特困区发展报告（2014~2015）
著(编)者:游俊　冷志明　丁建军　2015年3月出版 / 定价:98.00元

民间组织蓝皮书
中国民间组织报告(2015)
著(编)者:潘晨光　黄晓勇　2015年8月出版 / 估价:69.00元

民调蓝皮书
中国民生调查报告（2015）
著(编)者:谢耘耕　2015年7月出版 / 估价:128.00元

民族发展蓝皮书
中国民族发展报告（2015）
著(编)者:郝时远 王延中 王希恩
2015年4月出版 / 定价:98.00元

女性生活蓝皮书
中国女性生活状况报告No.9 （2015）
著(编)者:韩湘景 2015年4月出版 / 定价:79.00元

企业公众透明度蓝皮书
中国企业公众透明度报告(2014~2015)No.1
著(编)者:黄速建 王晓光 肖红军
2015年1月出版 / 定价:98.00元

企业国际化蓝皮书
中国企业国际化报告(2015)
著(编)者:王辉耀 2015年10月出版 / 估价:79.00元

汽车社会蓝皮书
中国汽车社会发展报告（2015）
著(编)者:王俊秀 2015年7月出版 / 估价:59.00元

青年蓝皮书
中国青年发展报告No.3
著(编)者:廉思 2015年7月出版 / 估价:59.00元

区域人才蓝皮书
中国区域人才竞争力报告（2015）
著(编)者:桂昭明 王辉耀 2015年7月出版 / 估价:69.00元

群众体育蓝皮书
中国群众体育发展报告（2015）
著(编)者:刘国永 杨桦 2015年8月出版 / 估价:69.00元

人才蓝皮书
中国人才发展报告（2015）
著(编)者:潘晨光 2015年8月出版 / 估价:85.00元

人权蓝皮书
中国人权事业发展报告（2015）
著(编)者:中国人权研究会 2015年8月出版 / 估价:99.00元

森林碳汇绿皮书
中国森林碳汇评估发展报告（2015）
著(编)者:闫文德 胡文臻 2015年9月出版 / 估价:79.00元

社会保障绿皮书
中国社会保障发展报告（2015）No.7
著(编)者:王延中 2015年4月出版 / 定价:89.00元

社会工作蓝皮书
中国社会工作发展报告（2015）
著(编)者:民政部社会工作研究中心
2015年8月出版 / 估价:79.00元

社会管理蓝皮书
中国社会管理创新报告（2015）
著(编)者:连玉明 2015年9月出版 / 估价:89.00元

社会蓝皮书
2015年中国社会形势分析与预测
著(编)者:李培林 陈光金 张翼
2014年12月出版 / 定价:69.00元

社会体制蓝皮书
中国社会体制改革报告No.3（2015）
著(编)者:龚维斌 2015年4月出版 / 定价:79.00元

社会心态蓝皮书
中国社会心态研究报告（2015）
著(编)者:王俊秀 杨宜音 2015年10月出版 / 估价:69.00元

社会组织蓝皮书
中国社会组织评估发展报告（2015）
著(编)者:徐家良 廖鸿 2015年12月出版 / 估价:69.00元

生态城市绿皮书
中国生态城市建设发展报告（2015）
著(编)者:刘举科 孙伟平 胡文臻 2015年7月出版 / 估价:98.00元

生态文明绿皮书
中国省域生态文明建设评价报告（ECI 2015）
著(编)者:严耕 2015年9月出版 / 估价:85.00元

世界社会主义黄皮书
世界社会主义跟踪研究报告（2014~2015）
著(编)者:李慎明 2015年4月出版 / 定价:258.00元

水与发展蓝皮书
中国水风险评估报告（2015）
著(编)者:王浩 2015年9月出版 / 估价:69.00元

土地整治蓝皮书
中国土地整治发展研究报告No.2
著(编)者:国土资源部土地整治中心 2015年5月出版 / 定价:89.00元

网络空间安全蓝皮书
中国网络空间安全发展报告（2015）
著(编)者:惠志斌 唐涛 2015年4月出版 / 定价:79.00元

危机管理蓝皮书
中国危机管理报告（2015）
著(编)者:文学国 2015年8月出版 / 估价:89.00元

协会商会蓝皮书
中国行业协会商会发展报告（2014）
著(编)者:景朝阳 李勇 2015年4月出版 / 定价:99.00元

形象危机应对蓝皮书
形象危机应对研究报告（2015）
著(编)者:唐钧 2015年7月出版 / 估价:149.00元

医改蓝皮书
中国医药卫生体制改革报告（2015～2016）
著(编)者:文学国 房志武 2015年12月出版 / 估价:79.00元

医疗卫生绿皮书
中国医疗卫生发展报告（2015）
著(编)者:申宝忠 韩玉珍 2015年7月出版 / 估价:75.00元

应急管理蓝皮书
中国应急管理报告（2015）
著(编)者:宋英华 2015年10月出版 / 估价:69.00元

政治参与蓝皮书
中国政治参与报告（2015）
著(编)者:房宁 2015年7月出版 / 估价:105.00元

政治发展蓝皮书
中国政治发展报告（2015）
著(编)者:房宁 杨海蛟　2015年7月出版 / 估价:88.00元

中国农村妇女发展蓝皮书
流动女性城市融入发展报告（2015）
著(编)者:谢丽华　2015年11月出版 / 估价:69.00元

宗教蓝皮书
中国宗教报告（2015）
著(编)者:金泽 邱永辉　2016年5月出版 / 估价:59.00元

行业报告类

保险蓝皮书
中国保险业竞争力报告（2015）
著(编)者:项俊波　2015年12月出版 / 估价:98.00元

彩票蓝皮书
中国彩票发展报告（2015）
著(编)者:益彩基金　2015年4月出版 / 定价:98.00元

餐饮产业蓝皮书
中国餐饮产业发展报告（2015）
著(编)者:邢颖　2015年4月出版 / 定价:69.00元

测绘地理信息蓝皮书
智慧中国地理空间智能体系研究报告（2015）
著(编)者:库热西·买合苏提　2015年12月出版 / 估价:98.00元

茶业蓝皮书
中国茶产业发展报告（2015）
著(编)者:杨江帆 李闽榕　2015年10月出版 / 估价:78.00元

产权市场蓝皮书
中国产权市场发展报告（2015）
著(编)者:曹和平　2015年12月出版 / 估价:79.00元

电子政务蓝皮书
中国电子政务发展报告（2015）
著(编)者:洪毅 杜平　2015年11月出版 / 估价:79.00元

杜仲产业绿皮书
中国杜仲橡胶资源与产业发展报告（2014~2015）
著(编)者:杜红岩 胡文臻 俞锐
2015年1月出版 / 定价:85.00元

房地产蓝皮书
中国房地产发展报告No.12（2015）
著(编)者:魏后凯 李景国　2015年5月出版 / 定价:79.00元

服务外包蓝皮书
中国服务外包产业发展报告（2015）
著(编)者:王晓红 刘德军　2015年7月出版 / 估价:89.00元

工业和信息化蓝皮书
移动互联网产业发展报告（2014~2015）
著(编)者:洪京一　2015年4月出版 / 定价:79.00元

工业和信息化蓝皮书
世界网络安全发展报告（2014~2015）
著(编)者:洪京一　2015年4月出版 / 定价:69.00元

工业和信息化蓝皮书
世界制造业发展报告（2014~2015）
著(编)者:洪京一　2015年4月出版 / 定价:69.00元

工业和信息化蓝皮书
世界信息化发展报告（2014~2015）
著(编)者:洪京一　2015年4月出版 / 定价:69.00元

工业和信息化蓝皮书
世界信息技术产业发展报告（2014~2015）
著(编)者:洪京一　2015年4月出版 / 定价:79.00元

工业设计蓝皮书
中国工业设计发展报告（2015）
著(编)者:王晓红 于炜 张立群　2015年9月出版 / 估价:138.00元

互联网金融蓝皮书
中国互联网金融发展报告（2015）
著(编)者:芮晓武 刘烈宏　2015年8月出版 / 估价:79.00元

会展蓝皮书
中外会展业动态评估年度报告（2015）
著(编)者:张敏　2015年1月出版 / 估价:78.00元

金融监管蓝皮书
中国金融监管报告（2015）
著(编)者:胡滨　2015年4月出版 / 定价:89.00元

金融蓝皮书
中国商业银行竞争力报告（2015）
著(编)者:王松奇　2015年12月出版 / 估价:69.00元

客车蓝皮书
中国客车产业发展报告（2014~2015）
著(编)者:姚蔚　2015年2月出版 / 定价:85.00元

老龄蓝皮书
中国老龄产业发展报告（2015）
著(编)者:吴玉韶 党俊武　2015年9月出版 / 估价:79.00元

流通蓝皮书
中国商业发展报告（2015）
著(编)者:荆林波　2015年7月出版 / 估价:89.00元

旅游安全蓝皮书
中国旅游安全报告（2015）
著(编)者:郑向敏 谢朝武　2015年5月出版 / 定价:128.00元

旅游景区蓝皮书
中国旅游景区发展报告（2015）
著(编)者:黄安民　2015年7月出版 / 估价:79.00元

旅游绿皮书
2014~2015年中国旅游发展分析与预测
著(编)者:宋瑞　2015年1月出版 / 定价:98.00元

煤炭蓝皮书
中国煤炭工业发展报告（2015）
著(编)者:岳福斌　2015年12月出版 / 估价:79.00元

民营医院蓝皮书
中国民营医院发展报告（2015）
著(编)者:庄一强　2015年10月出版 / 估价:75.00元

闽商蓝皮书
闽商发展报告（2015）
著(编)者:王日根 李闽榕　2015年12月出版 / 估价:69.00元

能源蓝皮书
中国能源发展报告（2015）
著(编)者:崔民选 王军生　2015年8月出版 / 估价:79.00元

农产品流通蓝皮书
中国农产品流通产业发展报告（2015）
著(编)者:贾敬敦 张东科 张玉玺 孔令羽 张鹏毅
2015年9月出版 / 估价:89.00元

企业蓝皮书
中国企业竞争力报告（2015）
著(编)者:金碚　2015年11月出版 / 估价:89.00元

企业社会责任蓝皮书
中国企业社会责任研究报告（2015）
著(编)者:黄群慧 彭华岗 钟宏武 张蒽
2015年11月出版 / 估价:69.00元

汽车安全蓝皮书
中国汽车安全发展报告（2015）
著(编)者:中国汽车技术研究中心
2015年7月出版 / 估价:79.00元

汽车工业蓝皮书
中国汽车工业发展年度报告（2015）
著(编)者:中国汽车工业协会 中国汽车技术研究中心
　　　　丰田汽车（中国）投资有限公司
2015年4月出版 / 定价:128.00元

汽车蓝皮书
中国汽车产业发展报告（2015）
著(编)者:国务院发展研究中心产业经济研究部
　　　　中国汽车工程学会 大众汽车集团（中国）
2015年7月出版 / 估价:128.00元

清洁能源蓝皮书
国际清洁能源发展报告（2015）
著(编)者:国际清洁能源论坛（澳门）
2015年9月出版 / 估价:89.00元

人力资源蓝皮书
中国人力资源发展报告（2015）
著(编)者:余兴安　2015年9月出版 / 估价:79.00元

融资租赁蓝皮书
中国融资租赁业发展报告（2014~2015）
著(编)者:李光荣 王力　2015年1月出版 / 定价:89.00元

软件和信息服务业蓝皮书
中国软件和信息服务业发展报告（2015）
著(编)者:陈新河 洪京一　2015年12月出版 / 估价:198.00元

上市公司蓝皮书
上市公司质量评价报告（2015）
著(编)者:张跃文 王力　2015年10月出版 / 估价:118.00元

设计产业蓝皮书
中国设计产业发展报告（2014~2015）
著(编)者:陈冬亮 梁昊光　2015年3月出版 / 定价:89.00元

食品药品蓝皮书
食品药品安全与监管政策研究报告（2015）
著(编)者:唐民皓　2015年7月出版 / 估价:69.00元

世界能源蓝皮书
世界能源发展报告（2015）
著(编)者:黄晓勇　2015年6月出版 / 定价:99.00元

碳市场蓝皮书
中国碳市场报告（2015）
著(编)者:低碳发展国际合作联盟
2015年11月出版 / 估价:69.00元

体育蓝皮书
中国体育产业发展报告（2015）
著(编)者:阮伟 钟秉枢　2015年7月出版 / 估价:69.00元

体育蓝皮书
长三角地区体育产业发展报告（2014~2015）
著(编)者:张林　2015年4月出版 / 定价:79.00元

投资蓝皮书
中国投资发展报告（2015）
著(编)者:谢平　2015年4月出版 / 定价:128.00元

物联网蓝皮书
中国物联网发展报告（2015）
著(编)者:黄桂田　2015年7月出版 / 估价:59.00元

西部工业蓝皮书
中国西部工业发展报告（2015）
著(编)者:方行明 甘犁 刘方健 姜凌 等
2015年9月出版 / 估价:79.00元

西部金融蓝皮书
中国西部金融发展报告（2015）
著(编)者:李忠民　2015年8月出版 / 估价:75.00元

新能源汽车蓝皮书
中国新能源汽车产业发展报告（2015）
著(编)者:中国汽车技术研究中心
　　　　日产（中国）投资有限公司 东风汽车有限公司
2015年8月出版 / 估价:69.00元

信托市场蓝皮书
中国信托业市场报告（2014~2015）
著(编)者:用益信托工作室　2015年2月出版 / 定价:198.00元

信息产业蓝皮书
世界软件和信息技术产业发展报告（2015）
著(编)者:洪京一　2015年8月出版 / 估价:79.00元

信息化蓝皮书
中国信息化形势分析与预测（2015）
著(编)者:周宏仁　2015年8月出版 / 估价:98.00元

信用蓝皮书
中国信用发展报告（2014~2015）
著(编)者:章政 田侃　2015年4月出版 / 定价:99.00元

休闲绿皮书
2015年中国休闲发展报告
著(编)者:刘德谦　2015年7月出版 / 估价:59.00元

医药蓝皮书
中国中医药产业园战略发展报告（2015）
著(编)者:裴长洪 房书亭 吴簌心　2015年7月出版 / 估价:89.00元

邮轮绿皮书
中国邮轮产业发展报告（2015）
著(编)者:汪泓　2015年9月出版 / 估价:79.00元

中国上市公司蓝皮书
中国上市公司发展报告（2015）
著(编)者:许雄斌 张平 2015年9月出版 / 估价:98.00元

中国总部经济蓝皮书
中国总部经济发展报告（2015）
著(编)者:赵弘　2015年7月出版 / 估价:79.00元

住房绿皮书
中国住房发展报告（2014~2015）
著(编)者:倪鹏飞　2014年12月出版 / 定价:79.00元

资本市场蓝皮书
中国场外交易市场发展报告（2015）
著(编)者:高峦　2015年8月出版 / 估价:79.00元

资产管理蓝皮书
中国资产管理行业发展报告（2015）
著(编)者:智信资产管理研究院　2015年6月出版 / 定价:89.00元

文化传媒类

传媒竞争力蓝皮书
中国传媒国际竞争力研究报告（2015）
著(编)者:李本乾　2015年9月出版 / 估价:88.00元

传媒蓝皮书
中国传媒产业发展报告（2015）
著(编)者:崔保国　2015年5月出版 / 定价:98.00元

传媒投资蓝皮书
中国传媒投资发展报告（2015）
著(编)者:张向东　2015年7月出版 / 估价:89.00元

动漫蓝皮书
中国动漫产业发展报告（2015）
著(编)者:卢斌 郑玉明 牛兴侦　2015年7月出版 / 估价:79.00元

非物质文化遗产蓝皮书
中国非物质文化遗产发展报告（2015）
著(编)者:陈平　2015年5月出版 / 定价:98.00元

广电蓝皮书
中国广播电影电视发展报告（2015）
著(编)者:杨明品　2015年7月出版 / 估价:98.00元

广告主蓝皮书
中国广告主营销传播趋势报告（2015）
著(编)者:黄升民　2015年7月出版 / 估价:148.00元

国际传播蓝皮书
中国国际传播发展报告（2015）
著(编)者:胡正荣 李继东 姬德强
2015年7月出版 / 估价:89.00元

国家形象蓝皮书
2015年国家形象研究报告
著(编)者:张昆　2015年7月出版 / 估价:79.00元

纪录片蓝皮书
中国纪录片发展报告（2015）
著(编)者:何苏六　2015年9月出版 / 估价:79.00元

科学传播蓝皮书
中国科学传播报告（2015）
著(编)者:詹正茂　2015年7月出版 / 估价:69.00元

两岸文化蓝皮书
两岸文化产业合作发展报告（2015）
著(编)者:胡惠林 李保宗　2015年7月出版 / 估价:79.00元

媒介与女性蓝皮书
中国媒介与女性发展报告（2015）
著(编)者:刘利群　2015年8月出版 / 估价:69.00元

全球传媒蓝皮书
全球传媒发展报告（2015）
著(编)者:胡正荣　2015年12月出版 / 估价:79.00元

少数民族非遗蓝皮书
中国少数民族非物质文化遗产发展报告（2015）
著(编)者:肖远平 柴立　2015年6月出版 / 定价:128.00元

世界文化发展蓝皮书
世界文化发展报告（2015）
著(编)者:张庆幂 高乐田 郭熙煌
2015年7月出版 / 估价:89.00元

视听新媒体蓝皮书
中国视听新媒体发展报告（2015）
著(编)者:袁同楠　2015年7月出版 / 定价:98.00元

文化创新蓝皮书
中国文化创新报告（2015）
著(编)者:于平 傅才武　2015年7月出版 / 估价:79.00元

文化建设蓝皮书
中国文化发展报告（2015）
著(编)者:江畅 孙伟平 戴茂堂
2016年4月出版 / 估价:138.00元

文化科技蓝皮书
文化科技创新发展报告（2015）
著(编)者:于平 李凤亮　2015年10月出版 / 估价:89.00元

文化蓝皮书
中国文化产业供需协调检测报告（2015）
著(编)者:王亚南 2015年2月出版 / 定价:79.00元

文化蓝皮书
中国文化消费需求景气评价报告（2015）
著(编)者:王亚南 2015年2月出版 / 定价:79.00元

文化蓝皮书
中国文化产业发展报告（2015）
著(编)者:张晓明 王家新 章建刚
2015年7月出版 / 估价:79.00元

文化蓝皮书
中国公共文化投入增长测评报告(2015)
著(编)者:王亚南 2014年12月出版 / 定价:79.00元

文化蓝皮书
中国文化政策发展报告（2015）
著(编)者:傅才武 宋文玉 燕东升
2015年9月出版 / 估价:98.00元

文化品牌蓝皮书
中国文化品牌发展报告（2015）
著(编)者:欧阳友权　2015年4月出版 / 定价:89.00元

文化遗产蓝皮书
中国文化遗产事业发展报告（2015）
著(编)者:刘世锦　2015年12月出版 / 估价:89.00元

文学蓝皮书
中国文情报告（2014~2015）
著(编)者:白烨　2015年5月出版 / 定价:49.00元

新媒体蓝皮书
中国新媒体发展报告No.6（2015）
著(编)者:唐绪军　2015年7月出版 / 定价:79.00元

新媒体社会责任蓝皮书
中国新媒体社会责任研究报告（2015）
著(编)者:钟瑛　2015年10月出版 / 估价:79.00元

移动互联网蓝皮书
中国移动互联网发展报告（2015）
著(编)者:官建文　2015年6月出版 / 定价:79.00元

舆情蓝皮书
中国社会舆情与危机管理报告（2015）
著(编)者:谢耘耕　2015年8月出版 / 估价:98.00元

地方发展类

安徽经济蓝皮书
芜湖创新型城市发展报告（2015）
著(编)者:杨少华 王开玉　2015年7月出版 / 估价:69.00元

安徽蓝皮书
安徽社会发展报告（2015）
著(编)者:程桦　2015年4月出版 / 定价:89.00元

安徽社会建设蓝皮书
安徽社会建设分析报告（2015）
著(编)者:黄家海 王开玉 蔡宪　2015年7月出版 / 估价:69.00元

澳门蓝皮书
澳门经济社会发展报告（2014~2015）
著(编)者:吴志良 郝雨凡　2015年5月出版 / 定价:79.00元

北京蓝皮书
北京公共服务发展报告（2014~2015）
著(编)者:施昌奎　2015年1月出版 / 定价:69.00元

北京蓝皮书
北京经济发展报告（2014~2015）
著(编)者:杨松　2015年6月出版 / 定价:79.00元

北京蓝皮书
北京社会治理发展报告（2014~2015）
著(编)者:殷星辰　2015年6月出版 / 定价:79.00元

北京蓝皮书
北京文化发展报告（2014~2015）
著(编)者:李建盛　2015年5月出版 / 定价:79.00元

北京蓝皮书
北京社会发展报告（2015）
著(编)者:缪青　2015年7月出版 / 定价:79.00元

北京蓝皮书
北京社区发展报告（2015）
著(编)者:于燕燕　2015年1月出版 / 定价:79.00元

北京旅游绿皮书
北京旅游发展报告（2015）
著(编)者:北京旅游学会　2015年7月出版 / 估价:88.00元

北京律师蓝皮书
北京律师发展报告（2015）
著(编)者:王隽　2015年12月出版 / 估价:75.00元

北京人才蓝皮书
北京人才发展报告（2015）
著(编)者:于淼　2015年7月出版 / 估价:89.00元

北京社会心态蓝皮书
北京社会心态分析报告（2015）
著(编)者:北京社会心理研究所　2015年7月出版 / 估价:69.00元

北京社会组织管理蓝皮书
北京社会组织发展与管理（2015）
著(编)者:黄江松　2015年4月出版 / 定价:78.00元

北京养老产业蓝皮书
北京养老产业发展报告（2015）
著(编)者:周明明　冯喜良　2015年4月出版 / 定价:69.00元

滨海金融蓝皮书
滨海新区金融发展报告（2015）
著(编)者:王爱俭　张锐钢　2015年9月出版 / 估价:79.00元

城乡一体化蓝皮书
中国城乡一体化发展报告（北京卷）（2014~2015）
著(编)者:张宝秀　黄序　2015年5月出版 / 定价:79.00元

创意城市蓝皮书
北京文化创意产业发展报告（2015）
著(编)者:张京成　2015年11月出版 / 估价:65.00元

创意城市蓝皮书
无锡文化创意产业发展报告（2015）
著(编)者:谭军　张鸣年　2015年10月出版 / 估价:75.00元

创意城市蓝皮书
武汉市文化创意产业发展报告（2015）
著(编)者:袁堃　黄永林　2015年11月出版 / 估价:85.00元

创意城市蓝皮书
重庆创意产业发展报告（2015）
著(编)者:程宇宁　2015年7月出版 / 估价:89.00元

创意城市蓝皮书
青岛文化创意产业发展报告（2015）
著(编)者:马达　张丹妮　2015年7月出版 / 估价:79.00元

福建妇女发展蓝皮书
福建省妇女发展报告（2015）
著(编)者:刘群英　2015年10月出版 / 估价:58.00元

甘肃蓝皮书
甘肃舆情分析与预测（2015）
著(编)者:陈双梅　郝树声　2015年1月出版 / 定价:79.00元

甘肃蓝皮书
甘肃文化发展分析与预测（2015）
著(编)者:安文华　周小华　2015年1月出版 / 定价:79.00元

甘肃蓝皮书
甘肃社会发展分析与预测（2015）
著(编)者:安文华　包晓霞　2015年1月出版 / 定价:79.00元

甘肃蓝皮书
甘肃经济发展分析与预测（2015）
著(编)者:朱智文　罗哲　2015年1月出版 / 定价:79.00元

甘肃蓝皮书
甘肃县域经济综合竞争力评价（2015）
著(编)者:刘进军　2015年7月出版 / 估价:69.00元

甘肃蓝皮书
甘肃县域社会发展评价报告（2015）
著(编)者:刘进军　柳民　王建兵　2015年1月出版 / 定价:79.00元

广东蓝皮书
广东省电子商务发展报告（2015）
著(编)者:程晓　2015年12月出版 / 估价:69.00元

广东蓝皮书
广东社会工作发展报告（2015）
著(编)者:罗观翠　2015年7月出版 / 估价:89.00元

广东社会建设蓝皮书
广东省社会建设发展报告（2015）
著(编)者:广东省社会工作委员会　2015年10月出版 / 估价:89.00元

广东外经贸蓝皮书
广东对外经济贸易发展研究报告（2014~2015）
著(编)者:陈万灵　2015年5月出版 / 定价:89.00元

广西北部湾经济区蓝皮书
广西北部湾经济区开放开发报告（2015）
著(编)者:广西北部湾经济区规划建设管理委员会办公室
　　　　广西社会科学院广西北部湾发展研究院
2015年8月出版 / 估价:79.00元

广州蓝皮书
广州社会保障发展报告（2015）
著(编)者:蔡国萱　2015年7月出版 / 估价:65.00元

广州蓝皮书
2015年中国广州社会形势分析与预测
著(编)者:张强　陈怡霓　杨秦　2015年6月出版 / 定价:79.00元

广州蓝皮书
广州经济发展报告（2015）
著(编)者:李江涛　朱名宏　2015年7月出版 / 估价:69.00元

广州蓝皮书
广州商贸业发展报告（2015）
著(编)者:李江涛　王旭东　荀振英　2015年7月出版 / 估价:69.00元

广州蓝皮书
2015年中国广州经济形势分析与预测
著(编)者:庾建设　沈奎　谢博能
2015年6月出版 / 定价:79.00元

广州蓝皮书
中国广州文化发展报告（2015）
著(编)者:徐俊忠　陆志强　顾涧清
2015年7月出版 / 估价:69.00元

广州蓝皮书
广州农村发展报告（2015）
著(编)者:李江涛　汤锦华　2015年8月出版 / 估价:69.00元

广州蓝皮书
中国广州城市建设与管理发展报告（2015）
著(编)者:董皞　冼伟雄　2015年7月出版 / 估价:69.00元

广州蓝皮书
中国广州科技和信息化发展报告（2015）
著(编)者:邹采荣 马正勇 冯元
2015年7月出版 / 估价:79.00元

广州蓝皮书
广州创新型城市发展报告（2015）
著(编)者:李江涛 2015年7月出版 / 估价:69.00元

广州蓝皮书
广州文化创意产业发展报告（2015）
著(编)者:甘新 2015年8月出版 / 估价:79.00元

广州蓝皮书
广州志愿服务发展报告（2015）
著(编)者:魏国华 张强 2015年9月出版 / 估价:69.00元

广州蓝皮书
广州城市国际化发展报告（2015）
著(编)者:朱名宏 2015年9月出版 / 估价:59.00元

广州蓝皮书
广州汽车产业发展报告（2015）
著(编)者:李江涛 杨再高 2015年9月出版 / 估价:69.00元

贵州房地产蓝皮书
贵州房地产发展报告（2015）
著(编)者:武廷方 2015年6月出版 / 定价:89.00元

贵州蓝皮书
贵州人才发展报告（2015）
著(编)者:于杰 吴大华 2015年7月出版 / 估价:69.00元

贵州蓝皮书
贵安新区发展报告（2014）
著(编)者:马长青 吴大华 2015年4月出版 / 估价:69.00元

贵州蓝皮书
贵州社会发展报告（2015）
著(编)者:王兴骥 2015年5月出版 / 定价:79.00元

贵州蓝皮书
贵州法治发展报告（2015）
著(编)者:吴大华 2015年5月出版 / 定价:79.00元

贵州蓝皮书
贵州国有企业社会责任发展报告（2015）
著(编)者:郭丽 2015年10月出版 / 估价:79.00元

海淀蓝皮书
海淀区文化和科技融合发展报告（2015）
著(编)者:孟景伟 陈名杰 2015年7月出版 / 估价:75.00元

海峡西岸蓝皮书
海峡西岸经济区发展报告（2015）
著(编)者:黄端 2015年9月出版 / 估价:65.00元

杭州都市圈蓝皮书
杭州都市圈发展报告（2015）
著(编)者:董祖德 沈翔 2015年7月出版 / 估价:89.00元

杭州蓝皮书
杭州妇女发展报告（2015）
著(编)者:魏颖 2015年4月出版 / 估价:79.00元

河北经济蓝皮书
河北省经济发展报告（2015）
著(编)者:马树强 金浩 刘兵 张贵 2015年3月出版 / 定价:89.00元

河北蓝皮书
河北经济社会发展报告（2015）
著(编)者:周文夫 2015年1月出版 / 定价:79.00元

河北食品药品安全蓝皮书
河北食品药品安全研究报告（2015）
著(编)者:丁锦霞 2015年6月出版 / 定价:79.00元

河南经济蓝皮书
2015年河南经济形势分析与预测
著(编)者:胡五岳 2015年2月出版 / 定价:69.00元

河南蓝皮书
河南城市发展报告（2015）
著(编)者:谷建全 王建国 2015年3月出版 / 定价:79.00元

河南蓝皮书
2015年河南社会形势分析与预测
著(编)者:刘道兴 牛苏林 2015年4月出版 / 定价:69.00元

河南蓝皮书
河南工业发展报告（2015）
著(编)者:龚绍东 赵西三 2015年1月出版 / 定价:79.00元

河南蓝皮书
河南文化发展报告（2015）
著(编)者:卫绍生 2015年3月出版 / 定价:79.00元

河南蓝皮书
河南经济发展报告（2015）
著(编)者:喻新安 2014年12月出版 / 定价:79.00元

河南蓝皮书
河南法治发展报告（2015）
著(编)者:丁同民 闫德民 2015年7月出版 / 估价:69.00元

河南蓝皮书
河南金融发展报告（2015）
著(编)者:喻新安 谷建全 2015年6月出版 / 估价:69.00元

河南蓝皮书
河南农业农村发展报告（2015）
著(编)者:吴海峰 2015年4月出版 / 估价:69.00元

河南商务蓝皮书
河南商务发展报告（2015）
著(编)者:焦锦淼 穆荣国 2015年4月出版 / 定价:88.00元

黑龙江产业蓝皮书
黑龙江产业发展报告（2015）
著(编)者:于渤 2015年9月出版 / 估价:79.00元

黑龙江蓝皮书
黑龙江经济发展报告（2015）
著(编)者:曲伟 2015年1月出版 / 定价:79.00元

黑龙江蓝皮书
黑龙江社会发展报告（2015）
著(编)者:张新颖 2015年1月出版 / 定价:79.00元

湖北文化蓝皮书
湖北文化发展报告（2015）
著(编)者:江畅　吴成国　2015年7月出版 / 估价:89.00元

湖南城市蓝皮书
区域城市群整合
著(编)者:童中贤　韩未名　2015年12月出版 / 估价:79.00元

湖南蓝皮书
2015年湖南电子政务发展报告
著(编)者:梁志峰　2015年5月出版 / 定价:98.00元

湖南蓝皮书
2015年湖南社会发展报告
著(编)者:梁志峰　2015年5月出版 / 定价:98.00元

湖南蓝皮书
2015年湖南产业发展报告
著(编)者:梁志峰　2015年5月出版 / 定价:98.00元

湖南蓝皮书
2015年湖南经济展望
著(编)者:梁志峰　2015年5月出版 / 定价:128.00元

湖南蓝皮书
2015年湖南县域经济社会发展报告
著(编)者:梁志峰　2015年5月出版 / 定价:98.00元

湖南蓝皮书
2015年湖南两型社会与生态文明发展报告
著(编)者:梁志峰　2015年5月出版 / 定价:98.00元

湖南县域绿皮书
湖南县域发展报告No.2
著(编)者:朱有志　2015年7月出版 / 估价:69.00元

沪港蓝皮书
沪港发展报告（2014~2015）
著(编)者:尤安山　2015年4月出版 / 定价:89.00元

吉林蓝皮书
2015年吉林经济社会形势分析与预测
著(编)者:马克　2015年2月出版 / 定价:89.00元

济源蓝皮书
济源经济社会发展报告（2015）
著(编)者:喻新安　2015年4月出版 / 定价:69.00元

健康城市蓝皮书
北京健康城市建设研究报告（2015）
著(编)者:王鸿春　2015年4月出版 / 定价:79.00元

江苏法治蓝皮书
江苏法治发展报告（2015）
著(编)者:李力　龚廷泰　2015年9月出版 / 估价:98.00元

京津冀蓝皮书
京津冀发展报告（2015）
著(编)者:文魁　祝尔娟　2015年4月出版 / 定价:89.00元

经济特区蓝皮书
中国经济特区发展报告（2015）
著(编)者:陶一桃　2015年7月出版 / 估价:89.00元

辽宁蓝皮书
2015年辽宁经济社会形势分析与预测
著(编)者:曹晓峰　张晶　梁启东　2014年12月出版 / 定价:79.00元

南京蓝皮书
南京文化发展报告（2015）
著(编)者:南京文化产业研究中心　2015年12月出版 / 估价:79.00元

内蒙古蓝皮书
内蒙古反腐倡廉建设报告（2015）
著(编)者:张志华　无极　2015年12月出版 / 估价:69.00元

浦东新区蓝皮书
上海浦东经济发展报告（2015）
著(编)者:沈开艳　陆沪根　2015年1月出版 / 定价:69.00元

青海蓝皮书
2015年青海经济社会形势分析与预测
著(编)者:赵宗福　2014年12月出版 / 定价:69.00元

人口与健康蓝皮书
深圳人口与健康发展报告（2015）
著(编)者:曾序春　2015年12月出版 / 估价:89.00元

山东蓝皮书
山东社会形势分析与预测（2015）
著(编)者:张华　唐洲雁　2015年7月出版 / 估价:89.00元

山东蓝皮书
山东经济形势分析与预测（2015）
著(编)者:张华　唐洲雁　2015年7月出版 / 估价:89.00元

山东蓝皮书
山东文化发展报告（2015）
著(编)者:张华　唐洲雁　2015年7月出版 / 估价:98.00元

山西蓝皮书
山西资源型经济转型发展报告（2015）
著(编)者:李志强　2015年5月出版 / 估价:89.00元

陕西蓝皮书
陕西经济发展报告（2015）
著(编)者:任宗哲　白宽犁　裴成荣　2015年1月出版 / 定价:69.00元

陕西蓝皮书
陕西社会发展报告（2015）
著(编)者:任宗哲　白宽犁　牛昉　2015年1月出版 / 定价:69.00元

陕西蓝皮书
陕西文化发展报告（2015）
著(编)者:任宗哲　白宽犁　王长寿　2015年1月出版 / 定价:65.00元

陕西蓝皮书
丝绸之路经济带发展报告（2015）
著(编)者:任宗哲　石英　白宽犁
2015年8月出版 / 估价:79.00元

上海蓝皮书
上海文学发展报告（2015）
著(编)者:陈圣来　2015年1月出版 / 定价:69.00元

上海蓝皮书
上海文化发展报告（2015）
著(编)者:荣跃明　2015年1月出版 / 定价:74.00元